金融发展与企业家创业

——中国的城乡差异

Financial Development and Entrepreneurship

—The Differences Between Urban and Rural Areas in China

张龙耀 著

经济管理出版社

ECONOMY & MANAGEMENT PUBLISHING HOUSE

图书在版编目（CIP）数据

金融发展与企业家创业：中国的城乡差异/张龙耀著．—北京：经济管理出版社，2013.6

ISBN 978-7-5096-2519-4

Ⅰ.①金… Ⅱ.①张… Ⅲ.①区域金融—经济发展—城乡差别—研究—中国 Ⅳ.①F832.7

中国版本图书馆 CIP 数据核字（2013）第 137183 号

组稿编辑：宋　娜
责任编辑：宋　娜　马英菊
责任印制：黄　铄
责任校对：李玉敏

出版发行：经济管理出版社
（北京市海淀区北蜂窝 8 号中雅大厦 A 座 11 层　100038）
网　　址：www. E-mp. com. cn
电　　话：（010）51915602
印　　刷：北京广益印刷有限公司
经　　销：新华书店
开　　本：720mm×1000mm/16
印　　张：15
字　　数：246 千字
版　　次：2013 年 7 月第 1 版　2013 年 7 月第 1 次印刷
书　　号：ISBN 978-7-5096-2519-4
定　　价：66.00 元

编委会及编辑部成员名单

本书的研究得到中国博士后科学基金（20100480872）、国家自然科学基金（71103132、70973090）、江苏农村金融发展研究中心的联合资助。

序　一

博士后制度是19世纪下半叶首先在若干发达国家逐渐形成的一种培养高级优秀专业人才的制度，至今已有一百多年历史。

20世纪80年代初，由著名物理学家李政道先生积极倡导，在邓小平同志大力支持下，中国开始酝酿实施博士后制度。1985年，首批博士后研究人员进站。

中国的博士后制度最初仅覆盖了自然科学诸领域。经过若干年实践，为了适应国家加快改革开放和建设社会主义市场经济制度的需要，全国博士后管理委员会决定，将设站领域拓展至社会科学。1992年，首批社会科学博士后人员进站，至今已整整20年。

20世纪90年代初期，正是中国经济社会发展和改革开放突飞猛进之时。理论突破和实践跨越的双重需求，使中国的社会科学工作者们获得了前所未有的发展空间。毋庸讳言，与发达国家相比，中国的社会科学在理论体系、研究方法乃至研究手段上均存在较大的差距。正是这种差距，激励中国的社会科学界正视国外，大量引进，兼收并蓄，同时，不忘植根本土，深究国情，开拓创新，从而开创了中国社会科学发展历史上最为繁荣的时期。在短短20余年内，随着学术交流渠道的拓宽、交流方式的创新和交流频率的提高，中国的社会科学不仅基本完成了理论上从传统体制向社会主义市场经济体制的转换，而且在中国丰富实践的基础上展开了自己的伟大创造。中国的社会科学和社会科学工作者们在改革开放和现代化建设事业中发挥了不可替代的重要作用。在这个波澜壮阔的历史进程中，中国社会科学博士后制度功不可没。

值此中国实施社会科学博士后制度20周年之际，为了充分展示中国社会科学博士后的研究成果，推动中国社会科学博士后制度进一步发展，全国博士后管理委员会和中国社会科学院经反复磋商，并征求了多家设站单位的意见，决定推出《中国社会科学博士后文库》(以下简称《文库》)。作为一个集中、系统、全面展示社会科学领域博士后优秀成果的学术平台，《文库》将成为展示中国社会科学博士后学术风采、扩大博士后群体的学术影响力和社会影响力的园地，成为调动广大博士后科研人员的积极性和创造力的加速器，成为培养中国社会科学领域各学科领军人才的孵化器。

创新、影响和规范，是《文库》的基本追求。

我们提倡创新，首先就是要求，入选的著作应能提供经过严密论证的新结论，或者提供有助于对所述论题进一步深入研究的新材料、新方法和新思路。与当前社会上一些机构对学术成果的要求不同，我们不提倡在一部著作中提出多少观点，一般地，我们甚至也不追求观点之“新”。我们需要的是有翔实的资料支撑，经过科学论证，而且能够被证实或证伪的论点。对于那些缺少严格的前提设定，没有充分的资料支撑，缺乏合乎逻辑的推理过程，仅仅凭借少数来路模糊的资料和数据，便一下子导出几个很“强”的结论的论著，我们概不收录。因为，在我们看来，提出一种观点和论证一种观点相比较，后者可能更为重要：观点未经论证，至多只是天才的猜测；经过论证的观点，才能成为科学。

我们提倡创新，还表现在研究方法之新上。这里所说的方法，显然不是指那种在时下的课题论证书中常见的老调重弹，诸如“历史与逻辑并重”、“演绎与归纳统一”之类；也不是我们在很多论文中见到的那种敷衍塞责的表述，诸如“理论研究与实证分析的统一”等等。我们所说的方法，就理论研究而论，指的是在某一研究领域中确定或建立基本事实以及这些事实之间关系的假设、模型、推论及其检验；就应用研究而言，则指的是根据某一理论假设，为了完成一个既定目标，所使用的具体模型、技术、工具或程序。众所周知，在方法上求新如同在理论上创新一样，殊非易事。因此，我们亦不强求提出全新的理论方法，我们的最低要求，是要按照现代社会科学的研究规范来展开研究并构造论著。

我们支持那些有影响力的著述入选。这里说的影响力，既包括学术影响力，也包括社会影响力和国际影响力。就学术影响力而言，入选的成果应达到公认的学科高水平，要在本学科领域得到学术界的普遍认可，还要经得起历史和时间的检验，若干年后仍然能够为学者引用或参考。就社会影响力而言，入选的成果应能向正在进行着的社会经济进程转化。哲学社会科学与自然科学一样，也有一个转化问题。其研究成果要向现实生产力转化，要向现实政策转化，要向和谐社会建设转化，要向文化产业转化，要向人才培养转化。就国际影响力而言，中国哲学社会科学要想发挥巨大影响，就要瞄准国际一流水平，站在学术高峰，为世界文明的发展作出贡献。

我们尊奉严谨治学、实事求是的学风。我们强调恪守学术规范，尊重知识产权，坚决抵制各种学术不端之风，自觉维护哲学社会科学工作者的良好形象。当此学术界世风日下之时，我们希望本《文库》能通过自己良好的学术形象，为整肃不良学风贡献力量。

中国社会科学院副院长

中国社会科学院博士后管理委员会主任

2012 年 9 月

序　二

在21世纪的全球化时代，人才已成为国家的核心竞争力之一。从人才培养和学科发展的历史来看，哲学社会科学的发展水平体现着一个国家或民族的思维能力、精神状况和文明素质。

培养优秀的哲学社会科学人才，是我国可持续发展战略的重要内容之一。哲学社会科学的人才队伍、科研能力和研究成果作为国家的“软实力”，在综合国力体系中占据越来越重要的地位。在全面建设小康社会、加快推进社会主义现代化、实现中华民族伟大复兴的历史进程中，哲学社会科学具有不可替代的重大作用。胡锦涛同志强调，一定要从党和国家事业发展全局的战略高度，把繁荣发展哲学社会科学作为一项重大而紧迫的战略任务切实抓紧抓好，推动我国哲学社会科学新的更大的发展，为中国特色社会主义事业提供强有力的思想保证、精神动力和智力支持。因此，国家与社会要实现可持续健康发展，必须切实重视哲学社会科学，“努力建设具有中国特色、中国风格、中国气派的哲学社会科学”，充分展示当代中国哲学社会科学的本土情怀与世界眼光，力争在当代世界思想与学术的舞台上赢得应有的尊严与地位。

在培养和造就哲学社会科学人才的战略与实践上，博士后制度发挥了重要作用。我国的博士后制度是在世界著名物理学家、诺贝尔奖获得者李政道先生的建议下，由邓小平同志亲自决策，经国务院批准于1985年开始实施的。这也是我国有计划、有目的地培养高层次青年人才的一项重要制度。二十多年来，在党中央、国务院的领导下，经过各方共同努力，我国已建立了科学、完备的博士后制度体系，同时，形成了培养和使用相结合，产学研相结合，政府调控和社会参与相结合，服务物质文明与精神文明建设的鲜明特色。通过实施博士后制度，我国培养了一支优秀的高素质哲学社会科学人才队伍。他们在科研机构或高等院校依托自身优势和兴趣，自主从事开拓性、创新性研究工作，从而具有宽广的学术视野、突出的研究能力和强烈的探索精神。其中，一些出站博士后已成为哲学社会科学领域的科研骨干和学术带头人，在"长江学者"、"新世纪百千万人才工程"等国家重大科研人才梯队中占据越来越大的比重。可以说，博士后制度已成为国家培养哲学社会科学拔尖人才的重要途径，而且为哲学社会科学的发展造就了一支新的生力军。

哲学社会科学领域部分博士后的优秀研究成果不仅具有重要的学术价值，而且具有解决当前社会问题的现实意义，但往往因为一些客观因素，这些成果不能尽快问世，不能发挥其应有的现实作用，着实令人痛惜。

可喜的是，今天我们在支持哲学社会科学领域博士后研究成果出版方面迈出了坚实的一步。全国博士后管理委员会与中国社会科学院共同设立了《中国社会科学博士后文库》，每年在全国范围内择优出版哲学社会科学博士后的科研成果，并为其提供出版资助。这一举措不仅在建立以质量为导向的人才培养机制上具有积极的示范作用，而且有益于提升博士后青年科研人才的学术地位，扩大其学术影响力和社会影响力，更有益于人才强国战略的实施。

今天，借《中国社会科学博士后文库》出版之际，我衷心地希望更多的人、更多的部门与机构能够了解和关心哲学社会科学领域博士后及其研究成果，积极支持博士后工作。可以预见，我国的博士后事业也将取得新的更大的发展。让我们携起手来，共同努力，推动实现社会主义现代化事业的可持续发展与中华民族的伟大复兴。

王晓初

人力资源和社会保障部副部长

全国博士后管理委员会主任

2012 年 9 月

摘 要

本书主要研究影响中国城乡企业家创业行为差异的金融市场因素。与现有研究不同的是，在对21世纪以来国际前沿的金融发展理论——“金融发展、企业家精神与经济增长”理论进行系统总结和归纳的基础上，将其运用至转型发展时期的中国，研究中国城乡间金融发展和金融资源分布的差异对企业家创业行为和创业收入的影响，构建金融发展、企业家精神和城乡收入差距之间内在的逻辑作用机制并对其进行实证检验，最终为促进我国城乡金融协调发展和城乡二元经济转型提供重要的理论指导和政策参考。本书的研究在为该领域研究提供更多经验证据的同时，也丰富和完善了转型国家的金融发展理论。本书主要结论包括：

（1）中国家庭企业家创业精神存在明显的区域差异和城乡差异。从样本中创业家庭的分布来看，所有家庭的平均创业概率为22.01%。分区域来看，城镇地区为23.27%，农村地区为21.03%，总体上城镇地区高于农村地区。分省份来看，浙江为30.68%，甘肃为12.45%，浙江比甘肃高出18.23个百分点。进一步地，省际间不同区域家庭的创业概率也存在明显的差异，浙江城镇家庭创业概率为27.87%，农村家庭创业概率为33.86%，浙江农村家庭的创业概率高于城镇家庭；甘肃城镇家庭创业概率为15.06%，农村家庭创业概率为11.18%，甘肃农村家庭的创业概率低于城镇家庭。

（2）中国家庭企业家创业精神受到家庭财富水平的显著限制。对于城镇和农村家庭而言，其创业行为均受到金融约束的重要影响。不同的是，金融约束对农村家庭创业精神的影响更大，换言之，农村家庭面临更高程度的创业金融约束。中国家庭创业收入也存在明显的区域差异，城镇家庭平均创业收入是农村创业家庭的2.83倍；从分布情况来看，城镇地区63.50%的家庭创业收入高于1万元，而农村地区仅50.3%的家庭创业收入高于1万元。

（3）金融约束不仅制约中国家庭企业家创业行为，还进一步影响企业家创业收入。实证结果显示，自有财富水平越高的家庭，其创业收入也越高；城镇创业家庭人均资产净值每增加1万元，家庭的创业收入将相应增加1080元，相比之下，农村家庭人均资产净值每增加1万元，家庭的创业收入将相应增加1306元。这反映出增加农村地区家庭的财富水平和改进其金融资源获取条件能带来更高的边际收益。

（4）金融发展通过提高家庭创业水平进而影响收入差距，城乡家庭创业水平的差异对城乡收入差距有显著影响。实证分析表明，不同地区金融发展水平的差异会导致企业家创业精神受到金融约束不同程度的抑制，在抑制效应较低的区域城乡收入差距较小；反之，在抑制效应较高的区域城乡收入差距较大，从而验证了“金融发展→企业家创业→收入分配”的微观作用机制的存在。

（5）社区金融环境对于农户创业选择的影响不显著，社区金融覆盖宽度与农户创业选择显著正相关，从农村信用社获得贷款的农户比例越高的社区，农户创业选择水平也越高；但是，社区金融对创业农户的创业绩效影响不显著。因此，未来进一步扩大农村社区金融覆盖宽度有助于提高农村家庭创业水平。

关键词：金融发展　金融约束　企业家精神　城乡二元结构

Abstract

This book studies how the financial markets affect the urban-rural gap in China. Unlike other existing research, our research is based on the latest financial development theory that is "financial development, entrepreneurship and economic growth". And we studied the effects of urban and rural financial development gaps (especially financial resource allocation differences) on the entrepreneurship, urban-rural income differential and its mechanisms. This book provides more evidences for entrepreneurship research and makes contribution to the amendment of financial development theories of transition countries. Conclusions presented in this thesis can be summarized as follows:

Entrepreneurship is obviously a regional difference and urban-rural difference in China. The probability of the family entrepreneurship in our sample is 22. 01 percent, 23. 27 percent in urban area and 21. 03 percent in rural area. The probability of the family entrepreneurship in Zhejiang province is 30. 68 percent and 12. 45 percent in Gansu province. There are notable differences between areas in the two provinces; the probability of the family entrepreneurship in rural Zhejiang is higher than in the urban area but in Gansu province the results are opposites.

Financial constraints play an important role in shaping the patterns of entrepreneurship in China. In particular, wealthier households are more likely to start businesses. Financial constraints place greater restrictions on entrepreneurial activity in the rural area compared to the urban area. The family entrepreneurship income differs in different regions obvious regional differences. Urban family business income is 2. 83 times as that of the rural families and 63. 50 percent of urban family business income is above 10000 yuan but its percent is only 50. 30 percent in the rural area.

Financial constraints not only play an important role in shaping the patterns of entrepreneurship in China, but also play an important role in determining the business incomes. In particular, wealthier households earn more business incomes. When per capita net assets of urban families increases to 10000 yuan, family business income will increase accordingly to 1080 yuan, but in rural area this can make a 1306 yuan increase. This implies that increasing household wealth and improving financial market access can bring higher income in rural area and gradually narrow the income gap between urban and rural areas.

Financial resource allocation and financial market access limitations (financial constraints) play an important role on the income gap between urban and rural areas. Urban and rural family entrepreneurship are both not affected by financial constraint and income gap between urban and rural areas in Zhejiang province is smaller than Gansu province. On the contrary, family entrepreneurship in Gansu province is affected by financial constraint (especially in rural area) and income gap between its urban and rural areas which is bigger than Zhejiang province. The effects of financial constraint on entrepreneurship influence the income gap between urban and rural areas.

The width of community financial outreach has important positive impact on rural household entrepreneurship and the result showed that the more rural households access loan from rural credit cooperation, the higher probability of rural household entrepreneurship is. As a result, widening access to the community financial outreach will improve the probability of rural households' entrepreneurship in the future.

Key Words: Financial Development; Financial Constraints; Entrepreneurship; Urban–Rural Dual Economic Structure

目　录

Contents

第一章　导　论

第一节　研究背景和问题的提出

自熊彼特 1934 年提出“创造性破坏”思想以来，企业家精神受到许多经济学家的关注。“全球战略之父”波特（1990）在《国家竞争优势》一书中指出：“在经济全球化的今天，来源于劳动力、自然资源、金融资本等物质禀赋投入的比较优势将会逐渐减弱，一个国家的竞争力最终将由生产率来决定，而企业家精神是国家优势的核心。”众多研究结果均表明，一国能否保持持续的经济增长，关键在于其如何配置企业家精神，是鼓励企业家精神还是抑制企业家精神，是配置到创新等生产性活动中抑或是配置到寻租等非生产性活动中。King 和 Levine（1993）证明了企业家精神通过提高生产率推动了经济增长。Acs 和 Armington（2004）利用 1989 ~ 1996 年美国非农私营部门的调查数据发现，地区更高水平的企业家活动和当地的经济增长率之间表现出很强的正向因果关系。Glaeser（2007）对美国城市层面的一项实证研究显示，企业家精神是导致美国各城市间经济发展水平差异的重要因素，1970 年城市具有的企业家精神水平可以预测该城市未来 30 年的人口和收入增长。Bjørnskov 和 Foss（2008）则指出，一个没有大量企业家的社会不会繁荣发展。Buera 等（2011）认为，落后国家之所以落后，根源就在于这些国家缺乏大量从事创新活动的企业家，在于这些国家的金融体系不利于企业家精神的培育及企业家的成长；发达国家之所以发达、之所以具有竞争优势，根源就在于这些国家拥有大量从事创新活动的企业家。总之，理论与实践都证明，企业家的创新精神是促进一国经济长期持续增长最可靠、最持久的源泉。

此外，中国自1978年实施改革开放政策以来，取得的主要成果之一，就是在经济持续增长的基础上，居民收入水平总体攀升。然而，城乡不平衡问题从20世纪90年代就开始不断扩大。尤其是近几年来，随着我国经济的高速发展，城乡差距不仅没有进一步缩小，反而出现了进一步扩大的趋势，城乡发展出现了持续失衡的状态。2007年底中国社会科学院发布的《人口与劳动绿皮书（2008）》指出，在过去的17年间，我国城乡居民收入的绝对额差距增加了近12倍，中国城乡居民收入差距出现全方位扩大。2009年初农业部提供给全国政协提案委员会的材料称，2009年农民增收难度进一步增大，2008年城乡居民收入比由2007年的3.33：1扩大为3.36：1，绝对差距首次超过1万元。中国社会科学院社会学研究所所长李培林在2009年底举行的“2010年《社会蓝皮书》发布暨中国社会形势报告会”上表示，预计2009年全年城市居民收入可以增长到10%左右，但是农民人均纯收入大概增长只有6%～7%，所以城乡之间收入的增长率又拉开了三四个百分点，这个情况是中国克服收入差距不断扩大趋势的新难点。至今，城乡二元结构仍是中国经济最为显著也是最为重要的特征之一。根据增长极理论和非均衡发展理论，在某一时段内，特别是工业化阶段，城乡差距和城乡发展、区域发展不平衡，是各国工业化、现代化进程中共同存在的现象。按照经济理论，经济发展过程中，城乡差距总是先逐步扩大，然后缩小的。但如果这种差距过大，就不可避免地给城乡关系带来政治、经济、社会等诸多方面的矛盾。持续扩大的城乡差距，使我国目前的城乡关系处于二元分离状态，城乡发展的失衡严重制约了经济社会的进一步发展。

与中国城乡经济二元结构密切相关的一个重要现象就是中国的金融发展也呈现出“城乡二元结构”的特征。现代市场经济是以金融为核心的经济，没有现代金融机构提供的金融服务以及支付清算系统的支持，社会资源难以实现合理配置，生产、流通、消费和分配难以实现良性循环，社会和经济发展目标也就难以实现。金融制度是社会资源配置的先导，如果金融交易机制的市场化改革不能完成，即使其他领域的市场化改革已经先行，也将被滞后的金融改革所拖累（何广文，2004）。按照现代金融发展理论的观点，经济生活中的金融部门和实体经济部门之间的相互作用，会产生多重的、稳定状态的均衡，即贫困国家往往会陷入金融抑制和经济停滞的陷阱。金融抑制的解除会提高资源利用效率，促进整个国民经济的发展；欠发达国家政府更是应优先发展金融业，不能让金融滞后于经济增长。然而，我国城乡之间在金融发展方面呈现出巨大的差异，表现在城乡存贷规模、金融资产规模、金融相关率、金融中介与金融市场体系、金融资源分配、金融市场效率等多个方面。

本书研究中国城乡差距背后的金融市场因素。与现有研究不同的是，笔者基于最新的金融发展理论“金融发展、企业家精神与经济增长”，研究城乡金融市场差距（尤其是金融资源分配差异）对劳动力市场的影响，即城乡差异化的金融发展水平如何影响城乡企业家精神，并如何进一步导致城乡差距持续存在，从而探索出金融发展影响城乡差距的新的作用机制。

第二节 研究思路和逻辑框架

本书的研究思路和具体的章节安排是：

第一章：导论，简要介绍了本书的选题意义、分析框架，以及可能的创新和不足。

第二章：系统回顾第一代、第二代和第三代金融发展理论，并梳理出最新的金融发展理论——“金融发展、企业家精神和经济增长”领域的研究文献，并着重回顾企业家精神、影响企业家精神的金融市场因素、金融发展与收入差距以及农村金融发展理论，以阐明本书的理论背景。

第三章：相关文献综述，主要涉及金融发展与企业家精神、金融发展与收入差距等领域的理论和实证研究文献。

第四章：从微观层面实证检验金融约束对企业家创业精神的影响及其城乡差异，分析金融发展对城乡企业家创业精神的不同影响。

第五章：从微观层面实证检验金融约束对企业家创业活动（收入）的影响及其城乡差异，分析金融发展对城乡企业家创业收入的不同影响。

第六章：进一步分析金融发展（尤其是金融资源的分配和金融服务可得性）对城乡收入差距的影响及其作用机制。

第七章：着重以农户创业为例，实证分析社区金融发展与农户创业水平之间的关系。

第八章：对全书结论进行总结并提出相应的政策建议。

全书的结构框架如图 1-1 所示。

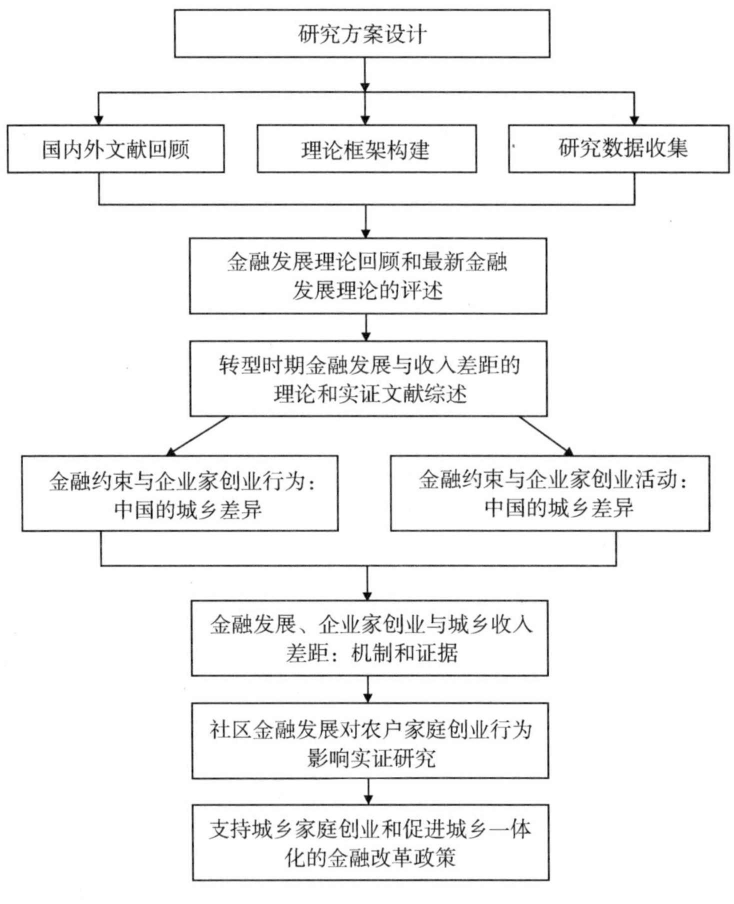

图 1-1　本书结构框架

第三节 本书的创新和不足

第一，现有文献大多仅关注经济发达国家城市地区的金融发展和企业家创业活动。本书基于最新的金融发展理论，研究发展中国家经济转型过程中金融发展对于城乡企业家精神的影响及其可能存在的差异。相比于发达国家和城市地区的金融市场，发展中国家的农村金融市场运行效率尤为低下，农村地区金融约束普遍存在且程度更高，中国也不例外。那么，城乡金融市场的系统性差异是否会带来城乡企业家创业的二元差异？实际上，对于处于城乡二元结构转型时期的中国，本书将有助于从企业家精神的角度解释金融发展对于城乡差距的影响。

第二，实证研究方面，金融约束对于个人职业选择（是否成为企业家）是否重要在实证层面仍存疑问，本书将使用中国的微观调查数据检验金融约束是否成为企业家创业的障碍。除此之外，还将进一步分析金融约束对企业家创业活动和企业家存活的影响，以及这种影响在中国不同经济和金融条件的地区是否存在差异，对现有研究形成补充。

第三，笔者从一个崭新的视角分析金融发展与城乡收入差距之间的关系，即金融发展通过对城乡企业家创业精神的差异化影响，进而导致城乡收入差距。与现有研究更多的是从金融深化和金融规模的角度衡量金融发展不同的是，笔者基于最新的金融发展理论，从金融资源分配和私人（家庭）信贷的角度衡量金融发展及其对城乡收入差距的影响。

比较遗憾的是，因为本书使用的微观层面家庭数据具有一定的地域局限，具体数据来自北京大学国家发展研究院的中国健康与养老追踪调查数据（China Health and Retirement Longitudinal Study，CHARLS）。CHARLS属于著名的健康与养老调查（Health and Retirement Survey，HRS）系列，该系列自美国开始，后在多国实施。笔者使用的是2008年夏天收集、2009年4月对外公布的预调查数据，但是该数据仅包括浙江和甘肃这两个代表中国经济发达和经济欠发达的省份，样本的局限可能在一定程度上影响到本书研究结论的普遍性。除此之外，由于CHARLS更集中于分析城乡养老和健康方面的问题，该调查的目标是获得中国45岁以上人群及其配偶（可能小于45岁）的代表性数据，因此样本中个体的年龄整体偏大。由于现有研究表明创业和年龄之间的负相关关系，因而使用CHARLS个人层面的数据可能会带来样本偏差的问题。笔者解决这一问题的做法是放弃采用个人层面的数据，转而使用家庭层面的数据。因此，使用家庭层面的数据可以在一定程度上解决样本偏差的问题。

此外，本书的“企业家精神”更加侧重的还是考察企业家的创业精神，有关金融发展与企业家创新精神的关系及其城乡差异也是以后可能的研究方向之一。

第二章　理论基础和文献综述

自银行产生以来，人们就一直在思考金融在经济增长中的作用。金融发展理论是随着发展经济学的产生而产生的，但在发展经济学的第一阶段（20 世纪 40 年代末到 60 年代初期），西方发展经济学家并没有对金融问题进行专门研究，因为此阶段结构主义发展思路处于主导地位，在唯计划、唯资本和唯工业化思想的指导下，金融因成为工业化、计划化和资本积累的工具而处于附属和被支配地位，其发展受到了忽视。

20 世纪 60 年代中期以后，发展经济学进入第二阶段，新古典主义发展思路取代结构主义思路而处于支配地位，市场作用受到重视，金融产业的发展才有了合适的空间。金融发展理论，主要研究的是金融发展与经济增长关系的关系，即研究金融体系（包括金融中介和金融市场）在经济发展中所发挥的作用，研究如何建立有效的金融体系和金融政策组合以最大限度地促进经济增长及如何合理利用金融资源以实现金融的可持续发展并最终实现经济的可持续发展。各种学术流派阐述不同的理论观点，或交锋或补充，形成了从第一代金融发展到第三代金融发展理论的发展脉络。①

---

① 作为本书作者的博士后期间合作导师，江春教授 2012 年出版的《金融改革和金融发展：理论与实践的回顾及反思》一书中对世界范围内的金融发展理论进行了系统回顾，作者也参与该书的研究，本章中部分内容是其简略版。详见江春：《金融改革和金融发展：理论与实践的回顾及反思》，人民出版社 2012 年版，第 30-178 页。

第一节　金融发展理论回顾

一、金融发展理论：历史视角和古典观点

19 世纪后半叶，随着银行在经济中的地位逐渐提高，信用创造的作用也日益为人们所认识和重视。于是，形形色色的信用创造论也就纷纷被提出。其代表者为麦克鲁德、熊彼特和韩。其中，熊彼特的理论是最值得一提的。

在熊彼特看来，银行的功能在于甄别最有可能实现产品和生产过程创新的企业家，通过向其提供资金来促进技术进步。他进一步提出，金融和经济发展具有如下关系："在这种意义上的信贷提供，犹如一道命令要求提供商品去满足企业家的需要，这意味着把生产力托付给他。只有这样，才有可能从完全均衡状态的简单循环流转中出现经济的发展。"① 很明显，熊彼特已经清晰地认识到金融因素将长期融入经济发展中，提出具有特色的金融因素与产业资本相结合的经济增长理论。可见，银行无疑具有信用创造的能力，而正是这种信用创造的能力，才是推动经济发展的动力。由此可见，在经济发展过程中，尤其是经济发展的初期，银行信用是金融活动的主要形式，在经济发展过程中，银行信用的重要作用是不容忽视的。

二、第一代金融发展理论——金融深化理论

1. 戈德史密斯的金融发展理论

1969 年，美国著名经济学家雷蒙德·W. 戈德史密斯出版了《金融结构域金融发展》一书，该书旨在"找出决定一国金融结构、金融工具存量和金融交易的主要经济因素，并阐明这些因素如何通过相互作用而促进

---

①［美］约瑟夫·熊彼特：《经济发展理论——对于利润、资本、信贷、利息和经济周期的考察》，何畏等译，商务印书馆 1990 年版，第 119 页。

金融发展”。戈德史密斯认为“一国现存的金融工具与金融机构之和构成一国的金融结构，包括各种现存的金融工具和金融机构的相对规模、经营特征、经营方式、金融中介机构各种分支机构的集中程度等”，[①] 而金融发展的含义就是金融结构的变化。戈德史密斯还对各国的金融发展进行了深入研究，并创造性地提出一套衡量一国金融结构和金融发展的存量和流量指标，其中金融相关比率最为重要。在对35个国家1860～1963年数据实证研究的基础上，他总结了金融结构与金融发展两者和经济增长的关系，“在大多数国家，如果对近数十年进行考察，就会发现经济发展与金融发展之间存在大致平行的关系。随着总量和人均实际收入以及财富的增加，金融上层结构的规模和复杂程度亦增大”。戈德史密斯还研究了各国金融发展道路，他认为虽然各国的金融机构各不相同，但金融发展的道路却只有一条，“在这条道路上，金融相关比率、金融机构在金融资产中的比重、银行系统的地位等方面的变化都呈现出一定的规律性，只有在战争中和通货膨胀时出现偏离”。虽然各国金融发展存在差异，但这种差异并不意味着金融发展道路的差异，而只是意味着沿着同一条基本道路分成两条不同的轨迹。

2. 麦金农和肖的金融深化理论

1973年，麦金农（McKinnon）和肖（Shaw）各自独立发表了《经济发展中的货币和资本》和《经济发展中的金融深化》两本著作。在书中，他们放弃了以成熟市场经济国家金融体系为对象的研究方法，转而研究发展中国家的金融问题，创立了现代意义上的金融发展理论。他们各自从金融压抑（Financial Repression）和金融深化（Financial Deepening）两个角度，系统地阐述货币金融和经济发展之间的关系。他们的金融发展理论不仅直接催生了发展中国家20世纪七八十年代的金融自由化运动，极大地影响了这些国家货币金融政策的制定和实施，同时还对发达国家中出现的金融创新活动产生不可估量的推动作用。

麦金农和肖提出了著名的“M-S模型”，该模型的主要思想是：主张通过金融自由化，使实际利率通过市场机制的作用自动趋于均衡水平，金融发展与经济发展相互制约和相互促进，实现经济的长期快速增长。麦金

---

① 雷蒙德·W. 戈德史密斯：《金融结构与金融发展》，周塑等译，三联出版社1990年版，第44页。

农和肖的金融深化理论模型可通过图 2-1 加以表示。①

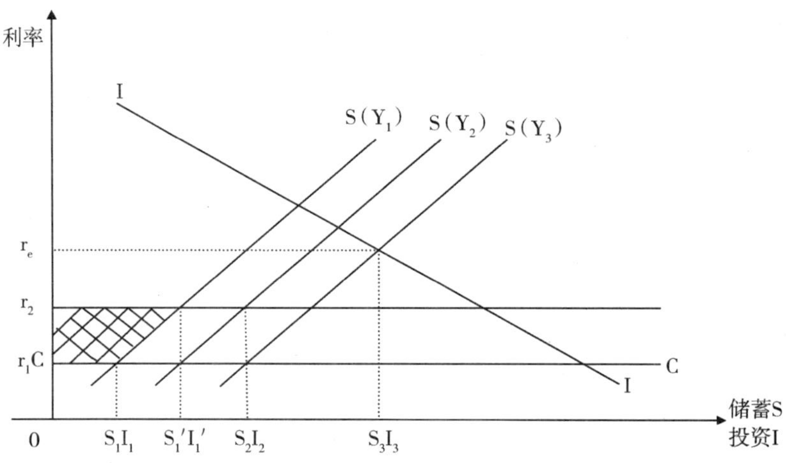

图 2-1　Mckinnon 和 Shaw 的“金融深化”理论模式

在图 2-1 中，I 为社会投资曲线，$S(Y_1)$ 代表国民收入为 Y_1 时的社会储蓄曲线，$S(Y_2)$、$S(Y_3)$ 以此类推，r 为不存在金融抑制时由储蓄曲线 $S(Y_3)$ 和投资曲线 I 相交时的均衡利率。CC 为金融压抑线，即政府规定的利率上限 r_1，将实际利率压低在均衡利率水平之下。

假设社会储蓄完全转化为投资，并不考虑利用外资。当金融管理当局将实际利率人为压低在 r_1 时，实际投资仅为 I_1。因为当利率为 r_1 时，金融体系能够吸纳的社会储蓄总量为 S_1。低利率又意味着企业的投资成本低，使得那些生产率低的投资项目得以上马，从而使整个社会的投资收益下降。所以，低利率一方面使资本积累不足，另一方面使投资效率下降。

如果金融当局放松金融压制，将实际利率从 r_1 提高到 r_2，就会使社会储蓄从 S_1 增加到 S_1'，从而使社会投资 I_1 增加到 I_1'，并通过乘数效应使国民收入从 Y_1 增加到 Y_2。国民收入增加又使社会储蓄曲线右移到$S(Y_2)$，这又引起新一轮的投资增加。因此，在利率水平为 r_2 时，储蓄和投资都增加到 S_2 和 I_2。同时，提高的利率使得投资收益率低的项目被淘汰。利率的提高一方面使社会储蓄率得到提高，加速资本积累；另一方面又提高资

① Subrata Ghatak, *Development Economics*, Macmillan Publishing Co. , 1981, p. 62.

本收益率。如果政府完全放弃管制，达到由市场供求决定的均衡利率 r，社会储蓄和社会投资会进一步提高，最终导致国民收入更大幅度地增长。

根据麦金农和肖的观点，一个制度中金融体系的发展如果有利于储蓄的动员和配置，则有利于经济的增长和发展；反过来，经济的增长如果能促进金融体系的发展，使金融体系能够动员更多的储蓄以促进经济的进一步发展，则金融自由化与经济发展之间形成一种良性循环。

麦金农认为，在经济增长过程中，资产组合效应将对储蓄产生影响，因而储蓄倾向是经济增长率的函数。同时，储蓄受到持有货币的实际收益率等其他外生因素 ρ（金融自由化）的影响。因此，储蓄倾向函数为：

$$s = s(g, \rho)$$

其中，$0<s<1$，$\partial s/\partial g>0$，$\partial s/\partial \rho>0$。由此，经济增长率函数变为：

$$g = \rho \times s(g, \rho)$$

在 ρ 为外生变量时，经济增长率将决定于影响储蓄的收入增长率本身的资产组合效应。假设金融自由化前的经济处于金融抑制状态，此时持有货币的实际收益率很低，甚至为负值，货币收入比率（货币/收入）也很低，因而储蓄很少。如果通过金融自由化改革，持有货币的实际收益提高，并引起货币收入比率上升，储蓄水平也会上升。因此，麦金农认为，金融抑制的解除，既可以通过储蓄倾向的提高来增长储蓄，从而增加投资，促进经济增长，又可以反过来通过经济增长进一步增加储蓄，进而实现储蓄与经济增长的良性循环。可见，实现金融发展与经济发展良性循环的关键在于金融自由化改革。

基于以上分析，“金融深化论”认为，只要政府放弃对金融的过分干预或管制，取消对利率和汇率的人为压制，使利率和汇率由市场供求决定，从而使利率真实反映资金和外汇的实际供求状况，并充分发挥其调节资金和外汇供求的应有功能，就会一方面以均衡的利率动员较多的储蓄以加快金融的发展，并以均衡的汇率促进出口从而增加外汇的供给；另一方面在均衡的利率或汇率水平上满足有效率的资金需求或外汇需求，从而提高资金或外汇的使用效率，进而最终实现金融发展与经济增长之间的良性循环（江春，2012）。根据麦金农和肖的理论，金融深化带来的正效应包括以下几个方面：①收入效应。肖认为，金融深化的收入效应是指实际货币余额的增长使货币化程度提高，从而对实际国民收入的增长产生影响。②储蓄效应。金融深化的储蓄效应主要体现在两个方面：一是收入效应促进收入水平绝对增长，在私人储蓄和税率一定时，较多的收入水平意味着较高的私人和公共储蓄和投资；二是金融深化提高了货币的实际收益率，从而鼓励人们的储蓄行为，导致储蓄倾向的提高。③投资效应。一是储蓄效应增加了投资总额；二是金融深化提高了投资效率。④就业效应。金融深化意味着资本相对昂贵而劳动力相对廉价，从而促使投资者以劳动密集型生产替代资本密集型生产，增加就业机会，使整个社会的就业水平得以提高。

“金融深化论”或“金融发展论”可以称为是金融理论中的新古典经济学，其基本思想是强调市场机制在金融发展中的作用，其核心在于减少直至放弃政府对金融的管制或干预，主张进行市场化改革，实现经济及金融的市场化和自由化。正如 Shaw（1973）所说的，金融自由化的一个主要目的就是“用市场去取代官僚机构”。根据这一中心思想，“金融深化论”提出了以下政策建议：[①]

第一，发展中国家要彻底改革金融体制，逐步放弃对市场准入的限制，以实现金融业的市场化，从而使银行体系和金融市场能真正发挥充分吸收社会储蓄，并将之引导至生产性投资上去的功能。

第二，政府必须放弃对利率的管制，使利率能正确地反映资金的供求状况和均衡程度。Mckinnon 和 Shaw 都主张，在发展中国家，实际利率必须为正数，因为负利率会阻碍储蓄的增加，并助长无效益的投资，是经济发展的重大阻滞因素。只有正数的实际利率才有助于吸收社会储蓄资金和促进资本形成并提高投资效率。Shaw 指出“金融深化意味着利率必须更准确地反映以投资替代目前消费和抵消消费者等待的情绪的机会成本”。[②]由于发展中国家资金缺乏，投资机会极多，投资的边际收益较高，因而即使提高名义利率，也不会压抑投资。较高的名义利率能够使资金从资本密集型投资转向劳动密集型投资，从而具有扩大劳动就业的效应。

第三，政府不应采取通货膨胀的方式来刺激经济增长，相反，政府应努力通过采取紧缩货币或增强货币需求（提高存款利率）的方法压抑通货膨胀，提供一个稳定的经济环境以促进经济发展。Mckinnon 和 Shaw 强调，降低通货膨胀率并不意味着实际货币量的缩减和投资减少，因为实际货币量（M/P）与名义货币量（M）是不同的概念。如果物价 P 持续稳定，而

---

① 江春：《金融改革和金融发展：理论与实践的回顾及反思》，人民出版社 2012 年版，第 38-39 页。

② 肖：《经济发展中的金融深化》，王巍等译，中国社会科学出版社 1989 年版。

金融体系又能以合理的均衡利率吸收存款，则实际货币量(M/P)就能稳定增长。由于实际货币量与资本形成（投资）的相辅相成关系，因此经济发展将能以非通货膨胀的形式实现。

第四，政府还应放弃对金融体系和金融市场的管制和干预，以促进并保证金融机构的自由发展和自由竞争。同时，政府还应允许和鼓励私营金融机构的发展。此外，政府还应大力促进农村金融机构和农村金融市场的发展。①

第五，政府还应放宽外汇管制，在适度范围内任汇率浮动，使汇率能正确反映外汇的实际供求状况。汇率和外汇市场的管制放宽后，将有利于解决本国货币汇率的高估问题，这一方面有利于鼓励出口（因为不存在人为提高以外币表示的本国出口产品价格的本国货币汇率高估问题）和吸引外资，另一方面也能压缩不必要的进口（因为不存在人为降低以本币表示的外国进口产品价格的本国货币汇率高估的问题），从而有利于国际收支的平衡，这实际上反而有利于解决外汇的短缺问题。

第六，"金融深化"还包括贸易自由化、税制合理化及改革财政支出政策等措施，如逐步消除贸易保护政策，促使国内企业同国外企业进行竞争，实行有利于进出口贸易的增值税，提高税制结构的收入弹性，取消对亏损企业的补贴，以减轻财政负担，等等。由于这些措施有利于缓解通货膨胀的压力，从而能为"金融深化"提供良好的经济环境，因而也与"金融深化"有关。

Mckinnon 和 Shaw 的"金融深化论"提出以后，在国际学术界产生了重大影响，并被许多发展中国家作为指导本国经济及金融改革的理论基础。

三、第二代金融发展理论——内生金融理论

从 20 世纪 80 年代末至 90 年代初开始，由于受"内生增长理论"的影响，一些经济学家认为"金融深化论"对金融部门和实体部门之间的联系缺乏具体的论述。因此，这些经济学家不再满足于在 Mckinnon 和 Shaw 的理论框架内对"金融深化论"进行修修补补。同时，这些经济学

---

① 麦金农和肖的金融深化理论对发展中国家的农村金融改革提供了重要的理论指导。

家还认为，如果金融发展的理论研究仅仅停留在金融发展和经济增长的关系上，而丝毫未触及金融的内在因素（如金融中介和金融市场等），那么这样的研究是欠缺的，而由此建立起来的理论也是不完整的。此外，这些经济学家还认为，Mckinnon 和 Shaw 的理论忽略了市场信息的不完全性，等等。有鉴于此，受“内生增长理论”影响的金融学家们力求突破 Mckinnon 和 Shaw 的理论框架，利用“内生增长理论”的研究方法来研究内生的金融发展和内生的经济增长之间的关系，即研究金融体系是如何内生出来的，内生出来的金融体系又是如何持续发展以及内生的金融体系是如何通过作用于技术进步及生产率并进而推动经济的长期可持续增长，从而将金融发展置于经济的内生增长过程中，并建立了大量结构严谨、逻辑缜密和论证规范的理论模型。在此基础上，“内生金融增长理论”也提出了一些不同于第一代金融发展理论的政策主张，这被认为是第二代金融发展理论。“内生金融增长理论”同时也扩展了“内生增长理论”的研究内容。①

“金融深化论”将金融中介的存在视为既定前提，没有深入分析金融中介的微观基础，因而没有为“金融深化论”奠定微观基础。“内生金融发展理论”则从效用函数入手，建立了各种各样的模型来解释金融中介和金融市场的内生形成（Greenwood 和 Jovanovic，1990；Saint-Paul 和 Gilles，1992；Jordi 和 Zilibotti 等，1994；Blackburn 和 Hung，1998）。这些模型主要从不确定性、不对称信息和交易成本等方面对金融中介和金融市场的形成做出了新的解释，即资金融通过程中的不确定性和信息不对称性等因素产生金融交易成本，随着经济发展，这种交易成本对经济运行的影响越来越大。为了降低交易成本，经济发展到一定程度就会内生地要求金融体系形成和发展。

1. 内生金融中介理论

金融中介为什么会形成，这是内生金融发展理论首先关注的问题，其原因在于：金融中介在许多国家（特别是发展中国家）的金融体系中占据着主导地位，金融发展在很大程度上归于金融中介的发展，因此金融中介是如何产生的？它对经济发展到底能起什么样的作用？这些就成为

① 江春：《金融改革和金融发展：理论与实践的回顾及反思》，人民出版社 2012 年版，第 320 页。

“内生金融增长理论”首先要回答的问题（江春，2012）。内生金融中介理论认为，金融中介的形成主要有以下原因：

（1）规模经济、范围经济与交易成本。Gurley 和 Shaw（1960）将金融中介视为单个借贷者在交易中克服交易成本以寻求规模经济的联合，并指出金融中介形成的原因在于交易成本。他们认为，金融中介降低交易成本的主要方法是利用技术上的规模经济和范围经济；若存在与任何金融资产交易相关的固定交易成本，那么和直接融资情况下借贷双方一对一的交易相比，通过金融中介的交易就可以利用规模经济降低交易成本。Gerard 和 Pyle（1991）则认为，金融中介所具有的范围经济和规模经济也具有降低交易成本的功能，从而金融中介由于能降低经济活动的成本而内生形成。金融中介指出，如果存款业务和贷款业务的预期收益分别是负的和正的，它们之间的协方差为正，那么根据资产组合理论，若银行在吸收存款的同时也发放贷款，则金融中介可以利用范围经济来降低风险。Allen 和 Santomero（1997）进一步认为，资产评估的固定成本意味着金融中介比个人具有规模优势，因为金融中介能分摊成本，从而比个人更容易分散交易成本，也就是说，更能使分摊到每个人头上的成本下降。

（2）不确定性与交易成本。Chant（1992）认为，金融中介形成的原因在于它能降低由投资收益不确定而产生的风险。投资者进行投资就必须承担由于投资结果的不确定而产生的风险，如果他是风险厌恶者，为降低风险，他可以进行多样化投资，从而使非系统风险相互抵消；但是多样化投资需要搜索许多投资项目，这就要付出交易成本。Chant 认为，当投资者人数众多时，金融中介可以减少投资者个人持有多样化组合的交易成本。因为投资者可以委托金融中介进行投资，而金融中介搜索投资项目的成本只相当于一个投资者的搜索成本；并且金融中介可以将搜索成本分散给众多的投资者，因此金融中介的形成就降低了交易成本。Bencivenga 和 Smith（1991）与 Levine（1991）认为，金融中介形成的原因在于它能够防范因消费者需求的流动性冲击而造成的不确定性。这里所说的不确定性是指投资者将资金投入长期项目后，在项目未产生收入的期间，投资者可能需要这笔资金以应付未预期到的消费支出。如果投资者是风险厌恶者，他将为流动性风险寻求保险，而金融中介正好可以实现这一目的。这是因为，金融中介吸收了大量投资者的存款，根据大数法则，投资者不会同时遇到流动性冲击，因而金融中介面临的流动性风险总是小于单个投资者面临的流动性风险。结果，和单个投资者相比，金融中介总是能够用流动性资产的形式持有一部分投资。因此，金融中介的存在使得国民经济从整体上更有效地管理流动性风险。

（3）信息不对称与交易成本。主流的经济学理论认为，在信息对称情况下，市场价格机制会使稀缺的资源得到合理的配置。但在现实中，信息可能是不对称的，这就必然会影响到资源的合理配置。对于金融交易而言，所谓信息不对称，是指借款人或债务人对自己的财务现状和未来状况比贷款人和债权人知道得更多。这种信息不对称以两种方式出现，即逆向选择和道德风险（Stiglitz 和 Weiss，1981）。所谓“逆向选择”，特指金融交易发生以前，那些风险最大者最为积极并最有可能成为借款人时的现象。在信用交易过程中，所有的借款人都会尽力展现其绩效，掩饰其风险。由于缺乏对潜在借款人各种信息的准确掌握，贷款者容易按平均风险的利率，甚至较高的利率发放贷款。在这种情况下，好的借款人会感觉受到损失，坏的借款人则感觉从中获利。因此，风险低的借款人将会逐步离开金融市场，金融市场上仅留下风险高的借款人，最终导致金融市场萎缩。道德风险发生在金融交易发生以后，它指借款人在借款后可能转向投资于其他潜在风险和收益都更高的业务的现象。一部分借款人之所以倾向于从事更具风险的投资和业务，是因为贷款人与作为业主的借款人之间在项目成功后分享的权益不一致。无论项目获得多大的成功，贷款人只能获取契约规定的利息收益，但是项目的成功给作为借款人的业主带来的风险回报却可能是巨大的；在发生损失时，无论损失结果差异如何，作为借款人的业主损失的上限是确定的，即股权投资部分，但是贷款人却可能连本金都无法收回。显然，信息不对称是导致金融市场失灵的重要原因，而金融中介的形成就在于金融中介具有处理信息不对称问题的竞争优势（Leland 和 Pyle，1977；Diamond，1984；Boyd 和 Prescott，1986；Greenwood 和 Jovanovic，1990）。

Boyd 和 Prescott（1986）认为，金融中介的出现可以降低信息的获得及处理成本从而改善资源配置。否则，个体投资者将面临高昂的企业评估成本。因此，金融中介就是一系列个体的组合从而为其他投资者分担成本。Greenwood 和 Jovanovic（1990）把金融中介生产信息和提高资本产出率的作用联系了起来。他们认为，在资金供给有限的情况下，拥有大量资产组合的金融中介可以通过“生产”信息和传递信息将资金导向最有潜力的企业，从而提高资本的配置效率。总之，由于金融中介在处理信息不对称问题上具有竞争优势，并能通过广泛地搜集信息以有效地评估投资项目的未来收益，从而有利于将资金配置到效率最高的项目以提高投资效率。在 Bacchetta 和 Caminal（1996，2000）的两阶段模型中，金融中介就是为解决借贷双方之间的信息不对称问题而产生的。Brealy，Leland 和 Pyle（1977）则将金融中介看做一种“信息共享联盟”，他们认为，相对于单个贷款人，金融中介由于其规模和专业优势能够更容易地了解和搜寻各种信息，金融中介可以低成本地搜寻和甄别“好”的投资项目，并在将“好”项目的信息让众多的贷款人共享时具有规模经济。L-P 模型的结论是，处理非对称信息问题应当是解释金融中介存在的主要原因。Grosfeld（1997）指出，在具有处理信息不对称问题上，银行具有“信息揭示”的优势。这是因为，企业或借款人会在银行开有账户，因此银行通过观察企业的存款和取款情况，就可以掌握借款人的收入、财富、支出以及投资策略及企业的经营状况及财务状况等信息，从而使银行可以比金融市场更有效地确定借款人的信用风险。①

（4）要素自由流动。② Schreft 和 Smith（1998）等人还认为金融中介的发展有利于促进要素的自由流动。这是因为，由于金融中介的存在，当人们要从一个地方迁移到另一个地方时，只要将他们的资产通过银行转账就可以。可见，金融中介通过促进要素的自由流动有利于发挥人们的比较优势，有利于扩大市场规模，有利于资源的合理配置。在 Beck、Lundberg 和 Majnoni（2006）的模型中，金融中介是为减轻代理成本和企业家的现金流限制而产生的。

Greenwood 和 Jovanovic（1990）开发了一个金融中介和经济增长互为内生的模型。他们假定金融发展和增长之间有着正向的双向因果关系。一方面，金融机构为了发现具有最高回报的投资机会而搜集、分析信息，他们将资金转移向最具生产率的用途，进而提升了投资效率并刺激了经济增长。另一方面，经济增长又刺激了金融中介的发展。Greenwood 和 Jovanovic（1990）的模型还表明，金融中介的存在有利于克服资本的边际收益递减

---

① 江春：《金融改革和金融发展：理论与实践的回顾及反思》，人民出版社 2012 年版，第323-324 页。

② 同上书，第 327 页。

问题，原因就在于金融中介更有能力辨认好的投资机会。

2. 内生金融市场理论

20 世纪 90 年代以来，金融市场的发展及其在金融体系中地位的上升促使一些理论家认识到早期理论的缺陷——对金融市场形成机制的忽略。他们转而致力于建立内生金融市场模型，试图弥补这一缺陷。由于金融市场的作用总是相对于金融中介体而言的，所以在考察金融市场时，不能把金融中介体搁置一边。相反，必须把金融市场和金融中介体放在同一个框架下考察：以金融中介体为参照来阐释金融市场的形成机制。我们必须回答这样的问题：既然金融中介体业已存在，为何还要形成金融市场？或者金融市场相对于金融中介体的优越性有哪些？我们的结论是：如果金融市场不在某一方面或某些方面优越于金融中介体，那么当事人就没有激励去利用金融市场，金融市场无从形成；也就是说，金融市场形成的前提条件是当事人利用金融市场的期望效用超过利用金融中介体的期望效用，否则，他们就会安于现状，因为现成的金融中介体足以满足他们的一切需要。

（1）金融市场的内生形成规律。在经济及金融的发展过程中，一般的规律大多是先产生金融中介，然后再产生金融市场。各国的经验证明，当一个国家的经济发展到一定程度后，会内生地形成金融市场。Boot 和 Thakor（1997）、Greenwood 和 Smith（1997）等人都认为，金融市场的形成和运行是有成本的，在金融市场的形成上存在着门槛效应，也就是说，金融市场只能在经济发展到一定阶段以后才能产生。这是因为，只有随着经济的发展，人均 GDP 达到某个临界值之后，有能力支付金融市场参与成本的人数才会越来越多。在这种情况下，参与金融市场的人数越多，交易次数越多，每笔交易量越大，则每一单位交易量所承担的成本就越低，因而利用金融市场的收益就会越容易大于金融市场的参与成本，这样金融市场就会得以形成并发展起来（江春，2012）。

Boot 和 Thakor（1997）比较了金融中介和金融市场在资金融通方面的优势。他们将金融中介和金融市场都看做参与资金融通的当事人的集合。金融中介的当事人将资金存入金融中介，金融中介再把吸收的存款放贷出去，从而为生产者提供资金。金融中介协调当事人的行为并监督生产者的行为，金融市场的当事人则在金融市场上进行竞争并购生产者发行的证券（包括股票和债券），从而为生产者提供资金。金融中介的优势是它可以有效地监督生产者的行为，从而缓解诸如资产替代之类的道德风险，而金融市场则在信息搜寻和汇总方面存在优势。这是因为，在有效证券市场中，证券价格波动能够及时和有效地反映发行者的行为和业绩，从而有助于投资质量的提高。他们认为，正是金融市场在信息方面的优势，使得金融市场得以形成和发展。

Greenwood 和 Smith（1997）则分析了金融市场是如何随着经济发展而内生形成的，在格林伍德和史密斯的模型中，金融市场的运行成本或参与成本导致了金融市场的内生形成。在经济发展的早期阶段，人均 GDP 很低，当事人无力支付金融市场的参与成本，或者有能力支付的人数甚少。在前一种情况下，金融市场根本不会形成；在后一种情况下，由于参与者人数少，交易次数少以及每笔交易量小，所以单位交易量所负担的成本较高，相应的收益不足以抵偿这种成本，当事人没有激励去利用金融市场，金融市场也不会形成。随着经济的发展，人均 GDP 达到某个临界值之后，有能力支付参与成本的人数较多，在这种情况下，由于参与金融市场的人数较多，交易次数较多，每笔交易量较大，所以单位交易量所负担的交易成本较低，金融市场是有成本效率的（Cost-Effective），即利用金融市场的收益超过金融市场的参与成本，金融市场因而得以形成。为了便于分析，Greenwood 和 Smith（1997）视金融活动的成本为效用损失而不是直接的资源消耗：当事人与中介体接触，需要付出努力，对应的效用损失记为 e；同样，当事人参与金融市场，也需要付出努力，对应的效用损失记为 e′。当且仅当进行金融活动的收益超过其成本时，当事人才愿意付出上述努力。Greenwood 和 Smith 区分了三种金融结构：一是既不存在金融中介体也不存在金融市场，即当事人在金融上是自给自足的；二是只存在金融中介体；三是只存在金融市场。他们依次考察了这三种金融结构下的当事人最优行为，并计算出每种金融结构下的当事人最大期望效用（扣减效用损失 e 或 e′之后）。他们的主要结论有二：①在一定条件下，当事人会选用中介体，因为他在第二种金融结构下的最大期望效用不低于他在其他两种金融结构下的最大期望效用。也就是说，中介体可以内生形成。②只有在 $e>e'$ 的情况下，金融市场才有可能内生形成。因此，对发展中国家来说，适当的政府干预（如补贴）对于金融市场的形成是有益的。

Boyd 和 Smith（1996）通过引入破产成本来说明股票市场是如何随着经济的发展而形成和发展的。破产成本是在企业家不能按合同约定的条件偿还债务时发生的。由于债务的偿还不依赖于企业的经营业绩（除非企业破产，而股利的发放依赖于企业的经营业绩），所以企业的融资结构会对破产的可能性产生影响，进而影响预期的破产成本。企业家在进行融资决策（选择什么样的融资方式——是发行债券还是发行股票）时，目标是使外部融资成本（包括破产成本）最小化。因此，股票市场的出现乃至发展，正是源于企业家对破产成本的考虑。Boyd 和 Smith（1996）还认为，股票市场会随着经济的发展而发展。因为随着经济的发展，资本生产者更愿意使用收益可观察的技术，以降低预期的状态证实成本，具体来说，随着经济的发展，人们的财富不断增加，资本不断积累，资本的边际产出从而其相对价格下降。资本相对价格的下降具有三层密切相关的含义：①企业家进行资本的生产，而状态证实技术需要使用一些资源，无论这些资源是最终商品还是劳动，抑或是劳动和资本的某种组合，企业家生产出来的资本相对价格的下降都意味着状态证实或监督的相对成本的下降。②资本相对价格的下降促使企业家更多地投资于收益可观察的技术，以便节约不断上升的状态证实成本，这种投资构成的变化通常与更多地利用股票市场相联系。③随着投资构成的变化，监督减少，或用于状态证实的资源数量减少，从而金融市场摩擦减轻和金融中介成本下降（江春，2012）。

（2）金融市场的作用。Hasan、Wachtel 和 Zhou（2009）等人则用了一句经典的语言来高度概括金融市场（主要指证券市场）的作用："证券市场通过帮助实现所有权交易和投资组合来促进经济增长"。具体来说，内生金融市场理论认为，金融市场从以下几个方面来促进经济增长：

首先是流动性创造。Diamond 和 Dybvig（1983）、Greenwood 和 Smith（1997）分析了金融市场流动性创造与长期资本形成的关系。在他们的模型中，投资者有两种投资项目可供选择：一种是流动性差但收益高的长期项目，另一种是流动性高但收益低的短期项目。如果投资者投资于流动性差的长期项目，他就可能会在项目到期之前发现自己受到流动性冲击，因而不得不将投资项目提前变现。如果他因此从项目中撤回资金，由于项目未到期，他将面临巨大的损失。而且，项目可能因他撤回资金而不得不终止。出于这种考虑，投资者不愿投资于长期项目。这样，资金就会流向收益低的短期项目，而收益高的长期项目难以融到资金，造成资源配置的低效率，阻碍经济增长。股票市场可以解决这一问题。这是因为项目所有人（企业）可以通过公开发行股票为项目融资，而投资者可以通过购买股票进行投资。由于所有投资者不会同时受到流动性冲击，因而一旦某个投资者受到流动性冲击，他可以方便地在股票市场将其持有的股票出售以满足提前消费的需要。而且，股票市场的流动性创造功能还使企业能够长期持有发行股票所融入的资金，实现持续经营。因此，金融市场流动性创造有利于长期资本形成和资源配置，有利于长期经济增长。

Levine（1991）分析了金融市场流动性创造功能与人力资本投资和内生增长的关系。内生增长理论认为，引起经济持续增长的决定因素是内生技术进步，而人力资本积累是引起内生技术进步的重要制度。Levine（1991）认为，人力资本积累和物资资本规模存在正相关性。因为，企业的物资资本对私人人力资本积累可能会通过外部性而产生正的影响：物资资本投资不仅可以提高企业的技术水平，而且可以激励人们的相互作用（如互相“干中学”），加快培训过程。因此，物资资本在未到期之前的过早偿还会通过这种外部效应影响人力资本的积累。由于金融市场的流动性创造功能有利于长期物资资本投资，因而也就有利于人力资本积累，促进内生经济增长。Mayer（1994）认为，具有流动性特征的股票市场有利于促进工业化进程。

其次是风险分散。内生金融发展理论认为，金融市场在横向风险分担机制方面具有优势（众多的投资者在众多的金融工具上分散投资），因而能够促进资本积累和提高资本的配置效率。一方面，风险分散功能促进资本积累和有效配置。在资本积累和配置过程中存在着两种风险，即与单个投资项目相关的生产性风险以及流动性风险。上面已经分析了流动性创造功能在分散流动性风险中的作用，这里只分析生产性风险。在资本积累和配置过程中，由于投资项目的收益不确定，并且收益高的项目风险也高，这样，投资者为规避风险就会将资本过多地配置到风险低但收益也低的项目中去。另一方面，在不存在金融市场和金融中介的条件下，投资者如果想通过多元化投资来分散风险，只能投资于不同的行业或项目，这样他不得不进入本身不具有比较优势的行业和不熟悉的项目，其在每个项目上的投资规模也就会随着多元化而降低，难以实现规模经济。在存在金融市场的情况下，投资者通过在金融市场上投资多种证券就可实现多元化。金融市场再将汇集的资金投入特定的项目中去，从而实现规模经济和分散风险，使资金向收益高的项目转移，提高资本配置效率和投资收益（Greewood和Jovanovic，1990）。

Levine（1991）也构建了一个内生增长模型，他认为，股票市场通过减少流动性风险和生产率风险来刺激经济增长。Atje 和 Jovanovic（1993）则认为，股票市场能够保护投资者免于异质性风险，并创造更多关于投资项目的信息。Obstfild（1994）则指出，金融市场的国际一体化使得每一个国家的投资者可以在世界范围内分散风险，从而使资本在世界范围内得到有效配置。

再次是信息搜寻。投资者进行投资，首先需要搜寻有价值的项目。在确定好项目后，投资者往往将项目委托给代理人（如企业）具体实施。由于信息不对称，投资者需要对企业进行监督。显然，如果单个投资者都独立地对企业进行监督，则监督成本十分高昂。如果投资者联合起来组成联盟，并由联盟派出代表对企业进行监督，则监督成本就会低得多。这个联盟可以是金融中介，也可以是金融市场。学术界一般来说，金融中介在监督企业等方面存在比较优势，而金融市场在信息获取和汇总方面存在比较优势。金融市场特别是股票市场的一个重要功能就是信息的及时快速传播。因为，股票市场上的交易价格是快速变动而且公开的，而作为有效市场，股票价格包含着大量的公司信息。加上股票市场的信息披露制度，从而使得股票市场成为信息最完全、传播最快的市场。

最后是金融市场有助于所有者加强对企业的控制。金融市场（特别是股票市场）的发展有助于所有者加强对企业的控制，具体表现在两个方面：第一，有效的股票市场有助于消除股东与公司经营者之间所存在的委托—代理问题，从而有利于形成合理的公司治理机制（Verrecchia，1982；Jemen 和 Murply，1990）。这是因为，股票市场使经营者的绩效和公司股票在股市上的表现联系了起来，若股票市值上升，经营者和所有者均可获益。特别是，股票市场还可以提供诸如经营者持股和股票期权等激励方式，这样经营者就具有使公司股票市值最大及股东财富最大化的激励，在这种情况下，经营者与所有者的利益就结为一体了。第二，股东可以通过接管来加强对企业的控制。Stein（1988）认为，发达的股票市场使接管更为方便，接管的威胁将促使经营者努力实现公司股票市值的最大及股东财富的最大化。如果经营者的目标不是实现公司股票市值的最大及股东财富的最大化、经营者的绩效低下，就会导致股价的低迷，在股份低迷的情况下，股东联合起来通过收购企业股票而接管企业，并最终解聘不合格经营者的成本会很低。股东的这种接管威胁也有利于消除公司经营者损害股东利益的行为，从而有利于保证公司经营者与公司股东利益的一致。①

四、第三代金融发展理论——制度与金融发展

由于第一代金融发展理论的较大影响，许多发展中国家或经济转轨国家在金融改革中主要注重的是不断增加金融资产及金融机构的种类和数量，并不断扩大金融市场的规模，而对金融发展的制度基础较为忽视，结果导致一些发展中国家及经济转轨国家的金融自由化改革并不顺利，甚至带来经济的较大波动。根据这一情况，同时也受新制度经济学的影响，一些经济学家（La Porta、López-de-Silanes、Shleifer 和 Vishny，1998，2002；Demirgüç-Kunt和 Detragiache，1999；Johnson、McMillan 和 Woodruff，2002；Beck 和 Levine，2003；Laeven 和 Majnoni，2003）开始另辟蹊径，从制度（Institutional，包括法律制度、产权制度、政治制度以及文化传统等非正式制度等）这一角度研究金融自由化改革过程中的问题及金融发展问题，由此形成了影响较大的第三代金融发展理论（江春，2012）。第三代金融发展理论的研究始于 La Porta、López-de-Silanes、Shleifer 和 Vishny 等人，随后的研究分别从不同角度阐述了各种影响金融发展的因素，第三代金融发展理论研究的焦点是探寻影响金融发展的因素，在既有研究文献中，对影响金融发展的因素和作用机制的研究包括法律制度、政治制度、非正式制度等。

1. 法律制度与金融发展

法律制度与金融发展关系的研究始于 La Porta、López-de-Silanes、Shleifer 和 Vishny（简称 LLSV）。LLSV（1993）认为，一国的法律起源将影响该国股东的法律待遇、债权人的权利、合同的执行效率以及会计准则，同时 LLSV 还将金融视作一组合同。LLSV 认为，只有在金融合同得到严格的履行，且违约行为会受到严厉制裁的情况下，金融活动才能发展起来。要使合同得到严格的履行，并使违约行为受到严厉的制裁，就只有通过法律条文的明确规定及法律制度的有效实施来加以保证。或者说，法

① 江春：《金融改革和金融发展：理论与实践的回顾及反思》，人民出版社 2012 年版，第 329-332 页。

律制度是影响金融合同能否得到严格履行的最重要的"游戏规则"。这意味着，一个国家的法律（包括《合同法》、《公司法》、《破产法》、《证券法》）以及这些法律的实施机制会对一国的金融发展产生决定性的影响。

在提出"法与金融"这一理论命题以后，LLSV（1996，1997）依据比较法考察了49个国家（不包括社会主义国家或经济转型国家）的法律制度与金融发展情况。LLSV按照法系的不同将这些国家分为四类不同法系的国家，即普通法系、法国大陆法法系、德国大陆法法系和斯堪的纳维亚大陆法法系。

LLSV（1993）指出，不同的法律体系对投资者利益的保护程度是不同的，其中大陆法对国家权力的重视大于对个人权利的重视，而普通法强调个人权利，强调对私人财产所有权的保护。随着时间的推移，普通法把对财产所有者的保护扩展到对个人投资者利益的保护上，因此在对个人投资者利益的法律保护方面，普通法系远远超出了大陆法系。

为验证这一点，LLSV分别对实行普通法系、法国大陆法法系、德国大陆法法系和斯堪的纳维亚大陆法法系的四类国家（一共包括49个国家）构建了股东权利指数、债权人权利指数以及法律执行质量指数等指数，并设计了若干指标以衡量这些指数，然后，LLSV（1998）对各个国家的相关指标分别打分（其中，股东权利指数为0~6，债权人权利指数为0~4，法律执行质量指数为0~10），在此基础上再对这四类法系国家的平均得分（平均得分越高，意味着对投资者保护程度越高）进行比较，以衡量不同法系对投资者保护程度的大小。LLSV（1998）根据各国的得分情况发现，普通法系国家对投资者（包括股东和债权人）的权利保护最强，法国民法系国家对投资者（包括股东和债权人）的保护最弱，德国民法系和斯堪的纳维亚民法系国家介于两者之间，而且这种情况和收入水平或经济发展程度无关。就法律的执行质量而言，德国大陆法系和斯堪的纳维亚法系的国家法律执行效率最高，普通法系次之，最差的仍然是法国法系。但随着人均收入水平的提高，执法质量显著地改善，等等。总之，LLSV通过这一分析得到了两个结论：不同的法律体系和传统决定了不同的法律制度，而不同的法律制度下投资者保护程度也不同；投资者保护程度的高低会直接影响一国金融市场的发展。

Beck和Levine（2003）也认为，由于大陆法与普通法不同，前者往往强调政府权力，因此实行大陆法系的国家往往会制定一系列政策和制度来干预金融市场，从而阻碍金融发展。普通法从一诞生起，就坚定地秉承保护私有财产不受政府侵犯的基本原则，而且普通法国家中的司法更独立，个人拥有更多的政治自由与经济自由，这就有利于市场的交易及金融的发展。他们还比较了英国、法国、德国这三国的实例，如法国拿破仑时期和德国俾斯麦时期都建立了强有力的中央集权政治，导致了相应的成文法传统，结果阻碍了金融市场的发展。英国的议会政治一直重视对私人投资者权利的保护，因而采用了普通法，结果刺激了金融的发展。

Beck、Demirgüç-Kunt和 Levine（2003，2005）也认为，法律的适应性和灵活性也很重要，因为适应性强及灵活的法律体系能够适应金融发展的需要，因而也更能促进金融发展。Beck 等（2003）将法律起源影响金融发展的渠道归结为适应性渠道和政治性渠道。其中，政治性渠道关注国家权力大小，它主要表现在一国法律是优先考虑个人权利及利益还是国家权力及利益以及一国法律合约保护程度的大小。政治性渠道观点认为大陆法体系是倾向于鼓励强化国家权力的制度，这对金融发展有不利影响。衡量政治性渠道的指标有最高法院法官的任期和最高法院的权力两个指标。其中，法国法系最高法院法官的任期最短，最高法院的权力最小，而英美法系则截然相反，不但最高法院法官的任期最长，而且最高法院的权力也最大。德国法系和斯堪的纳维亚法系中衡量政治性渠道的指标则介于前两者之间。适应性渠道则强调法律传统在其对不断变化的社会经济条件反应能力上的差异，适应性渠道认为法国法起源国家比英国普通法和德国大陆法国家更可能发展低效僵化的法律体系，从而对金融发展产生不良影响。Beck 通过对全球 38 个司法体系的实证研究发现，适应性渠道比政治性渠道对金融发展的影响更大。

此外，法律制度对金融市场和金融中介的影响也逐渐在研究中被发现。Morck、Yeung 和 Yu（2000）分析了投资者利益的法律保护与股票市场效率之间的关系，他们认为股票价格变动越具有同步性，股价变动反映公司具体信息的有效性就越低，从而股票市场价格的效率就越低。他们的经验研究表明，在对投资者权利的法律保护较好的情况下，股价变动的同步性比较低，从而股票市场的效率就越高。Wurgler（2000）进一步指出，对投资者权利的法律保护程度越高，不仅有利于金融市场的健康发展，而且还能使金融市场中的资本得到更有效率的配置。Levine（2003）发现，与较低的股东权利保护水平相关的是较不发达的证券市场。比较而言，普通法系国家的证券市场更为发达，这与普通法系对投资者利益的保护力度较大有关。不仅如此，LLSV（2006）还发现，那些强化信息披露的法律，以及通过严格责任促进私人执行的法律往往会促进金融市场的发展。法国法系国家的责任追究往往较为宽松，对信息披露的要求较低，这使得法国法系国家的法律和监管环境不像普通法系国家那样能有效地促进私人合同的执行，因而也不利于金融市场的发展。Brockman 和 Chung（2003）的研究表明，一国的法律制度越健全，对股东的保护越有力，信息不对称所造成的不利影响就越低，从而企业的流动性就越高。Leuz 等（2003）的研究表明，当投资者权利得到有效的法律保护，从而可以免受企业内部人的掠夺时，投资者会更愿意购买企业发行的证券，这使得企业能更多地对外发行证券，因而就会刺激金融市场的发展。

Levine（1999）使用 27 个国家 1960～1989 年的样本数据，考察了一国的法律制度与金融中介之间的关系。他们的研究表明，如果一个国家的法律制度给予债权人对企业具有充分的要求权、合同的执行效率高、企业的信息披露准确充分，那么该国金融中介机构就越能得到良好的发展。Caprio、Laeven 和 Levine（2007）则详细分析了法律制度对银行价值的影响，他们的研究发现，对股东权利保护得越好，则该国银行金融机构的市场价值就越高。Levine（1998，1999）的跨国实证研究表明，如果一个国家的法律制度具有如下特征：债权人对企业的要求权更充分且更具优先性；合同的执行效率高；能够保证企业准确、充分、及时地披露信息，则该国的金融中介机构就越能得到更好的发展。Laeven 和 Majnoni（2003）根据许多国家的截面数据考查了法律执行质量与银行效率之间的关系。他们用银行的事前和事后的存贷利差来衡量银行的效率。事前存贷利差是通过对贷款收取的利率和对存款支付的利率来计算的。事后存贷利差是利用银行实际利息收入和实际利息费用计算得到的。Laeven 和 Majnoni（2003）认为，事后存贷利差最能够反映银行的效率。显然，经济运行效率的提高要求银行降低存贷利差。从法律执行质量的角度来看，如果合同不能有效地执行，则银行对其贷款就有更高的利率要求以弥补额外的风险，因而存贷利差就会较大。Laeven 和 Majnoni（2003）根据许多国家的截面数据估算了 106 个国家在总量层面上的银行存贷利差，以及 32 个国家在个体银行层面上的存贷利差。他们发现，法律执行质量每提高一个标准误差，银行存贷利差将平均提高 2.3～2.6 个百分点，据此他们认为，法律制度对于银行存贷利差有显著的影响，因为高效的法律执行质量有助于降低银行贷款所需的风险贴水，从而有利于降低银行存贷利差，从而能降低企业和家庭的融资成本，这也意味着银行效率的提高。Qian 和 Strahan（2007）以 43 个国家（不包括美国在内）的大借款人作为样本，分析法律制度在全球范围内对银行贷款合同的影响，结果发现，法律制度是促成金融合同达成和实施的重要因素，对债权人法律保护较好的国家，借款者更容易获得贷款，且贷款期限也更长、利率更低。①

2. 政治制度与金融发展

以 LLSV 为代表的法与金融学理论强调一国的法律渊源是影响各国金融发展水平的重要变量，同时，他们认为，以普通法为渊源的国家对投资者的保护最强，金融发展水平最高；大陆法渊源的国家对投资者的保护没有普通法好，因而金融发展水平要低于普通法的国家。但是，Rajan 和 Zingales（2001）却发现，在 1913 年，尽管法国的民法典对投资者的保护不充分，但当时法国股票市场的资本化率（即国内股票市价总值占国内生产总值的比率）是以对投资者保护充分著称的美国同期的两倍。到 20 世纪 80 年代，法国的这一比率不足美国的 1/4，但到 1999 年，两国的比率又变得相差无几。也就是说，在法律制度没有显著变化的情况下，各国金融发展水平的位次发生了显著变化或逆转。②

虽然各国的法律体系或法律起源不同，但这些国家的金融发展水平相差并不大，法与金融学理论并不能对这一现象给出令人信服的解释。同时，Rajan 和 Zingales（2003）还发现，在各国法律制度变化不大的情况下，20 世纪各国的金融发展呈现一个 V 形的轨迹，即世界金融发展水平总的趋势是在 1913 年至大萧条前比较高，在大萧条后就开始下降，直到 20 世纪 80 年代后期才开始恢复到大萧条前的水平并慢慢上升。对于这种法律制度变化不大情况下的全球性金融发展的 V 形逆转，法与金融学理论也不能给予很好的解释。以上种种现象说明，法律制度并不是决定一国金融发展水平的唯一因素，一定还有其他制度因素在影响着一国的金融发展。

---

① 江春：《金融改革和金融发展：理论与实践的回顾及反思》，人民出版社 2012 年版，第 348－370 页。

② 同上书，第 382 页表 9–6。

另外，按照法与金融学理论所认为的普通法传统优于大陆法传统的观点，会产生这样的问题：为什么大陆法传统的国家或地区不能通过学习或制度移植来吸收普通法的优点？为什么许多已经移植普通法精神的国家或地区的经济及金融发展也并不理想？为什么有的国家法律可以得到有效的尊重和执行，甚至可以制约政府的权力，而在有的国家却不行？[①] 显然，法与金融学理论无法对上述现象和问题做出合理的解释。

Bordo 和 Rousseau（2006）则采用 17 个分别实行普通法系（英国、美国、澳大利亚及加拿大）、法国大陆法法系（法国、意大利、荷兰、西班牙、葡萄牙、阿根廷及巴西）、德国大陆法法系（德国及日本）和斯堪的纳维亚大陆法法系（丹麦、芬兰、挪威与瑞典）国家 1880 ~ 1997 年的历史截面数据，考察了法律制度、金融发展及经济增长的关系，结果证实了第三代金融发展理论的观点，即法律制度与金融发展之间存在确实相关关系，且法治健全国家的金融发展更有利于促进经济增长。但是，Bordo 和 Rousseau（2006）又认为，这种关系并不是持久稳定的。同时，他们认为，代表制的选举制度、选举次数、女性参政率和罕见的革命或政变等政治变量似乎更影响一国金融部门的规模及经济增长率。最后，Bordo 和 Rousseau（2006）指出，金融发展是否能有效地促进经济增长仍有待进一步的解释。

为弥补法与金融学理论的以上缺陷，Verdier（1999），Fohlin、Weber 和 Davis（2000），Beck、Demirgüç - Kunt 和 Levine（2000），Pagano 和 Volpin（2001），Glaser、Johnson 和 Shleifer（2001），Pagano 和 Volpin（2001），Bordo 和 Rousseau（2006），Keefer（2008），Roe 和 Siegel（2008），TD（2008），Haber、North 和 Weingast（2008）等人从政治制度的角度来探讨金融发展问题，并纷纷提出一国的政治制度是影响金融发展十分重要的因素。

（1）利益集团与金融发展。Rajan 和 Zingales 的利益集团假说认为，不同国家的主要利益集团对金融市场发展支持与否是影响金融发展的关键，金融市场的发展会危及产业和金融业利益集团的既得利益，在面临巨大利益威胁的情况下，这些行业既得利益者会克服集体行为中的“搭便

① 周业安：《金融市场的制度与结构》，中国人民大学出版社 2003 年版。

车”行为（奥尔森，1995），游说政府和立法机构采取对他们有利的金融管制和立法，这些金融管制政策和立法往往对金融市场发展产生阻碍作用。Strahan（1999）以美国各州放松银行设立分支机构的管制为例，说明了利益集团对金融发展的影响。

Rajan 和 Zingales（2001）认为，LLSV 模型并不完善。虽然 LLSV 模型的实证分析包含多达 49 个国家的数据，但是他们没有考虑这些国家随着时间的推移金融发展所产生的差异。Rajan 和 Zingales 发现，1913 年的大多数金融发展指标甚至要高于 1980 年的水平，直到最近这些金融发展指标才超过 1913 年的水平。他们用 20 多个国家 1913～1999 年的经济开发度的数据和金融发展指标进行实证检验，结果发现两者之间具有强烈的正相关关系，而且全面的开放（贸易开放加资本流动）比单纯的贸易开放能够更好地促进金融的发展。他们在解释 1913 年的金融发展水平高于 1980 年的水平时指出，虽然世界自由贸易依然如故，但第二次世界大战后布雷顿森林体系的建立，扼制了资本在世界各国之间的自由流动，从而也阻碍了各国金融系统的发展。

利益集团并不总是阻碍金融市场的发展。当一个国家受到外部冲击时，例如产品和金融市场的开放、战争及重大的政治事件影响等，原有利益集团受到的威胁主要来自国际，游说国内立法者显然无济于事；与此同时，国际市场为它们提供新增长机会，它们需要低成本的资本支持对外扩张，此时支持金融市场的发展对它们是有利的。在这种情况下，由于利益集团的支持或弱势的反对，国内的金融市场得到较快的发展。

（2）民主与金融发展。Beck、Demirgüç-Kunt和 Levine（2001）认为，只有分权型的政治体制才可以为金融发展提供一个有利的制度环境。从现实来看，实行分权、开放，并对司法和行政权力实行有效制约的政治制度的国家，金融往往发展得更好。Detragiache、Tressel 和 Detragiache（2008）的实证分析发现，政治权力得到充分制衡的政治制度是金融自由化改革产生显著效果的必要条件。

Huang（2006）认为，一个国家的经济环境是由体制、政治、地理、收入水平、文化特征共同决定的，而企业家们就是根据经济环境的状况做出投资或者外部融资的决策，消费者也是以此决定储蓄和消费，金融中介也依靠经济环境来构建借贷双方资金流动的渠道。本质上看，好的制度特征带来高效的外部融资。此外，好的经济政策、较高的工业化水平和经济增长刺激了人们对更多更廉价的信贷的需求。与此类似，地理禀赋的优势对外贸质量和制造业水平有积极的影响。相反，宏观经济治理中的失误会抑制外部融资的需求，而地理禀赋的不足同样会抑制这种需求。总之，体制因素、政策因素及地理因素都通过供给方和需求方这两方面对金融发展产生影响。为此，Huang（2006）使用了 39 个变量，并运用 Bayesian 模型和 Generalto 方法来探讨决定一国金融发展的因素，其结论是：一国的金融发展水平决定于该国的制度特征（如法律体系）、政治因素（如政府管理指数、政治约束指数、公民的权利与自由等）、宏观经济政策（如贸易政策是否更开放）、地理特征、收入水平以及文化特征。根据这一结论，Huang（2006）认为，一国对制度的改进以及实行更加开放的贸易政策和更加合理的宏观经济政策，甚至改善地理条件的努力，都会在长期内起到促进金融发展的作用。Huang（2006）由此指出，更加开放的贸易政策、更好的制度体系、更高水平的公民自由和政治权利往往伴随着更好的金融发展。

Girma 和 Shortland（2008）通过分析 1975～2000 年发达国家和发展中国家的面板数据来考察制度的改变对一国金融发展的影响，结果发现，专制的制度不可能首先建立起金融市场，即使建立了金融市场，该市场也不能繁荣发展起来。相反，政治制度向更民主的结构转变对于金融发展将是有利的，并且完全民主的制度将会带来额外的收益。同时，他们的分析还发现，制度的稳定也有利于金融的稳定发展。总之，Girma 和 Shortland（2008）认为，民主转换以及稳定的民主制度对随后的金融发展具有积极的影响。

（3）腐败与金融发展。Blackburn 和 Forgues-Puccio（2010）专门研究了腐败对金融发展的影响。他们发现，腐败阻碍经济发展，但其不利作用在金融市场自由化的情况下更严重；腐败的程度在金融开放的情况下比金融封闭的情况下更严重，在欠发达国家比在发达国家更严重；金融自由化在制度合理的情况下有利于经济发展，但在制度不合理的情况下反而对经济发展有害；除非进行根本的改革，否则腐败与贫困将长期共存。

Ahlin 和 Pang 早在 2008 年就专门研究了控制腐败与加快金融发展在经济增长中的作用。他们认为，控制腐败与加快金融发展这两个因素是经济增长的重要决定因素。为此，他们试图研究金融发展与腐败的减少怎样在促进经济增长中相互作用。他们通过研究证明，腐败控制与金融发展这两个因素表现为替代品。当金融发展水平较低时，降低腐败水平对经济增长的刺激作用更大；相反，当腐败程度很高时，改善金融体系，加快金融发展就对经济增长的刺激作用更大。当一个因素较弱时，对另一个因素进行改进所带来的边际效应更大。在究竟是腐败控制还是金融发展对经济增长有更强的刺激作用这一问题上，他们的实证分析认为，加快金融发展似乎比控制腐败对经济增长的刺激作用略大。

（4）转轨国家的政治制度与金融发展。Denizer、Desai 和 Gueorguiev（1998）开创性地从政治经济学的角度考察了导致转轨国家金融压抑的原因。他们利用 25 个经济转轨国家的数据，实证分析了转轨国家的政治结构对金融政策、金融自由化及金融发展的影响。他们首先利用 25 个转轨国家的数据构建了衡量转轨国家立法机构制度特征的三个指标：转轨前的执政党或其直接后裔在议会中所占的席位比例、议会（党派）分散程度、议会对执政党的支持程度，并检验了其与金融压抑或金融自由化的关系。实证结果发现：转轨前的执政党在议会中所拥有的席位比例越大、党派竞争越少以及对执政党的支持越高的国家，往往更倾向于采取金融压制的方式从金融市场上抽取租金；转轨国家是否实行金融自由化，取决于对转轨前的执政党席位的控制程度和政党多元化的程度，并且这两个指标与金融自由化呈现出显著的相关性，即转轨前的执政党在议会中所占比例越少和政党越分散化，实行金融自由化的可能性越大。

Siegle（2004）则指出，民主会带来政治制衡，公众反应、优先性、公开性、自我修正机制，所有这些都会导致增长。Rodrik 和 Wacziarg（2005）的研究结论是：对于转轨经济而言，一个不断改善的民主制度具有重要的作用。Campos 和 Coricelli（2009）则运用东欧的实践证明，由于东欧在民主进程的早期政治不稳定，因此东欧的金融发展较慢。由此他们证明，政治稳定与金融发展之间存在相关关系。①

3. 非正式制度与金融发展

（1）社会资本与金融发展。20 世纪 90 年代以后，社会资本（Social Capital）这一概念逐渐得到了人们的重视，并成为继物资资本和人力资本以后的一个重要的资本概念，且逐渐被应用到各个学科。目前，学术界主

① 江春：《金融改革和金融发展：理论与实践的回顾及反思》，人民出版社 2012 年版，第 380-401 页。

要从以下方面来定义社会资本这一概念：将社会资本定义为规则或相互信任，并认为社会资本是个人从社会关系中获取的资源，因此社会资本的来源有赖于个人的人际关系（Coleman，1990）；将社会资本等同于社会信任的程度（Fukuyama，1995）；将社会资本定义为大家共同熟悉的，得到公认的，而且是一种体制化的关系网络，或者说是人们通过一定社区中的成员关系而获取的优势和机遇的积累（Bourdieu，1985）；把社会资本描述为个人从社会联系中能获得的资源的关系和结构（Burt，1992；Lin，2001）。综合以上观点，可以将社会资本大致定义为规则、规范、信任和网络，社会资本存在于人与人之间的关系中。社会资本的作用就在于它可以创造交易和关系、形成团队和组织、缓和争执、激发创新和变化、吸引商人和市民加入某种组织，并进入新的市场。Fukuyama（1995）认为，一国的社会资本越丰富（即社会信任度越高），则该国就越容易发展交易和合作，因而就越有利于市场经济的发展；反之，则有碍于市场经济的发展。

Putnam、Leonaridi 和 Nanetti（1993）指出，意大利北部许多由当地居民组成的自愿者协会提供了社会资本，从而促进了该地区经济的腾飞。在南部，由于协会很少，因而提供的社会资本也少，最终导致了南部地区的落后。Putnam 还给出了到目前为止被广泛接受的社会资本的概念，他将其定义为社会生活所具有的特征，即网络、规范和信任，它们能使参与者为实现共同目标而更有效地协调工作。La Porta 等（1997）则指出一个国家信任水平和该国大型组织的出现有显著关系。Knach 和 Kneefer（1996）发现一国经济增长率和该国信任水平有关。Garretsem、Lensink 和 Setrken（2004）则研究了社会规范对金融发展和经济增长的作用。他们发现社会规范将对股票市场产生重要影响，但对银行的信贷供给影响不明显。他们认为社会规范总体上能够解释金融发展间接影响经济增长。另有研究表明，社会资本与不同国家（Knach 和 Kneefer，2007）、不同地区（Tabellini，2005）的经济发展水平显著相关。最近的实证研究也表明，这种相关性可能反映一种因果联系（Francesco 和 Tabellini，2005；Alesina，Campante 和 Tabellini，2008；Guiso、Sapienza 和 Zingales，2004），并且能够解释经济发展水平的持续性（Guiso、Sapienza 和 Zingales，2008）。这些研究成果使得社会资本在经济学中引起了广泛的关注。

Guiso、Sapienza 和 Zingales（2004）基于社会资本影响金融合约使用途径的分析提出如下假设：①低社会资本地区的家庭较少使用支票；②高社会资本地区的家庭持有更多比例的储蓄和股票，更少比例的现金；③家庭贷款供给与一省平均的社会资本水平正相关；④非正式借贷与社会资本水平存在负相关关系；⑤相对于低教育者，社会资本对融资合约使用的边际影响要高于其对高教育程度者的影响等。在上述假设基础上，首先考察社会资本与支票使用概率和家庭组合的关系。实证结果发现，社会资本水平一个标准差的提高将导致家庭使用支票的概率以 12% 的速度增长。对家庭资产组合中现金、储蓄以及股票的考察表明，社会资本水平与现金持有量成反比例关系，与储蓄及股票持有量成正比例关系。

社会资本还通过降低交易成本来促进金融发展。Fukuyama（1995）的研究发现，在发达国家信任度高的社会，如美国、日本和德国，往往拥有更多的大型私人企业，经济发达。在发达国家中信任度较低的社会，如法国，其私人企业主要是小型家族企业。在全面缺乏信任文化的社会，如南部意大利和美国黑人社区，则往往会形成贫穷状况。La Porta、López-de-Silanes、Shleifer 和 Vishny（1997）的研究发现，一个社会的信任程度越高，则法律执行质量越高，公民参与公共活动的积极性越大，公司的经营绩效越高，基础设施的质量以及充足性越好，通货膨胀率越低，经济增长率也越高。Greif（1997）认为，信用有利于合同的实施，并有利于促进市场交易，从而也有利于促进金融交易。他还指出，过去所形成的行为、文化信仰、社会结构和组织都影响着人们的价值观念和法律的实施机制，从而使制度结构表现出路径依赖的特征。Karlan（2001）研究了社会资本对秘鲁的集团银行业的影响。他的研究发现，社会资本越高的地方，贷款偿还率和储蓄率都比较高，储蓄所产生的收益也越高，而且社会资本能够区分违约是因为道德风险造成的还是因为个人所面临的真实不良冲击所造成的。同时，他还发现，文化异质性和地理扩散性也可以解释借贷行为，一般地，那些拥有相似的文化，住得也比较近的群体之间所发生的借贷效率要高一些。Zak 和 Knack（2001）通过一般均衡增长模型来分析信任、投资与经济增长的关系，他们认为人们在进行经济交易时往往会面临道德风险，在这种情况下，人们往往只信任与他曾经交易过的人，因此一个社会的信任水平更低，投资率也更低，结果经济增长率也较差。Calderón、Chong 和 Galindo（2001）利用 48 个国家 1980 ~ 1994 年的数据考察了信任与金融结构、金融发展之间的关系。研究结果表明，即使在固定了经济发展水平、人力资本、宏观经济稳定，特别是法律制度等因素后，信任都与金融深化、金融效率以及股票市场相关。信任水平越高，金融深化程度越高，股票市场和信贷市场越发达，利差和管理费用越小，金融效率越高。而且，在法律法规不完善的情况下，信任可以起到一些弥补作用（江春，2012）。

（2）初始禀赋与金融发展。Acemoglu、Johnson 和 Robinson（2001）提出了金融发展的禀赋理论（Endowment Theory），后来经 Beck Levine（2005）等人对此进一步发展，从而形成了一套系统的学术观点。其主要思想就是认为一国的禀赋（包括地理、气候、疾病、矿产、本土人口及移民者的死亡率等因素）会影响各国的统治者采取不同的政策，结果就会影响到一国的金融发展。金融发展的禀赋理论的基本内容主要包括：

1）不同的殖民策略会形成不同的制度。Acemoglu、Johnson 和 Robinson（2001）等人认为，如果殖民者采取定居方式成为定居殖民者（其原因可能在于殖民地的禀赋良好），殖民者会建立一种有效保护私人产权的制度以促进经济的长期发展，这就有利于促进该殖民地的金融发展。相反，如果殖民的目的仅是为获得殖民地的资源的话，则殖民者就没有兴趣建立有效保护私人产权的制度，这样殖民地往往成为资源榨取型国家，而为了以最小的成本最大限度地榨取殖民地资源，殖民主义者就会建立集权专制主义政体。

2）殖民地的环境条件影响殖民政策。如果殖民地的环境恶劣（如恶劣的气候条件等），导致疾病和移民者死亡率比较高，则殖民者倾向于建立资源榨取型的制度。在这些殖民地，法律制度是为了满足殖民者统治殖民地的需要及殖民者的利益而确立的，以便殖民者能榨取当地资源和剥削当地人民。因此，法律制度在这些国家不会有效地保障每个公民的私人产权，这就严重阻碍了当地金融发展及经济增长。相反，适宜的环境条件会使殖民者居住下来，为保护自己的利益，他们会建立保护私人产权的制度以促进长期的经济发展，从而会推动殖民地的金融发展及经济增长。这意味着，一国初始的资源禀赋会影响一国的金融发展及经济增长。

3）殖民地金融制度的选择在相当程度上受殖民者所属法系的影响。当殖民者来自普通法系时，殖民者建立的制度就倾向于保护投资者，因而易于形成以市场为主导的金融体系，当殖民者来自大陆法系时，保护投资者的倾向性就比较弱，因而易于形成以银行为主导的金融体系。Mishkin（2007）则用殖民者定居模式的差异来解释殖民地的金融发展及经济增长。他们发现，凡是有着大量欧洲人定居的前殖民地国家（如美国、加拿大、澳大利亚和新西兰等），其法律制度日趋高效，经济也日趋发达，人民日趋富裕。但凡是很少欧洲人定居的前殖民地国家（如牙买加、巴基斯坦、尼日利亚等），其法律制度相对低效，金融及经济也较为落后。

地理自然禀赋对不同制度形成的影响。Engerman 和 Sokoloff（1997）研究了地理禀赋对北美制度差异的影响。他们认为，北美的地理环境适合种植小麦和玉米，从而形成了一大批崇尚自由、平等的中产阶级，但南方适合水稻和甘蔗的生长，因而导致权力精英的形成。Herger、Hodler 和 Lobsiger（2008）则发现，金融较落后的国家一般处于热带或亚热带，而金融发达的国家一般位于温带（江春，2012）。

综上所述，第三代金融发展理论注重宏观研究与微观基础的结合，法律与金融发展的分析是从现在企业融资的微观角度开始考察，分析投资者保护和法律实施效率对金融市场参与者的影响，进而延伸到宏观金融体系发展；政治与金融发展的研究从利益集团和政治关系角度展开，也是从涉及微观主体的利益与行为选择过渡到金融发展；文化、社会资本、初始禀赋等非正式制度本身就是个人在金融市场上选择和行为的约束。因而，第三代金融发展理论虽然是研究宏观金融发展，却都是从微观主体所面临的约束出发，具有坚实的微观基础。

第三代金融发展理论虽然将各种影响金融发展的因素纳入一个宽泛的制度范畴，但各种理论强调的侧重点和影响金融发展的机制不同。法律与金融发展理论和政治与金融发展理论强调正式制度对金融发展的重要性，除了前者强调法律制度的重要性而后者强调政治制度的重要性的差异外，二者在关于制度作用机制方面也存在显著差异，法律与金融发展理论强调历史在决定法律制度中的重要作用。相比之下，政治与金融发展理论并不否认法律制度对于金融发展的重要性，但并不认同关于法律制度决定的法律起源论，而强调政治制度决定法律制度，政治制度才是决定金融发展的最终原因。相比之下，金融发展的非正式制度理论并不否认法律制度和政治制度对于金融发展的影响，而是强调一个国家的法律制度和政治制度在很大程度上是由该国的文化传统等非正式制度因素所决定的。

第三代金融发展理论给人们所提供的启示是：一国要实现金融发展，

要建立完善的金融体系，最根本的并不只是开发更多的金融产品，也不是创建更多的金融机构或开放更多的市场，而是要建立合理的制度(Institution or System)。只有建立良好的制度（包括政治制度、产权制度及法律制度等），才会为真正意义上的金融发展奠定坚实的基石。①

第二节　最新金融发展理论：“金融发展、企业家精神与经济增长”

一、支持企业家的创新活动重新成为金融发展理论的主题

创新理论的大师熊彼特（Schumpeter，1912）很早就创造性地提出，经济发展的关键在于企业家的“创新”活动，而金融的本质或核心功能就是筛选具有创新精神的企业家，并为他们提供信贷资金，以帮助企业家重新组合各种生产要素，或建立一种新的生产函数进行“创新”活动，②从而实现“革命性的变化”，进而促成经济增长。因此，Schumpeter 认为，金融业只有通过支持企业家的创新活动才能实现经济增长，金融的本质或核心就是为企业家的“创新”活动提供信贷支持。但自 Schumpeter 首次提出金融的功能就在于通过识别、评估并向最有动力和能力进行“创新”活动的企业家提供信贷支持以实现经济增长的观点以后，关于“金融发展与企业家精神”的理论研究中断了相当一段时间（近 80 年）。

20 世纪 90 年代，特别是 21 世纪以来金融发展理论最引人注目的进展应该是 Schumpeter（1912）创新理论的重新复兴。其标志是 King 和 Levine 于 1993 年发表的《金融与增长：熊彼特可能是对的》一文。King

---

① 此外，江春（2012）还综述了产权制度、文化、宗教等制度因素与金融发展的关系。

② 在 Schumpeter 提出的“创新”概念基础上，美国著名的管理学家 Drucker（1985）将创新看作是“赋予资源以创造财富的新能力”，Robbins 和 Coultar（1996）则将创新看作是“采用一种新的思想并将其转化为有用的产品、服务或运作方法的过程”。

和 Levine 通过对全球各国的金融改革及金融发展状况（包括金融危机的爆发等）进行深入的反思以后，重新认识到 Schumpeter 在 80 年前所提出的金融的核心功能是筛选具有创新精神的企业家，以帮助企业家重新组合各种生产要素进行“创新”活动，从而促成经济增长的思想也许是金融发展的本质所在。King 和 Levine（1993）使用了全球 80 个国家从1960～1989 年的相关数据进行跨国分析，以研究金融发展水平和长期产出增长的关系。结果发现，金融发展和长期经济增长之间的关系与 Schumpeter 在 80 年前所指出的如出一辙，即金融发展是通过支持企业家的创新活动而刺激长期经济增长的。也就是说，企业家精神是连接金融发展和经济增长的桥梁，在此基础上，King 和 Levine 得出 Schumpeter 有关金融发展、企业家精神与经济增长之间关系的观点“也许是对的”这一结论。

此后，King 和 Levine（1993a，1993b）又连续发表相关论文，进一步补充他们的理论分析。他们认为，一个运作良好的金融体系应该是围绕企业家的创新活动提供一系列的金融服务。他们指出，完善的金融体系应该提供以下四种金融服务：①评估潜在企业家（Evaluating Entrepreneurs），即评估并筛选最有可能成功进行“创新”活动的企业家，或对投资项目进行评估以甄别出最有前途的项目，以保证资金流向最具生产率的领域。②积聚资源（Pooling Resources），即筹集资金并降低筹资成本。创新需要大量的资金支持，而金融中介比个人更有优势为企业家筹集所需的大量资金，并降低筹资成本。③分散风险（Diversifying Risk），即为创新提供风险分担机制。生产率的提高要求人们从事有风险的创新活动而不是因循守旧（用现有的方法来生产现有的产品），但从事创新活动往往比其他的经济活动具有更大的不确定性和风险，因而就需要金融机构来为企业家分散这些风险，金融机构通过提供多样化的金融产品并进行金融创新能帮助企业家分担巨大的创业风险，从而将风险降低到一个合理的水平，并提高企业家承担风险的能力。④对预期收益进行估值（Valuing the Expected Profits）。他们认为，生产率的提高不是来自用传统方法生产已有的商品，而是来自那些有风险的创新活动，因为创新的预期收益是利润的现金流，这就要求金融市场能够对预期收益进行正确的估值，并准确地揭示预期利润的现值，从而为创新活动提供准确的信息。金融市场可以将未来的收入资本化，对预期收益的现值进行估值，这意味着，金融市场能够准确地披露预期利润的现值，即能够揭示创新活动的潜在回报。金融的这种功能实际上能起到为创新活动提供准确的信息，从而有利于激励企业家进行创新活动的作用。总之，King 和 Levine 认为，金融体系的功能就在于通过识别或选择企业家和高质量的投资项目，并更多地动员资金以满足企业家进行创新活动的需要，以及提供能更有效地分散创新风险的金融工具和更为准确地披露创新活动的潜在收益等机制，从而刺激创新和经济增长。这样，King 和 Levine（1993）就在 Schumpeter 创新理论的基础上更加全面地概括了金融的功能，并在 Schumpeter 理论的基础上通过引入“内生增长”模型，从而进一步复兴或发展了 Schumpeter 的创新理论。

进入 21 世纪以后，金融发展理论对“创新”理论的复兴趋势更加明显。Beck、Demirgüç－Kunt、Levine 和 Maksimovic（2000，2005），Guiso 等（2004），Hurst 和 Lusardi（2004），Sharma 等（2007），Nykvist（2008），Quadrini（2009），Buera、Kaboski 和 Shin（2009），Bianchi（2009）等人纷纷在 Schumpeter 的“创新”理论基础上围绕“金融发展、企业家精神与经济增长”这一主题进行了大量的理论探索及实证分析，并形成了大量的研究成果。Bjørnskov 和 Foss（2008）指出，一个没有大量企业家的社会不会繁荣发展。Buera、Kaboski 和 Shin（2009）等人认为，落后国家之所以落后，根源就在于这些国家缺乏大量从事创新活动的企业家，在于这些国家的金融体系不利于企业家精神的培育及企业家的成长；发达国家之所以发达、之所以具有竞争优势，根源就在于这些国家拥有大量从事创新活动的企业家。Antunes、Cavalcanti 和 Villamil（2008）等人根据美国的有关数据进行分析后认为，美国之所以发达是因为约有 9% 的美国人是企业家。此外，Gentry 和 Hubbard（2004）也发现，美国有大约略低于 9% 的家庭有企业家，可见拥有大量的企业家正是美国经济具有竞争优势的根源所在。这些研究已经在很多层面形成了共识，即认为金融通过支持拥有新思想或新技术，并具有创新精神的企业家既是实现金融内生发展的根本所在，同时也是刺激生产力不断上升及经济持续增长的关键，从而使“金融发展、企业家精神与经济增长”成为目前金融发展理论的一个新的前沿（江春，2012）。

总结来看，现有“金融发展、企业家精神与经济增长”理论揭示出，金融发展主要通过以下几个路径影响企业家精神进而刺激经济增长。

二、金融发展、企业家精神与创造就业

金融发展可以通过缓解金融约束，降低其对企业家精神的抑制作用，最终创造更多的就业机会。Beck、Demirgüç－Kunt、Levine 和 Maksimovic（2000，2005），Beck、Demirgüç－Kunt、Laeven 和 Levine（2006），Demirgüç－Kunt 和 Levine（2008）分别运用跨国数据进行实证分析后发现，在金融发展水平更高的国家，新企业的产生率更高，这是因为运行良好的金融体系能够帮助企业家打破融资约束，并克服市场准入限制而进行创业和创新活动。Rajan 和 Zingales（1998）等人通过实证分析发现，那些前期需要大量外部融资（如前期需要大量研发成本的医药行业等）的行业，在金融市场发达的国家成长更快，由此他们认为着眼于支持企业家创新活动的金融发展特别有利于刺激那些需要大量外部融资的企业或行业的发展。此外，Beck、Demirgüç－Kunt、Maksimovic Beck、Levine 和 Maksimovic（2005）认为，加快金融发展对小企业更有利，因为金融发展能更有效地解决小企业所面临的信息不对称及融资障碍等问题。Sharma（2007）考察了 2003～2006 年 57 个国家 21000 家制造企业的创新行为，结果表明，由于小企业面临的市场竞争更激烈。因此，小企业相比于大企业对金融发展水平更加敏感，金融发展水平不但显著影响小企业的成本，而且显著影响小企业的研发活动，在金融发展水平较高的国家，小企业更倾向于进行研发活动，这意味着，着眼于支持企业创新活动的金融发展有利于刺激小企业的发展。Aghion（2007）等人的研究也发现，一国的金融体系越发达，则该国的企业进入率就越高，或者新企业的产生率就越高。因此，他们认为，通过放松金融管制以促进竞争有利于提高新企业的产生率，特别是新中小企业的产生率。

Buera、Kaboski 和 Shin（2009）则通过对一些中低收入国家的实证分析发现，如果一国的金融体系不完善，则会不利于企业家精神的培育及企业的成长，因为金融体系不完善会使那些有创新精神但缺乏财产的人因融资约束而难以进入市场或行业成为企业家，结果这将导致该国新企业的成立较难，因而企业的数量会较少，特别是经营大企业的企业家会较少，而且，该国的工资水平也会较低。Beck（2000），Demirgüç－Kunt 和 Levine（2008）认为，金融只有通过支持企业家的创新活动，才能提高新企业的

产生率和自我雇佣率，而新企业产生率的提高会创造大量新的就业机会，从而缓解劳动力市场的就业压力，并使劳动力市场更有弹性。此外，金融发展通过支持企业家的创新活动以促进企业之间的竞争还有利于促使工资水平的不断提高（Buera、Kaboski 和 Shin，2009）。Buera、Kaboski 和 Shin（2009）的分析也证明在金融体系更发达的国家，工资水平也相应更高。Bianchi（2010）通过一个理论模型证明，金融发展水平的提高通过缓解对私人企业的信贷约束，从而会增加一国企业家的数量，而企业家之间的竞争又有利于促使工资水平的不断提高。

总之，根据以上等人的观点，着眼于支持企业家创新活动的金融发展有利于创造更多的新企业及提高就业率，并促使工资水平不断提高。

三、金融发展、企业家精神与市场竞争

金融发展通过支持企业家的创新活动，增加了公司的数量，同时运作良好的金融市场能帮助企业把握市场机会，这会带来更加激烈的行业竞争和更多样化的产品和服务，这些都会有效地刺激经济增长及人均收入的提高。Black 和 Strahan（2002）的研究显示，取消金融管制能够激发企业家精神，并减少自由职业者之间的不平等竞争，从而有利于形成竞争性的市场。Acs 和 Armington（2003）的研究发现，如果一个地区或者行业企业家活动水平更高，则意味着该地区或行业的进入壁垒更低，且市场竞争水平更高，这都将优化资源配置及提高经济效率，从而促进经济更快地增长。所以，金融发展促进经济增长的另外一个重要路径就是通过支持企业家的创新活动，从而强化了竞争并提高了效率。

Rajan 和 Zingales（2003）也认为，发达的金融市场通过为具有创新精神的新的市场进入者提供资金，这将大大提高市场的竞争程度。在公平的市场竞争条件下，企业也只能通过不断地进行“创新”活动才能得以生存。Blanchflower 和 Shadforth（2007）研究了英国的情况，发现 20 世纪 80 年代英国自我雇佣率（即个人自己创办企业）的急剧上升在很大程度上是由于英国自 20 世纪 80 年代开始放松了银行管制，并进行了金融自由化改革。这意味着放松银行管制的金融自由化改革有利于培育企业家精神。

四、金融发展、企业家精神与技术进步

Rajan 和 Zingales（2003）指出，发达的金融市场也是哺育新的经营理念，不断地推动“创造性的破坏”（即淘汰旧东西的“创新”）的机制，这种机制将会不断地用新的、更好的经营理念和经营组织来挑战和淘汰旧的经营理念和经营组织，从而有利于推动技术的不断进步及知识的溢出。Audretsch 和 Keilbach（2004）认为知识溢出并不会自发产生，而是由企业家通过对各种新思想或新知识进行筛选组合，并使其进入生产环节及实现商业化以后产生的。Sharma（2007）考察了 2003～2006 年 57 个国家 21000 家制造企业的创新行为，结果表明存贷利差较低（存贷利差越低，意味着金融中介的效率越高）的国家，企业（特别是小企业）更愿意进行研发活动。Ilyina 和 Samaniego（2008）检验了在金融体系更加发达的国家，那些得益于技术创新而发展起来的行业会有更高的增长率，这再次说明了完善的金融体系为创新和技术进步提供了良好的制度环境，进而促进了经济的增长。

另外，因为企业家精神或者新企业的成立是知识溢出的重要渠道之一，所以金融发展对潜在企业家创新活动的支持实际上也促进了知识的溢出效应，进而提高了生产率。Murayyv、Oleksandr 和 Dorotheafer（2009）等人运用跨国数据进行实证分析以后发现，如果一国的金融业对企业家的创新活动支持不足，则该国会有更多的人倾向于积累职业型人力资本而不是创业型人力资本。这样，社会将出现“过度教育”，即更多的人在学习知识而不是进行创新活动，不是为经济体系提供新思想、新技术及新产品，这就不利于技术进步。Dabla-Norris、Kersting 和 Verdier（2010）则运用世界银行所进行的包括 63 个国家的 14000 家企业的调查数据进行实证分析发现，金融体系支持企业家的创新活动是迅速提高一国全要素生产率的重要途径。这是因为金融通过支持企业家的创新活动能够使新技术或新工艺更快地运用于生产过程。

五、金融发展、企业家精神与社会公平

Rajan 和 Zingales（2003）认为，着眼于支持企业家创新活动的金融

发展有利于使更多的人成为企业家。他们通过对意大利的分析发现，在意大利，不同地区的金融发展水平影响了人们的职业选择，即使排除其他因素的影响，条件基本相同的两个人选择自我创业的概率，处在金融发展水平高的地区要比处在金融发展水平低的地区高出 33%。同时，Rajan 和 Zingales（2003）还认为，只要有了发达的金融市场使人们能够方便地融资，则一个人能否在经济上取得成功就不再取决于其所拥有的资本或关系（包括其父母所拥有的关系），而主要取决于他的知识、技术、努力及创新精神，因此金融发展将打破现有的依靠资本或关系获得财富的格局。Rajan 和 Zingales（2003）指出："在这个意义上，金融关系是精神上彻底的解放。它取代资本，将人类推到了经济活动的中心，因为当资本可以自由获取时，是技术、观点、勤奋以及逃不掉的好运气创造了财富。"由此，Rajan 和 Zingales 认为，金融发展将使经济活动从以"资本"为中心转变到以"人"为中心。从这个意义上讲，金融发展也是人的解放。Rajan 和 Zingales（2003）还指出，一个更发达的金融市场将更容易帮助个人创业，甚至帮助人们在更小的年龄就开始创业，这就有助于削弱资历对人们创业活动的限制。

Guiso、Sapienza 和 Zingales（2002）曾以意大利为例分析过这一现象，他们发现，在意大利金融最发达的地区，企业主的平均年龄比不发达地区低 5.5 岁。发达的金融市场通过拓展人们的融资渠道，使人们的商业才能得到发挥，使人们的商业敏锐和经营天才充分实现其价值，因此发达的金融体系使得为最成功的人（如那些最能够满足消费者需求的人）进行融资变成可能。总之，通过支持企业家的"创新"活动，以及通过金融的开放，金融发展将使人们不再受限于资本、关系或资历，而可以主要依靠知识、技术、努力及创新精神来创造财富。

还有一点需要特别指出的是，Thornton（2009）通过对 107 个国家（包括发达国家及发展中国家）的数据进行实证分析后得出结论，大量对私人部门提供贷款以支持企业家的创新活动，而不是大量向公共部门提供贷款，有利于减少政府官员利用公共权力谋取私人利益的腐败行为。

六、金融发展、企业家精神与社会流动性

Rajan 和 Zingales（2003）认为，在发达的金融体系中，很少财富甚

至没有财富但有才华、有能力或富有创新精神的人也能够取得经济上的成功，且亿万富翁中自我奋斗出身的比例更高。在金融更开放的国家，继承性富翁的财富占 GDP 的比例更低，而自我奋斗型富翁的财富占 GDP 的比例更高。Rajan 和 Zingales（2003）还指出，大量的事实已证明，如果一个社会的亿万富翁中自我奋斗出身的比例越高，则该经济体中的企业业绩就越好。Morck、Yeung 和 Yu（2000）也证明，如果一个国家中，靠自己努力成为亿万富翁的人的财富占 GDP 的份额较大，则其人均 GDP 增长较快，但如果由继承而成为亿万富翁的人的财富占 GDP 的份额较大，则其人均 GDP 增长较慢。这是因为，在金融发达且金融大量支持企业家进行创新活动的情况下，由于竞争更加激烈公平，因此要想在经济上取得成功，就只能依靠自我奋斗、依靠创新。Rajan 和 Zingales（2003）写道："原来仅仅是有钱人是贵族，现在我们正转向一个有能力的人和富有的人的贵族。金融革新正在把贵族俱乐部的大门向每个人敞开。"显然，这样的社会将更加稳定。Demirgüç-Kunt 和 Levine（2008）也认为，如果一国的金融体系不完善，拥有好创意的穷人可能无法获得项目资金，而一个拥有普通想法的富人可能更容易地获得信贷，这不但难以为那些有能力或有创新精神的人创造公平的机会，从而增加贫穷的跨代（Cross-Dynasty）持续性，而且导致资源的错误配置。

Bianchi（2009）通过分析金融体系支持企业家创新活动在提高生产效率、创造工作和促进社会流动性方面的作用后认为，通过放松信贷约束或金融管制，使贫穷但有创新精神和企业家才能的人能得到贷款并创办企业。这样，金融发展就有利于改变社会结构，使富有但没有才能的人成为雇员，使贫穷但有创新精神和企业家才能的人成为企业家。更重要的是，金融发展通过改变社会结构将会使社会资源流向一个社会中最有创新精神和企业家才能的人手中得到有效的利用，从而创造更高水平的产出。

总之，目前越来越多的学者达到了一个共识，即认为金融通过支持拥有新思想或新技术并具有创新精神的企业家，既是实现金融内生发展的根本所在，也是刺激生产力不断上升及经济持续增长的关键。根据以上论述，金融发展、企业家精神及经济增长之间的传导路径如图 2-2 所示。

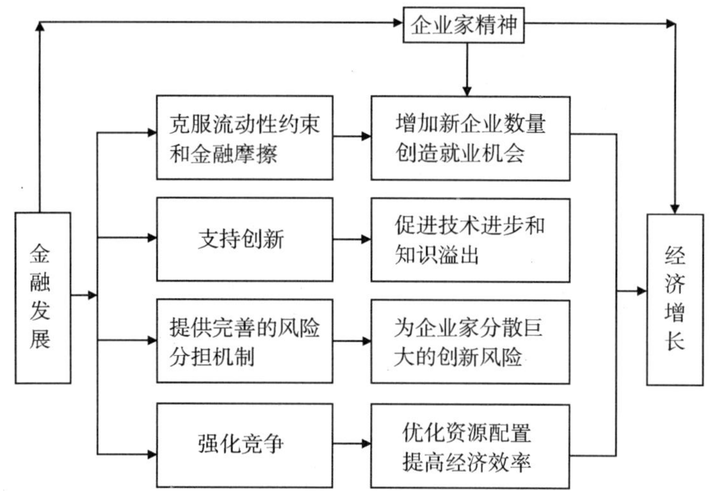

图 2-2 金融发展、企业家精神与经济增长的传导路径

需要特别指出的是，针对全球金融危机频繁爆发的现实，Ang（2010）运用44个国家1973~2005年的数据，运用面板协整方法深入分析这些国家的金融发展及金融自由化对知识积累的影响。他通过实证分析提出了一个新观点：如果一国的金融自由化改革将大量的人才从创新生产部门转移到金融部门（而不是大量支持创新生产部门的企业家），这虽然会使一国的金融部门不成比例地扩张并获得利润，但却不利于一国的“创新”或技术进步，并会导致一国金融的不稳定甚至引发金融危机。Ang的这一观点实际上为频繁爆发的全球金融危机提供了新的解释：金融危机频繁爆发的原因可能在于金融体系偏离了其核心功能（支持生产部门的企业家从事创新活动），而过度地从事金融部门本身的“创新”（特别是金融衍生产品的开发）活动。相信Ang的这一研究结论将会促使人们从更深的层次来思考全球各国频繁爆发的金融危机问题，并将会越来越深刻地认识金融的核心功能应是支持生产型企业家的创新活动。

第三节　企业家精神理论和综述

一、企业家精神的概念

目前，学术界关于企业家精神是否可以作为一个独立的研究领域，尚有不少争议。无论是自然科学，还是人文社科领域，任何一个子学科都必须具有自身的研究框架，而企业家精神这一领域至今未有公认的成熟研究框架出现。Shane 和 Venkataraman（2000）认为，传统的企业家精神研究主要集中于个人或公司在创业时的相对比较特征，然而战略管理的研究者同样关注公司的持续竞争优势，可见这并非企业家精神的专有领域，但是他们提出一个“机遇存在—识别—利用”的研究框架，具体而言：

第一，探讨企业家精神之前，必先存在企业家机遇，德鲁克（1985）阐述了三种不同的机遇类型：新信息，如技术发明的创造；利用信息不对称所导致的市场低效率的机遇；由于政府关系、立法影响、人口因素等方面的变化导致的资源利用上的新的成本收益比例。企业家机遇之所以存在，是因为社会不同成员对资源的相对价值有着不同的认识，因而人们对市场的价格和未来走势便有着不同的判断。由于企业家与资源所有者有着不同的判断，企业家机遇才得以出现。

第二，主要由两大类原因导致具有企业家精神的个人能发现特定的机遇：掌握识别机遇所必需的前提信息；评估机遇所必需的认知能力。

第三，尽管发现机遇是企业家精神的必备条件，但尚不是充分条件。企业家还必须做出决策，并利用这一机遇，对于机遇的利用取决于机遇的性质特征和企业家的个人差异。

真正对企业家理论具有开创性贡献的当属熊彼特，当代的企业家精神研究同样发源于他。他经过论证认为，经济增长的主要推动力是企业家，他们通过开发新产品、新的生产方式以及其他创新活动来激发经济活力，因此，企业家精神被其描述为一种“创造性的破坏过程”。随后，经过

Knight、Kiznar 等人的不断完善和发展，企业家精神理论日趋成熟。目前，学术界认为企业家精神主要体现在以下四个方面：

（1）创新精神。Schumpeter（1942）认为企业家精神的本质就是创新精神，这种精神是“使资本主义引擎发动并且保持运转的最根本的动力”，是企业家的创新精神“不断地使经济结构从内部发生变革，并且不断摧毁旧的，创造新的。这种‘创造性毁灭’（Creative Destruction）的过程就是资本主义本质所在……”① 所以，Schumpeter 式的企业家是具有创新精神，领导社会变革的人。

（2）对风险的承担能力。Knight（1921）认为企业家精神是对不确定性和风险的承担能力，企业家在不确定的经济环境下做出决策并且承担全部决策后果，他们在对不确定的识别过程中发掘利润机会，经济运行之所以需要企业家正是为了减少经济活动的不确定性。

（3）敏锐深刻的市场洞察力。Kiznar（1973）认为企业家是能够发现市场利润机会并且作为“中间商”参与其中的人，柯兹纳式的企业家精神更加强调对市场机会敏锐的嗅觉。

（4）出色的判断力。Casson（1982，2005）认为企业家精神是能够在极不确定的条件下，就稀缺资源的协调成功做出判断性决策（Judgemental Decision-Making）的能力，他指出决策人人都可以做出，但是只有企业家才是这方面的专家，特别是在经济波动的情况下，成功做出判断性决策的企业家精神是企业生存和经济发展的关键。

二、企业家精神的培育

如熊彼特所述，企业家精神是经济增长和社会发展的主要源泉。因此，培育企业家精神，营造有利于企业家精神萌生的环境，是保证经济持续增长的重要条件。高波（2007）将企业家精神定义为一种文化资本的积累，认为激励企业家精神和创新的关键在于价值观的扩展，保护产权以及重视和包容各个利益相关者。此外，在宏观侧面，培育企业家精神的具体措施如下：①尊重和保护创新行为，健全与完善产权保护体系，使得追

① Capitalism，Socialism and Democracy，New York：Harper，1975（1942 年初版），pp. 82-85.

求探索新知识、勇于承担创新风险能够得到相应的回报；②鼓励创业，在制度程度上方便新企业的成立，减少创业的启动成本费用；③规范政府行为；④公平的竞争环境；⑤企业家市场，可流动的企业家人才，以真正反映企业家的价值。

除此之外，全球创业观察（Global Entrepreneurship Monitor，GEM）的框架表明外部的政策和制度环境对于企业家精神的培育非常重要，即一国可以通过多元化的政策，譬如完善创业基础设施（如建立创业园区和吸引创业基金等措施）、税收、教育和培训等方式，鼓励、开发和保护企业家精神，创建具有企业家精神特征的良好政策和制度环境可以推动经济持续增长。因此，一国政府是创建创业型社会的重要载体，其一个重要职责便是建设具有企业家精神特征的创新型国家，从而实现国家经济的持续快速增长（Porter，1990）。Kent（1984）认为，一国政府财政政策实施的外部环境以及政府在政治体系和法律制度等方面的完善程度，对新企业的创建和成功、新技术的创造和推广都有显著影响。Dutz 等（2000）发现，政府的政策和制度变革可以从以下两个方面培育企业家精神进而推动经济增长：首先是降低市场垄断和贸易闭塞的负面影响，为潜在企业家的创业和创新精神的发挥提供机会，这方面的政策包括通过更积极的鼓励市场竞争的政策、有利于企业家获取基本商业服务的方式和渠道等；其次是减少企业家将资源配置在寻租这类非生产性活动的动力，制定使企业家能够将重点更多地放在获取由创新带来的超额收益的政策，这方面的政策有通过保护商业自由、财产权、合同执行和知识产权等方面的相关法规。

在所有的培育企业家精神的公共政策体系和制度框架中，金融体系总是一个不可或缺的关键因素。King 和 Levine（1993）开创性地在熊彼特理论的基础上引入内生增长模型，发现金融市场通过支持企业家创新活动提高了生产率；同时他们还认为，企业家精神是连接金融发展和经济增长的纽带，完善的金融市场可以扩大企业家创新活动的范围和提高创新活动的效率，反之，扭曲的金融市场和体系会阻碍这些功能的发挥进而减缓经济增速，换言之，金融市场只有支持最具效率的企业家的创业和创新活动才能最好地推动经济增长。他们的研究意味着金融市场和制度的发展应当重新回到支持企业家精神这一本质上来。类似的研究还有 Aidis 等（2007），他们也强调金融市场对于企业家精神和经济增长的重要性，并证明了在新兴市场国家金融资源可得性和知识产权保护是影响企业家创业和创新决策最关键的两大制度因素。

三、企业家精神的决定因素

关于企业家精神的决定因素，现有研究主要从两个层面展开：

一是企业家自身的特质。首先，Schumpeter 和 Knight 关注的都是潜在企业家内在的、固有的决定因素，比如个人“冒险”的程度（Knight，1921），或者是拥有发挥“领导力”的“雄心”，或者“智慧”（Schumpeter，1911）。其次，影响企业家精神的各种社会因素，比如社会学家们研究在促进或者阻碍企业家精神时价值观和社会网络的作用，社会关系网可以通过各种渠道发挥作用，家庭、朋友以及“族群”（Ethnic Group）。最后，企业家的个人性格。心理学家们研究了企业家精神的显著特征，比如追求成就的人格，相信个人努力在结果中的作用，对风险的态度以及个人自信。

二是企业家精神的制度决定因素。制度会如何影响企业家精神的供给、质量和配置（如 Baumol 1990 年划分的生产性的和非生产性的企业家），以及制度会如何影响企业家是否获得商业上的成功，这些一直都是主流经济学研究不足的问题。经济、政治和法律制度在培育或者制约企业家精神过程中发挥重要的作用，可能制度的缺陷表现在：信贷制约使得从金融机构借贷并成立企业变得不可能，产权的不安全使得企业家们缺乏足够的动机，以及各种监管负担（Regulatory Burdens）更为建立新企业制造了困难。除此之外，企业家精神可能的制度决定因素非常多，包括金融资本的可得性，政府的规模，行政的复杂程度/官僚主义，税收环境，知识产权制度，产权的一般执行情况，信托的水平，竞争法，政治自由，劳动法，社会保障制度，破产法，腐败，犯罪，人口的民族构成等。其中的一些因素已经被一些学者提及，比如 Brunetti 等（1997）调查显示私有部门最经常提及的障碍有：税收、劳动和安全制度以及金融可得性。Grilo 和 Thurik（2004）建立了所谓的“兼容并蓄的框架”来评价企业家精神的决定，强调了人口、政府的各种干预、失业水平、自我雇佣相对于其他就业形式的风险—收益情况等。

四、企业家精神与二元经济结构转型

经济转型（主要是经济结构转型，Economic Transformation）是指从农业的、乡村的、封闭的传统社会向工业的、城镇的、开放的现代社会转型。从国际经验看，不论是发达国家还是新型工业化国家，无一不是在经济转型中实现持续快速发展的。经济转型是经济发展的“典型事实”（Chenery，1960；Kuznets，1966；Syrquin，1988）。在经济发展的初始阶段，普遍是以农业（传统）部门为主导，并辅之以相对较小的工业（现代）部门。Lewis（1954）将这种经济定义为二元经济，其建立的二元经济结构模型被后世认为是对发展经济学最重要的贡献（Kirkpatrick 和 Barrientos，2004）。

在刘易斯模型中，不发达经济是由两个不同性质的经济部门所组成的：一个是传统部门，另一个是现代部门。从生产技术方面来看，传统部门采用的是以手工为主的生产技术，这些技术基本是在本地长期的生产实践中缓慢形成的。现代部门使用的是以大机器设备为主的资本集约型生产技术，多半是从先进国家引进的。从经济性质看，传统部门经济的货币化程度很低，生产的目的主要是维持全体共同体成员的生存，通行的是共同体原则，根据这一原则，在农业生产单位或农村社区内部，生产者（经营者）在决定劳动力雇佣水平时，主要考虑的是彼此互助、互济和遵从传统的伦理道德规范。因此，使劳动力的雇佣量超出了实现最大利润所容纳的最佳水平，经营者也不会或不可能解雇多余的劳动力。于是在这个部门内，就业的劳动力是与有劳动能力并愿意从事劳动的人口规模相等的。这样就会存在相当部分的剩余劳动力。与此相对，现代化部门的市场化程度高，企业的生产经营活动通行的是利润最大化原则，其标志就是资本家以边际劳动生产率等于工资的原则决定雇佣规模。这意味着，只有那些边际劳动生产率高于工资水平的劳动力才被雇佣，剩余劳动力将逐步转移至现代部门。

然而，与刘易斯二元经济结构模型相关的扩展研究鲜有提及企业家的作用，仅有少量的文献（譬如，Nelson 和 Pack，1999；Ciccone 和 Matsuyama，1996；Dias 和 McDermott，2006）曾试图弥补这一缺陷。尽管刘易斯并没有明确提出“企业家”的概念，但是在他的思路中仍存在企业家——现代部门中的资本家与工资雇佣者相比，资本家具有较高的边际产出并分享现代部门中的经济剩余。进一步地，刘易斯模型中假定资本家（企业家）相比于工资雇佣者具有更高的储蓄率，从而能够通过经济剩余的再投资逐步扩大现代部门。对于刘易斯模型而言，经济中储蓄率的上升是经济发展的先决条件。刘易斯的二元经济模型存在的一个缺陷是，尽管模型中考虑到“资本家”的存在，但是资本家在人群中的比例是固定的，因而被认为是外生。

Gries 和 Naudé（2010）在《企业家与经济结构转型》一文中借鉴刘易斯两部门模型的思路并对之进行了扩展，首次正式将企业家的作用以企业家创业的形式引入刘易斯模型，提出一个分析企业家创业在促进经济增长和转型过程中的作用的内生增长模型，这一企业家创业模型的创新之处主要体现在：①尽管根本上而言仍属于借鉴刘易斯模型（1954）的传统内生稳态增长模型，但是该模型将劳动力市场匹配框架引入刘易斯模型以奠定其微观基础，并将金融市场引入企业家创业过程中，这样就能够在企业家职业选择模型中将企业家才能与现代部门的机会型创业相匹配。[①] ②为了能够将企业家引入模型，作者将内生增长模型和结构转型模型进行了整合，将经济增长率、收入、经济结构均纳入模型框架内，从而揭示出经济转型过程中企业家的作用。与刘易斯的二元经济模型相比，Gries 和 Naudé（2010）模型中的创业企业家类似于刘易斯模型中的资本家的角色，替代了在刘易斯模型中运用个人储蓄进行投资和资本积累的资本家，并将金融部门引入到模型中，成为向现代部门中企业家创业提供资金的中介。随着传统部门向现代部门转型，现代部门中创业企业数量不断增加。

Gries 和 Naudé（2010）模型的核心思路可以用图 2-3 来表示。其中，现代部门增长率—剩余劳动力比率象限描述的是剩余劳动力的多寡与传统部门及现代部门之间的关系，初始的均衡稳态如 A_1 点所示；传统部门增长率—剩余劳动力比率象限描述的是传统部门增长与剩余劳动力多寡之间的关系；传统部门增长率—现代部门增长率描述的是经济结构转型水平。剩余劳动力曲线斜率为负，企业家创业曲线斜率为正。当均衡稳态由 A_1

① Djankov 等（2006）在“Entrepreneurs and Enterprises in China's Transition to Market：Who are China's Entrepreneurs?”中将企业家分为必然型企业家（Entrepreneurs by Necessity）和机会型企业家（Entrepreneurs by Opportunity）。

点向 A_2 点移动（如企业家才能提高或者金融获取能力上升），经济结构从最初的农业停滞阶段（T_1）向现代部门（T_2）转型。因此，企业家创业是经济结构转型的主要手段，企业家创业水平和规模的扩张推动着经济的转型和发展（Gries 和 Naudé，2008）。

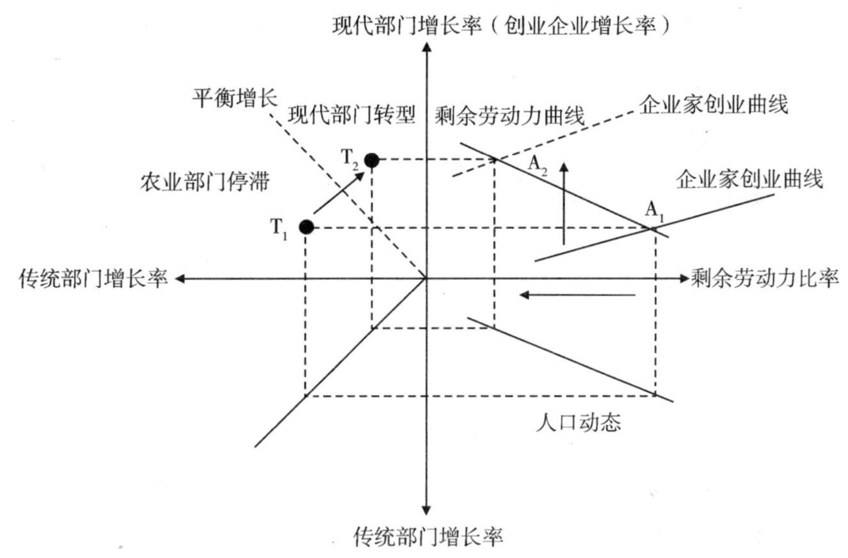

图 2-3　企业家创业与二元经济转型

第四节　农村金融发展理论和综述

农村金融作为整体金融发展的一个重要组成部分，不可避免地要受到现代金融发展理论及其政策主张的影响。回顾 20 世纪 60 年代以来的农村金融发展理论，可以发现，农村金融理论在曲折中发展甚至一度停滞不前，而直至今天，这一领域仍缺乏成熟的理论作为指导。20 世纪 60 年代，受凯恩斯干预主义思想影响，一些学者主张在农村地区发放受到补贴的信贷。但是，由于补贴信贷理论在实践中存在重大缺陷（高不良贷款率和政府失灵），20 世纪 70 年代之后，农村金融实践者和学者们开始寻求转变并倡导微型金融革命。然而，近年来爆发的微型金融危机（如印度小额信贷危机），又将这一曾被视为明星式的新兴农村金融模式拉下神坛。20 世纪 90 年代中后期，俄亥俄学派在对补贴信贷理论和微型金融革命进行批判吸收的基础上提出农村金融新范式，其提出的农村金融自由化改革的主张得到很多发展中国家（尤其是在拉丁美洲地区）和世界银行的广泛关注和采纳，为世界银行批评各国政府结构干预行为提供了智力武器。但是，俄亥俄学派提出的自由化改革的措施过于理想：在拉丁美洲地区，商业化的微型金融机构不断进入农村金融市场，市场竞争的确逐步激烈。但是，数量众多的商业化的微型金融机构只愿为低端市场上较为富裕的群体服务而不愿向低收入人群提供服务，且利率也居高不下，出现了所谓的“使命漂移”（Mission Drift）。

一、农村金融理论演进

首先，农业补贴信贷理论。20 世纪 80 年代以前，农业补贴信贷范式（Subsidized Credit Paradigm）是农村金融理论界占主导地位的传统学说。该范式隐含的预设前提是：农村居民特别是贫困阶层没有储蓄能力，农村面临的是慢性资金不足问题。而且，由于农业的产业特性（收入的不确定性、投资的长期性、低收益性等），农业不可能成为以利润为目标的商业银行的融资对象。该范式因此得出结论：为增加农业生产和缓解农村贫困，有必要从农村外部注入政策性资金，并建立非营利性的专门金融机构来进行资金分配。

其次，农村金融市场理论。20 世纪 80 年代，农村金融市场范式（Rural Financial Systems Paradigm）逐渐替代了农业补贴信贷范式。农村金融市场理论强调市场机制的作用，提出如下政策主张：一是金融机构的主要功能是农村内部的金融中介，动员储蓄是关键；二是为了实现储蓄动员、平衡资金供求，利率必须由市场机制决定；三是判断农村金融是否成功，应根据金融机构的成果（资金中介量）及其经营的自立性和可持续性来进行；四是没有必要实行专向特定目标贷款制度；五是非正规金融具有一定合理性，不应一律取消，应当同时利用正规金融与非正规金融市场。

最后，不完全竞争市场理论。20 世纪 90 年代后，人们认识到为培育有效率的金融市场仍需要一些社会性的、非市场的要素去支持它。斯蒂格利茨的不完全市场范式为这种认识提供了一定的理论支持。其基本框架是：发展中国家的金融市场不是一个完全竞争的市场，尤其是放款一方（金融机构）对于借款人的情况根本无法充分掌握（不完全信息），如果完全依靠市场机制就可能无法培育出一个社会所需要的金融市场。为了补救市场的失效部分，有必要采用诸如政府适当介入金融市场以及借款人的组织化等非市场要素。政府对金融市场监管应采取间接控制机制，并依据一定的原则确立监管的范围和监管标准。①

国外对发展中国家农村金融的研究可以以世界银行的综合研究报告为代表（雅荣等，1997），② 雅荣在报告中详细比较了农村金融新旧方法在目标、前提条件、政府的作用以及政府干预机制方面的特征差异，提出了农村金融新方法的分析框架。报告中将农村金融的目标定位在两个方面，即增加收入促进经济增长和减少贫困。但最近的研究表明以补贴为主要特征的小额信贷并不能在减少贫困方面产生多大影响，相反会产生新的道德风险。报告还对农村金融市场低效运行的原因进行了分析，认为其主要原因是政策环境不当、法律和监管体系不够健全以及市场失败。③ 雅荣（Yaron）于 1992 年提出的农村金融机构的业绩评估框架已被学术界和实践者广泛接受。该框架包括两个基本指标：目标客户的覆盖面和农村金融机构的持续性。前者是一个混合指标，用于评价市场的渗透和所提供服务的质量。它可以衡量农村金融机构在多大程度上成功地服务于目标客户以及满足客户对金融服务需求的程度，该指标既有定性的，又有定量的，既能衡量深度（所服务客户的类型和贫困程度），又能衡量广度（利用不同方法所服务的客户数量）。

二、微型金融发展理论

近年来，微型金融（国内学者亦称之为小额信贷）作为一种创新的金融发展手段已在世界上被越来越多的人接受，其“亲市场”又“亲穷

① 张元红：《当代农村金融发展的理论和实践》，江西人民出版社 2002 年版，第 15 页。
② 雅荣、本杰明、皮普雷克：《农村金融问题、设计和最佳做法》，世界银行研究报告，1997 年。
③ 董晓林：《我国农村经济发展中的金融支持研究》，南京农业大学博士学位论文，2005 年。

人”的运作模式使其成为亚洲、拉美和非洲一些国家和地区的农村和穷人信贷的主导模式。因此，国内外越来越多的学者推崇这条政府主导与市场化之外的“第三条道路”。支持者们认为微型金融代表了农村金融的范式转变，并主张在农村金融市场化改革（包括利率自由化、放松市场准入限制等）的基础上，通过正规银行微型化来增加低端金融市场的供给和竞争性。该理论的主要内容包括以下几点：①由于低收入人群很难获得其他贷款，因而会更加遵守信贷纪律和重视自身的信用，这样微型金融就能够确保在向无财产作抵押或难以获得担保的贫困人群提供信贷时控制信贷风险（章元，2005）。②区别于传统的正规和非正规信贷方式，微型金融运作机制（如小组贷款、连带责任、分期还款、动态激励和强制储蓄等）能够有效地利用农村社区内的信息资源和社会资本，从而有效地解决由信息不对称和契约执行障碍引起的市场失灵（Besley 和 Coate，1995；Varian，1990；Wenner，1995；程恩江和刘西川，2010）。③正是由于微型金融特殊的运作机制（如较高的利率、小组贷款、中心会议等），使得其对于富裕群体而言成本较高，由此产生偏向小农和低收入人群的筛选机制（Zeller 和 Meyer，2002）。④在农村金融市场化改革的前提下，微型金融机构能够制定覆盖成本的利率水平，这样可以保证机构运作的可持续（Conning，1999）。

然而，微型金融并没有得到理论界的一致支持，其在提高借款者福利水平、自身经营可持续和是否真正覆盖贫困农户等方面引发了广泛的争议，反对者们的理由概括起来包括：①利率较高的商业化信贷增加了低收入人群的负债和脆弱性，使得低收入人群难以承受。同时，还款条件苛刻并将风险完全转嫁由借款者承担，使得微型金融在整体上表现为弊大于利。实际上，关于微型金融是否能够真正地改善借款者的福利水平在国际上至今仍无定论（Roodman 和 Morduch，2009）。②由于微型金融机构的经营目标是多重的（金融可持续性、覆盖面和福利影响），这些目标相互之间很难兼容，如覆盖深度提高之后可能会降低机构的可持续性（Paxton，2002）。因此，大多数微型金融机构（特别是制度主义流派）更为重视可持续性而不是覆盖的深度。在拉美地区金融自由化的背景下，微型金融市场竞争加剧，商业化的微型金融机构或大幅提高贷款的利率或仅服务于低端市场上较富裕的群体，出现所谓的“使命漂移”（Christen，2001），而这与传统的商业化正规金融机构并无本质差异。③最为关键的是，由于微型金融贷款额度较小，只能进行维持生存的简单活动，很少将贷款用于技术投资或从事雇佣劳动力的生产经营活动。因此，微型金融只能帮助其维持生计或摆脱贫困，难以真正帮助他们走向富裕（Ahlin 和 Jiang，2008；刘玲玲，2008）。

第三章　相关文献综述

第一节　金融发展与企业家精神文献综述①

一、金融发展与企业家的创业和创新精神

继 Schumpeter（1912）提出了金融的本质就是支持企业家的“创新”并为创新活动提供资金支持，时隔 80 年以后，King 和 Levine（1993）再次在 Schumpeter 理论的基础上通过引入内生增长模型说明了金融体系通过支持企业家创新活动提高了生产率，这篇重要的文献不但意味着 Schumpeter 创新理论的复兴，更意味着金融发展的研究重新回到必须支持企业家精神这一本质上来。King 和 Levine（1993）认为，企业家精神是连接金融发展和经济增长的桥梁，好的金融体系扩大了创新活动的范围，提高了创新活动的效率；相反，金融体系的扭曲会阻碍这些功能的发挥进而减缓经济增长。

King 和 Levine（1993）通过建立一个金融发展，企业家精神和经济增长之间的内生增长模型考察了金融体系（包括金融中介和资本市场）如何遴选企业家来进行创新活动，他们指出完善的金融体系应该提供以下四种金融服务：①评估潜在企业家（Evaluating Entrepreneurs）。评估并筛

① 江春：《金融改革和金融发展：理论与实践的回顾及反思》，人民出版社 2012 年版，第 508－532 页。

选最有可能成功进行“创新”活动的企业家，以保证资金流向最具生产率的领域。②积聚资源（Pooling Resources）。筹集资金并降低筹资成本。创新需要大量的资金支持，而金融中介比个人更擅长为企业家筹集所需的资金且提供合适的融资，相对于个人投资者，金融机构在提供研究（Research）、评估和监督管理服务（Monitoring，Managing）等方面更具成本和效率优势，从而可以降低投资于提高生产率项目的成本进而促进经济增长。③分散风险（Diversifying Risk）。为创新提供风险分担机制，企业家从事有风险的创新活动而不是因循守旧才最有助于生产率的提高，但从事创新活动往往比其他的经济活动具有更大的不确定性和风险，因而就需要金融机构为企业家分散这些风险，金融机构通过提供多样化的金融产品并进行金融创新能帮助企业家分担巨大的创业风险，并提高企业家承担风险的能力。④对预期收益进行估值（Valuing the Expected Profits）。他们认为，生产率的提高不是来自用传统方法生产已有的商品，而是来自那些有风险的创新活动，因为创新的预期收益是利润的现金流，这就要求金融机构准确地揭示预期利润的现值，也即揭示创新活动的潜在回报、对预期收益进行估值，从而为创新活动提供准确的信息。

King 和 Levine（1993）关于金融发展如何选择并支持企业家精神的模型可以简述如下，首先界定这个过程中涉及的变量：假定 α 是潜在的能够成功实行创新的企业家的概率；q 是这些企业家的市场价值；金融机构能够通过雇佣 f 个单位的劳动力来评估企业家的才能，每个劳动力需要支付 w 单位的工资；这些潜在的企业家在评级之后会在第 0 期投入 x 单位劳力进行生产，并且假设创新能够成功市场化的概率是 π，v'表示创新公司在 t 期的股票市值，ρ 表示 t 时期折现到 0 期的折现因子；另一个很重要的变量是金融中介前期为企业家提供外源融资所要求的回报 τ。金融发展支持创新的过程是，当 $\alpha q = wf$ 时，金融中介会对创新活动进行评级；评级以后，企业家开始创新活动，他们能从创新中得到的创新租金折现到第 0 期等于 $q=(1-\tau)\pi\rho v'-wx$，综合金融机构的评级条件和企业家的创新收益可以得到金融中介的均衡是 $\pi\rho v'=w(f+\alpha x)/a(1-\tau)$。之所以说 τ 重要，是因为金融中介在为潜在企业家提供资金支持的同时，也使企业通过外源融资分散了创新活动的风险。最后一个揭示创新企业净现值的功能是由股票市场来完成，具体地，令 v 表示第 0 期公司分红之前的市值，红利等于 δ，在第 0 期企业家创新的租金应该等于垄断公司当时的股票市值，即创新给当时的股东带来了资本损失，所以第0期公司未来现金流的限制应该考虑资本损失；令β表示资本损失率，所以有（1-β）ρv′=v-δ，这就是理性股价估值模型。

此外，Bianchi（2009）通过一个理论模型证明了金融发展水平的提高，可以通过缓解信贷约束增加企业家的数量，促进社会流动性，使企业家才能更有效地配置到生产性活动及技术创新上。其模型可以简化如下：

首先，他关注具有生产性和不具有生产性企业家之间的一个基本的区别。企业家的生产力主要取决于两个方面：①企业家才能。这决定了在既定的技术水平下一个人能够生产的产出水平。②技术水平，也就是对生产性和非生产性技术的获得。他认为，经济发展需要对企业家才能进行有效分配，换言之，最具生产性的技术应由那些可以最充分利用它们的人控制。理论而言，影响企业家才能和技术有效匹配的障碍有很多，包括腐败的官僚机构、信息缺乏和扭曲的激励机制。Bianchi（2009）则集中研究信贷约束，更具生产性的技术通常需要投资门槛。因此，贫穷者可能不能够获得，不管这些贫穷者是否具备企业家才能，严重的信贷约束会影响、并且会被影响最有才能者对最具生产性技术的获得水平，这最终将决定经济发展的水平。

接着，Bianchi（2009）建立一个职业选择模型。假定个人在财富水平和企业家才能方面是异质的，社会中存在两种生产方式：①在公司里生产，这需要一个最低数量的资本和受薪工人来运营。金融发展程度越低，要获得贷款所需抵押品的要求越高，因而也降低了想要成立公司者的比例。②在一人的公司里生产（自我雇佣），假定这不需要初始的资本投资，也不需要雇佣工人，但受制于低效率的小规模生产。根据财富水平和企业家才能的差别，个人选择是成立一个公司（成为企业家），还是经营一个一人公司（成为自雇者），或在这些公司中寻找一个工作（成为工资雇佣者的雇员）。在这种背景下，增加金融市场的信贷供给和放宽信贷限制使得一些贫困个人获得信贷并成为企业家。这会增加竞争和对劳动力的需求，转而又降低了能力稍微低的个人成立公司的激励。因此，富有且无才能者被诱导去寻找受薪工作，而穷人且有才能者可以成为企业家，这就是金融发展改变了生产结构，因为更多的人成为企业家，更少的人成为自雇人士，这使得企业家人才在生产性技术上更有效地配置，最终带来较高的产出水平。

假定经济由连续的 n 个风险中立者组成，他们在初始财富 a 和企业家才能 t 上是异质的。财富由定义在 R_+上的累积分布函数 F 决定，才能由定义在属于 R_+的 $[\underline{t}, \bar{t}]$ 区间上的累积分布函数 G 决定。这些描述在统计上是独立的。此外，每个人都被赋予一个单位的劳动并可以使用如下：可以成立一个公司（Firm），或在此类公司中寻找一个工作作为雇员（Employee），或成立一个自我雇佣的公司（One-Man Businesses）。这就是其职业选择。

（1）生产技术。经济中仅有一个单一商品，可以被公司或者自我雇佣的公司生产。笔者假设每个公司都有相同的规模，公司的规模由劳动力和资本来衡量，使用 k 单位的资本和雇佣 l 单位的工人。然而，产出依赖于企业家的才能，一个拥有 t 单位企业家才能的个人成立的公司可以生产 tf(k,l) 单位的产出。其中，f(k,l) 是代表一个普通的生产技术。标准化 f(k,l) = 1，所以该公司的利润可以描述为：

$$\pi = pt - wl - rk \quad (3-1)$$

其中，p 代表产品价格，w 代表工人工资，r 代表市场利率。如果资本投资规模低于 k，生产只能在自我雇佣的公司里进行。自我雇佣的公司不需要资本、雇员，并且它们的产出不依赖于企业家才能。为了强调生产在这些公司里的无效率，采用极端的观点，即运营自我雇佣的公司的个人只可以得到刚好够自己的消费（我们标准化这个数量为零）。

将成立公司的个人称为企业家，他们的效用为 $U_1 = \pi$，定义这类人占比为 x_1；公司里的雇员称为工人，他们的效用为 $U_2 = w$，定义这类人占比为 x_2；运营自我雇佣的公司的个人称为自雇，他们的效用为 $U_3 = 0$，其占比为 x_3。

（2）市场。模型中存在三种类型的市场，分别是劳动力市场、产品市场和信贷市场。在劳动力市场上，工资 w 是外生固定的，这表明此种市场可能没有出清。在超额供给的情况下，每个申请者得到工作的概率相同，工人的数量等于公司的需求，因而有：

$$x_2 = lx_1 \quad (3-2)$$

产品市场由一个递减的反需求函数定义，即：

$$p = P(Q) \quad (3-3)$$

其中，Q 代表市场上的总产出。企业家面对的 p 是给定的，并且非弹性地供给他们的产品。

信贷市场是竞争性的，利率 r 外生固定。个人可以申请一笔贷款 (k-a) 来成立一个公司，不过假定只有那些有足够多初始财富的人能获得贷款。初始财富的下限被定义为：

$$a \geqslant a^* \tag{3-4}$$

将 a^* 定义为外生的。若一国（或地区）的金融发展水平越高，成立一个公司所需要的以个人初始财富作为抵押的部分越小，也即 a^* 较小（a^* 即银行要求的抵押品水平，反映了信贷约束的情况，即金融发展的水平）。

（3）均衡。均衡状态下，每个人，给定其初始财富和企业家才能，必须做出一种选择以实现效用最大化。每个人都被给定某一个职业，所以：

$$x_1 + x_2 + x_3 = 1 \tag{3-5}$$

市场函数为式（3-2）至式（3-4）。

为了刻画这种均衡，首先考虑一个财富低于 a^* 的个人的职业选择，他不能支付得起成立一个公司。由于 $U_2 \geqslant U_3$，不考虑企业家才能 t，他的选择很简单：去申请一个工作而成为雇员；如果没有找到工作，他就自我雇佣。对于一个拥有初始财富大于 a^* 的个人，给定他的才能 t，他成立公司当且仅当：

$$pt - wl - rk \geqslant \frac{x_2}{1-x_1} w \tag{3-6}$$

其中，式（3-6）右边是寻找工作的预期收益（即作为工人的效用和作为自雇的效用的加权之和，作为工人的效用的权重为被雇佣的概率，自雇的效用我们已经标准化为零）。等式（3-6）暗含定义了企业家才能的下限为：

$$t^* = \frac{wl + (1-x_1)k}{(1-x_1)p} \tag{3-7}$$

并且，如果均衡存在，企业家的比例 x_1 可定义为：

$$x_1 = [1-F(a^*)][1-G(t^*)] \tag{3-8}$$

接着，确定经济均衡的存在性和唯一性的条件。首先注意到，产品的价格随着企业家份额的增加而降低，如下面的引理所示：

引理 1　价格 p 随着企业家的份额 x_1 增加而降低。

然后注意到，基于引理 1，运营一个公司使其盈利所需的最低才能随

着企业家份额 x_1 的增加而增加。事实上，较高的 x_1 减少了成立公司的激励，因为较高的 x_1 增加了竞争，同时也因为增加了对劳动力的需求，因此减少了自雇的可能性。这由下面的引理来说明：

引理 2 最低的企业家才能要求 t^* 随着企业家份额 x_1 的增加而提高。

最后，为了保证均衡的存在，需要排除过度劳动力需求的可能性。事实上，每个公司雇佣 l 个工人，企业家的份额要低于边界 $1/(1+l)$，当 $x_1=0$，成立一个公司最有利可图，同时依据式（3-7），所需的最低企业家才能为：

$$t_0^*=\frac{wl+k}{\bar{p}}$$

其中，$\bar{p}\equiv p(0)$。然后，假定：

$$0<1-G(t_0^*)\leqslant\frac{1}{1+l} \tag{3-9}$$

这意味着，愿意成为工人的数量总是足够满足公司的需求。事实上，由引理2，式（3-8）的右边随着 x_1 而减小，x_1 不会超过$1/(1+l)$。因此，劳动力需求不会超过 $l/(1+l)$，而且劳动力供给总是$(1-x_1)$，不会达不到劳动力需求 $l/(1+l)$。

因此，条件（3-9）确保了经济中的均衡存在且唯一。等式(3-5)唯一地定义了企业家的份额 x_1，连同式（3-2）和式（3-5），来描述我们的均衡。用下面的命题来总结：

命题 1 根据条件（3-9），均衡存在且唯一。它由式（3-2）、式（3-5）和式（3-8）来定义。

（4）金融发展的效应。在模型中，金融发展影响企业家的均衡数量和平均才能。特别的是，通过放松对初始财富的限制，金融发展可以使高企业家才能的贫穷者成为企业家。因此，企业家的比例以及他们的平均才能都会上升。这是下面的引理：

引理 3 企业家的比例 x_1 随着金融发展而增加。

这个引理有很多含义，它描述了在我们讨论的背景下，较高比例的生产性企业家促进了经济发展。首先，金融发展可以创造更多的就业机会。通过增加劳动力需求，金融发展诱使较多人成为工人，较少人成为自雇者。这由式（3-2）和式（3-5）可知。其次，金融发展引起企业家才能到生产性技术上更有效地配置。事实上，当金融约束放松，一些贫穷但是有才能的自雇者有可能离开他们的一人公司并成为企业家或者可能成为授薪工人。与此同时，富有但是无才能者被诱发离开他们的公司并去寻找一个授薪工作（参见引理2：x_1 增加使 t^* 增加）。从这个意义上讲，金融发展也提高了社会流动性。最后，即使才能保持常数，较高比例的企业家和较低比例的自雇意味着经济中的劳动力资源被更有效地利用。因此，总产出增加，这引起的必然结果是，消费商品变得便宜（参见引理1：x_1 增加使 p 降低）。用下面的命题总结这些效应：

命题2 金融发展会导致：①更多的人成为企业家，更少的人成为自雇者；②企业家才能更有效地分配到生产技术上；③创造了就业机会，提高了社会流动性；④较高的产出水平和较便宜的消费品。

二、金融发展与企业家的金融约束

在现实中，能否获得足够的资金是企业家能否进行“创新”活动的一个重要前提。为此，一些学者提出了金融约束（Liquidity Constraints，又称信贷约束或金融约束）这一概念。所谓金融约束，指的是当潜在的企业家不能获得新建一个企业所需的足够启动资金时，有企业家才能的人就会因为缺乏足够的资金而无法成为现实的企业家，从而无法进行创新活动。Evans 和 Jovanovic 在其 1989 年的经典文献《金融约束下对创业选择模型的估计》中，首次用一个静态职业选择的理论模型和来自美国“国家青年人口长期调查（全国青年纵向调查）”（National Longitudinal Survey of Young Men）的面板数据证明了金融约束的存在。因为创业需要一定的资本，由于金融约束的存在所需的资本不可能完全由外部融资获得，这就使得自有财富在创业过程中至关重要，甚至很多具有创新潜力的企业家由于缺乏足够的自有资金被关在创业大门之外。Quadrini（2009）在 Evans 和 Jovanonic（1989）模型的基础上进行了简化和发展，Quadrini（2009）的简化模型可以表述如下：

假设成为雇员的工资为 w；成为企业家的收入为 $y=\theta k^{\alpha}$，其中 θ 是企业家的个人能力，k 是总的资本投入额，$\alpha\in(0,1)$，考虑到企业家从事创新活动需要融资，则其净收益为 $\pi=y+r(z-k)$，z 为个人期初自有财富，r 为 1 加上利息率，当 $z<k$ 时，企业家是净借入者，r（z−k）是期末企业家需要偿付的本息和。成为雇员的净收益为 w+rz，显然个人只有在

成为企业家获得的收益大于雇员的收益时才会选择成为企业家，即当 $\max[\theta k^{\alpha}+r(z-k)]>w+rz$ 时人们选择成为企业家。因此：①当不存在金融约束时，人们没有融资约束，创业资金可以自由获得，这时有企业家才能的人都能变成现实的企业家进行创新活动，因为只要个人能力 θ 超过一定限度使得成为企业家的收益更大时，即满足上述不等式时，个人就会选择成为企业家。②当存在金融约束时，假设每个人最多只能获得其自有财富 z 一定比例的贷款，该比例为 $(\lambda-1)$，其中 $\lambda\geqslant1$，则新企业的最高投资额为自有资金 z 加上外源融资的资金 $(\lambda-1)z$，即 $(\lambda-1)z+z=\lambda z$，总投资额 k 不能高于这个限度，这就是企业家面临的金融约束：$0\leqslant k\leqslant\lambda z$。当总投资额 k 超过 λz 时，最多也只能投入 λz 数量的资金，此时企业家净收益为：

$$\pi(\lambda z)=\theta(\lambda z)^{\alpha}+rz(1-\lambda)$$

这种次优投资会减少企业家的收益（最优资本投资额应满足净收益最大化，即 $\pi'=0$，解得 $k_{opt}=(\frac{\theta\alpha}{r})^{1/(1-\alpha)}$）。此时，人们会比较 $\pi(\lambda z)$ 和来自工资的收益之后再作出决定是否成为企业家，只有当 $\pi(\lambda z)$ 大于成为雇员的收益 $w+rz$ 时人们才会选择成为企业家。人们要想成为企业家，必须拥有最低限额为 z_{min} 的自有财富，个人初始财富 z 在信贷约束存在的情况下对于能否创业至关重要。该模型说明：金融体系的不发达会产生金融约束或融资约束问题，而融资约束的存在将会把那些没有足够自有财富的人挡在创业大门之外，长此以往会使企业家的创新活力受到严重打击，经济持续增长的源头活水将逐渐枯竭。

如果金融约束是重要的，那么在经验分析中我们可以看到创办企业的行为会对潜在企业家的个人财富非常敏感；相反，如果金融约束并不重要，那么潜在企业家的创业行为仅仅受到期望利润的影响。因为如果需要的话，潜在企业家能够从外部获得开展项目投资的资金，使得个人财富在决定其是否创业过程中显得并不重要。但是，当金融约束显得重要时，外部融资可能并不可得或有限，这样在经验分析中个人财富与潜在企业家创业行为之间就会有显著的相关，拥有更多财富的人更可能进行创业。大量的实证文献已经证明了金融约束的存在及其重要性。Evans 和 Jovanovic（1989）用美国青年纵向调查的数据考察了近 1500 个白人男性，发现他们不能用高于其初始资产 1.5 倍的资金来创办新企业，从而用实证说明了大多数准备自我雇佣的人都面临金融约束，从而使他们不能用最优的资本投入数量来创业。Evans 和 Leighton（1989）发现 40 岁以下的人是否成为企业家与年龄或工作经验都无关，这与通常理解的年轻人更愿意冒险相悖，一个可能的解释就是年轻人还没有足够的时间来积累创业所必需的财富；Holtz-Eakin 等（1994）也认为，在存在金融约束的情况下，往往只有那些拥有更多遗产或自有财富的人才能成为企业家。Johansson（2000）运用来自芬兰的微观数据，证实了个人财富增加其成为自我雇佣者的概率，这显示出企业家在创办企业过程中面临着金融约束。Shing-Yi Wang（2012）从产权制度改革的视角切入对金融约束和企业家创业关系的研究显示，20 世纪 90 年代末期中国进行城镇住房改革（国有部门的工人允许以补贴性的价格购买其租住的国家住房），住房产权制度改革之后，城镇居民获得房屋的产权并可以将其资本化，因而其创业金融约束受到外生制度的影响变得较低，经验分析结果显示金融约束降低之后中国城镇居民的自我雇佣率显著上升。

但是，Hurst 和 Lusardi（2004）对金融约束的观点提出了挑战，他们证明了在美国自有财富和企业家精神之间的这种正向关系并非大规模存在，而是仅仅存在于美国最富有的阶层，而财富对于最富有阶层的重要性不能看做信贷约束存在的证据，从而挑战了传统金融约束存在的观点。不过，当 Nykvist（2008）应用与 Hurst 和 Lusardi（2004）相同的方法分析瑞典的情况时，却发现金融约束普遍存在于瑞典的各个阶层。Bohacek（2006）认为美国企业的高储蓄率是为了缓解金融约束。Aidis、Estrin 和 Mickiewicz（2007）也证明了在新兴国家信贷可得性和知识产权保护是影响创业决策最关键的两大制度因素。上述的证据都表明，在不发达甚至扭曲的金融体系中，大量具有企业家才能的人有可能被埋没，富有市场前景的创新机会得不到资金支持，巨大的创业或创新风险由创新者承担，导致创新源泉枯竭，经济增长受到严重阻碍。除此以外，Nykvist（2008）还指出，金融约束也不利于社会流动性（Social Mobility），因为成为企业主（Business Owner）是累积财富的重要渠道之一，如果因为外部融资约束的存在，只有富有的人才能创办新企业的话，低收入的家庭将永远被阻挡在创业大门之外，从而阻碍了社会流动性。

现有的文献也证明了更加完善的金融体系能帮助企业家克服金融约束的束缚，从而使所有具有企业家才能的人能成为现实的企业家进行

“创新”活动，从而推动一国经济的持续增长。Rajan 和 Zingales（1998）证明了对外部融资依赖性更强的行业在金融市场更加发达的国家成长更快，金融发展在增加新企业数量方面发挥着重要作用；Beck、Demirgüç–Kunt、Levine 和 Maksimovic（2000）以及 Demirgüç–Kunt 和 Levine（2008）用跨国数据说明，在金融发展水平更高的国家，新企业的产生率更高，这是因为运行良好的发达的金融体系能够帮助企业家打破阻碍企业发展的融资约束，并克服市场准入限制进行创业和创新活动；Bohacek（2007）则认为，金融中介的存在通过打破金融约束，能够提高总产出和社会的平均消费水平。他们发现，如果不存在金融中介，因而企业家只能完全依靠自己的储蓄进行融资时，资金的配置效率将十分低下，这时社会总产出会减少 7.25%，企业家和雇员的总体福利损失（以社会平均消费水平来衡量）将高达 11.1%。Bianchi（2009）通过一个理论模型证明了金融发展水平的提高通过缓解信贷约束增加了企业家的数量，促进了社会流动性，使企业家才能更有效地配置到生产性活动及技术创新上。

三、金融发展与企业家的财富创造

Rajan 和 Zingales（2003a）认为，真正发达的金融体系是能够为“任何一个”[①] 拥有创新潜能的企业家提供资金支持，这样才能使人们不再受限于资本或关系，而可以依靠知识、技术、努力及创新精神来创造财富；Rajan 和 Zingales（2003a，b）认为，运作良好且灵活的金融市场能帮助人们更好地把握市场机会，从而促进经济增长。因为，只要有了发达的金

---

① Rajan 和 Zingales（2003a）指出衡量金融发展“正确的方法是考虑：任何一个拥有合理项目的企业家或者公司获得银行贷款的难易程度，以及投资者预期足够收益的信心。我们认为上述定义里最重要的单词是‘任何一个（any）’。在一个完善的金融体系里，应该是潜在的相关资产或者观点的质量决定其是否获得贷款，而所有者的身份……应该是无关紧要的…我们的关注焦点是：如果先前不拥有财富，获得融资的难易程度……在有些金融体系中，资本在企业或者借款人内部对于任何一个人都很容易获得，但是资本却不会流向外部……在某种意义上，我们采用了熊彼特的观点，即金融最重要的作用是创造性毁灭（a critical role of finance is creative destruction），而且这个作用仅仅在有持续的资本流出老企业流入新企业时才是有效的”（Rajan 和 Zingales，2003a）。

融市场使人们能够方便地融资，则一个人能否在经济上取得成功就不再取决于其所拥有的资本或关系，而主要取决于他的知识、技术、努力及创新精神，可见金融发展将打破现有的依靠资本或关系获得财富的格局。在发达的金融体系中，很少财富甚至没有财富但有才华或更有创新精神的人也能够取得成功。由此，Rajan 和 Zingales（2003b）认为，金融发展将使经济活动从以“资本”为中心转变到以“人”为中心。① 进一步地，Rajan 和 Zingales 指出，一个更发达的金融市场将更容易帮助个人创业，甚至帮助人们在更小的年龄就开始创业（Guiso、Sapienza 和 Zingales，2002），并以意大利为例说明了这一问题，他们发现在意大利金融最发达的地区，企业主的平均年龄比不发达地区低 5.5 岁，发达的金融市场通过拓展人们的融资渠道，使人们的商业才能得到发挥，使人们的商业敏锐和经营天才充分实现其价值，因此在发达的金融体系里，亿万富翁中自我奋斗出身的比例更高。大量的事实已证明，亿万富翁中自我奋斗出身的比例越高，则该经济体中的企业业绩就越好。

同时，Rajan 和 Zingales（2003a）还指出，发达的金融市场通过为具有创新精神的新的竞争者提供资金，能降低产业进入的门槛，这将大大提高市场的竞争程度。在公平的市场竞争条件下，企业也只有通过“创新”才能得以生存。此外，Rajan 和 Zingales 还认为，在金融更开放的国家，继承性富翁的财富占 GDP 的比例更低，而自我奋斗型富翁的财富占 GDP 的比例更高。这是因为，在金融开放的条件下，由于竞争更加激烈公平，因此要想在经济上取得成功，就只能依靠自我奋斗、依靠创新。可见，Rajan 和 Zingales（2003b）实际上指出，通过支持企业家的“创新”活动，金融发展将使人们不再受限于资本或关系，而可以主要依靠知识、技术、努力及创新精神来创造财富，从而将使一国经济走上可持续增长的轨道。

---

①“原来仅仅是有钱人是贵族，现在我们正转向一个有能力的人和富有的人的贵族。金融革新正在把贵族俱乐部的大门向每个人敞开。在这个意义上，金融关系是精神上彻底的解放。它取代资本，将人类推到了经济活动的中心，因为，当资本可以自由获取时，是技术、观点、勤奋、以及逃不掉的好运气创造了财富”（Rajan 和 Zingales，2003b）。

四、金融约束与企业家存活和绩效

为什么有人创业成功并成为企业家，而有人却失败了？金融约束在其中起到怎样的作用？Holtz-Eakin、Joulfaian 和 Rosen（1994）研究金融约束对于企业家发展和生存能力的影响，他们的逻辑是如果金融约束是存在的，企业家不能够从金融市场获得实现利润最大化的资金水平，那么具有更多个人财富的那类企业家将会更加成功。他们以美国 1981 年和 1985 年被征收遗产税的一类住户为例，检验获得遗产对企业家经营绩效的影响，结果显示流动性约束对企业家生存能力有重要的影响，在此期间获得超过 15 万美元的企业家生存概率增加 1.3 倍且收入增加将近 20%。Hvide 和 Møen（2007）沿着 Holtz-Eakin、Joulfaian 和 Rosen（1994）的思路进一步检验金融约束与企业家绩效之间的关系，发现企业家财富分布从 10 个百分位点增至 75 个百分位点时，企业家经营绩效（资产利润率）增加了近 8%，但是从 75 个百分位点增至 99 个百分位点时，资产利润率却下降了 10%，由此认为过于充足的现金流对企业经营并无太多的益处。

与上述研究持不同观点的是，Cressy（1996）从金融财富与企业存活率之间的关系切入，对新创业企业是否存在信贷配给的问题进行了深入探讨，并最后给出了否定的回答。对于信贷配给，Cressy 给出一个特殊的定义，即如果企业的存活率依赖于企业资产，则存在资本约束和信贷配给。结果显示，金融财富与企业存活率之间的关系是不确定的，相比之下，人力资本因素才是企业存活率的“真实”决定因素。该研究结果的启示在于不仅证明了企业初创期并不存在金融约束，同时金融约束也不会影响企业家的创业活动。该结论与现有的大多数研究结论是背离的，Cressy 认为金融支持并不能促成初创企业家的存活，同时金融约束也不会加快初创企业的失败。

“金融发展与企业家精神”的理论还认为，对银行管制的放松将加剧银行业的竞争，这样就会为企业家提供更多的融资选择，进而缓解信贷约束，有利于使更多具有企业家精神或企业家才能的人成为现实的企业家。比如，Black 和 Strahan（2002）从银行业结构的视角研究了金融部门竞争的增加和银行合并浪潮对企业家精神的影响。他们通过对 1976～1994 年美国各个州的年内人均新建企业进行研究，表明20世纪70年代美国放松对银行业管制导致了竞争的增加，从而减少了集中化（Concentration）对新成立企业的负面影响，使得美国各个州新企业的产生率都明显提高，这意味着银行业更加激烈的竞争有利于更多具有企业家精神或企业家才能的人成为现实的企业家。Blanchflower 和 Shadforth（2007）研究了英国企业家精神的变化，发现20世纪80年代英国自我雇佣率的急剧上升主要是受到了金融自由化以及税收政策变化的影响，20世纪80年代英国金融管制放松，银行自由化改革以及房价的上升都大大缓解了金融约束，促进了企业家精神。Magri（2009）发现，当意大利于20世纪90年代放松金融管制，从而造成信贷市场更大的竞争，以及实行金融创新（如引进小企业的信贷评级）以后，意大利企业家的信贷约束也显著地减少了。

也有学者指出，放松金融管制的同时会带来大量的企业失败率。Kerr 和 Nanda（2009）首先肯定了美国20世纪70年代开始的放松金融管制显著提高了新企业的产生率，银行之间竞争的加强使资本流向收益率最高的项目，提高了资本的配置效率。但是，他们同时指出，大量新产生的小企业都在3年以内倒闭了，放松管制导致了更频繁的企业进入退出率，小企业的高失败率一方面源于激烈的市场竞争，另一方面可能是缓解的金融约束导致了企业家更轻率的创业决策，以及银行组织结构的改变弱化了银行评估小型企业项目的能力。尽管如此，他们仍然认为，企业的失败或成功都是“创造性毁灭”的组成部分，市场的自由进出是很重要的。事实上，企业的新建或失败也是促进创新的一个重要源泉，也是创新的结果。因此，大量新产生的小企业倒闭并不意味着整个经济的失败，而恰恰证明，放松银行管制，实现金融的自由化有利于刺激“创新”，从而有利于促进经济增长。

此外，关于竞争（银行集中度）与企业家精神的关系，也有学者认为银行业更加激烈的竞争导致的银行集中度下降反而不利于企业家精神的发挥，这个观点的代表学者是 Petersen 和 Rajan（1994），他们用局部均衡模型考察了银行与借款人之间的长期关系，发现垄断的银行结构反而更有利于中小企业获得贷款，并且在集中度高的银行体系下刚成立的新企业会面临较低的贷款成本。究其原因，他们认为在垄断的银行结构下，因为银行所具备的垄断力，他们愿意在新企业成立初期向企业提供低利率的贷款，因为银行可以分享企业长期增长的利润。但是在高度竞争的银行体系中，银行缺乏向新企业提供低利率贷款的动力，因为市场激烈的竞争，他们知道新成立企业在获得初始资本发展起来之后还会寻求到更低的银行信贷，从而没有动力来与企业维持长期的信贷关系，所以反而会在企业成立初期要求更高的贷款利率，增加了中小企业的融资约束。

对于银行兼并浪潮对企业家精神的影响，学术界也有很多不同的声音。Black 和 Strahan（2002）认为当合并增加，美国小银行的份额减少时，新企业的成立率上升了，这表明大银行规模化带来的多样化收益超过了小银行在培养关系时可能拥有的比较优势。但是，Francis 等（2006）认为银行合并对于小企业信贷活动的影响要视合并银行的类型和时期的长短区别对待。他们用劳动市场区域（Labor Market Areas，LMAs）作为美国本土银行合并的计量单位，用企业新建率反映企业家精神检验了银行合并对企业家精神的影响。他们发现，在短期内，银行合并的整体强度和新企业的成立比率是负相关的，而这种负向关系主要是由大的并购导致的合并引起的。相反地，那些中小型银行的合并表现出和新企业发展正向的关系。但是，并购完成两年以后，在本地市场上，由那些市场中的大型购买者进行的合并对新公司的成立比率有一个显著的正向关系，这表明对参与合并的银行而言，要让新的小型客户也分享到合并的协同效应（Synergy Gains）是需要时间的，他们认为这种类型的合并很重要的一个特征是学习的过程。

第二节　金融发展与收入分配文献综述[①]

第一代、第二代及第三代金融发展理论所关注的是金融与经济增长的作用，而很少将金融发展与收入分配联系起来进行系统的研究，[②] 很少关注金融在减缓贫穷或改善收入分配方面的作用。直到 20 世纪 90 年代以

① 江春：《金融改革和金融发展：理论与实践的回顾及反思》，人民出版社 2012 年版。

② 尽管 Galbis（1977）曾早在一个两部门模型中涉及了金融发展对收入分配的影响，但他并没有将金融发展改善收入分配当作主题进行研究。

后，国外学术界才开始有人正式研究金融在改善收入分配及减缓贫困方面的作用，[①] 人类进入 21 世纪以后，贫困问题的解决成为世界各国普遍关心的话题。因此，有关金融发展与收入分配或贫困减缓的研究就变得越来越重要，目前，这一研究成为国外金融发展理论的一个前沿。

一、金融发展与收入分配：理论观

1. 金融发展与收入分配之间呈倒 U 形变化

对金融发展与收入分配的研究是从 Greenwood 和 Jovanovic（1990）提出的 G-J 模型开始的。这一研究深受 Kuznets（1955）所提出的倒 U 形假说的影响。该假说的基本观点是：在一国经济发展的初期，经济增长将会扩大收入差距，但从长期来看，随着经济的持续增长，收入差距会逐渐缩小，即经济增长与收入分配之间存在着倒 U 形的关系。Kuznets 的这一倒 U 形假说虽然并不是通过对具体数据的实证分析得出的，但仍被很多发展经济学家所接受。

在 Kuznets 倒 U 形假说的启发下，Greenwood 和 Jovanovic 首先于 1990 年建立了一个动态理论模型，讨论了金融发展、经济增长和收入分配之间的非线性关系。在他们的模型中，金融中介随着经济的增长而内生形成，并进而影响收入分配。他们假定，经济主体是无限期生存的，并面临两种可供选择的生产技术，第一种技术可以获得稳定但相对较低的投资收益，而第二种技术可以获得更高的收益，但风险也相对较高。经济主体在每期只能选择投资一种技术。投资收益由两部分构成，即整体经济的平均收益和项目的具体收益，这两种收益都是随机的。假定信息具有公共物品的特征，金融机构收集并且分析信息，克服了信息不对称产生的摩擦，便利了

---

① 在 20 世纪 90 年代以前，流行于发展中国家和社会主义国家的主导观点是认为国有银行（包括专门的发展银行和信贷津贴）有利于解决贫困问题。这种观点认为，私人部门为获得更多的利润往往不愿意为盈利率低的企业发放贷款或低收入者提供金融服务，因而不利于解决贫困问题。但到了 20 世纪 90 年代以后，学者们通过实证分析发现，大量国有银行的存在会降低市场竞争程度，且国有银行往往会在政府的干预下贷款给与政府有关系的大企业或商业上不能独立生存的政绩工程，而且，从国际经验来看，没有证据表明国有银行会注重扶助中小企业的发展，这意味着，大量发展国有银行恰恰不利于解决贫困问题。然而有趣的是，从许多国家的现实来看，私营银行取代了国有银行以后，增加对穷人金融供给的预期结果也没有出现。正是这一现实，促使学者开始关注金融在改善收入分配及减缓贫困方面的作用。

资金向收益最大的方向流动。个人参与金融市场可以规避风险，从而获得较高的收入。但是参与金融市场要付出成本，个人在首次进入金融市场时要支付固定成本，且在每期进入时要支付边际费用。在该模型下，Greenwood 和 Jovanovic 证明存在两个门槛财富水平 k_1 和 k_2，当个人的初始财富大于 k_2 时，加入金融中介是最优选择，从而其投资收益率较高、储蓄率较低；初始财富介于 k_1 和 k_2 之间的个人虽然暂时不能加入金融中介从而投资收益率较低，但他们将来会支付加入金融中介的固定费用，因而其储蓄率相对较高。但初始财富小于 k_1 的个人被排斥在金融中介之外，他们的投资收益率较低，在当前也看不到加入金融中介的可能性，其最优储蓄率较低，从而财富积累速度低于其他人。在 G-J 的模型中，在经济和金融发展的初期，由于存在进入的财富门槛，穷人没有能力支付成本而被阻挡在金融市场之外；只有高收入的人群才能进入金融市场享受金融服务，从而获得更多的效用及收入。这样，贫穷的个人因收入少储蓄低而难以进入金融市场，也就无法获得相应的收益。穷人和富人由于财富水平的不同而导致投资收益的不同，这将进一步拉大穷人和富人的收入差距。由于金融市场的参与成本是固定的，在经济发展的成熟时期，金融中介机构也会得到充分发展，穷人通过长时间的积累最终也会进入，从而收入差距最终也会缩小。因此，随着金融发展，收入分配呈倒 U 形变化。实质上，G-J 模型可以看做是 Kuznets 假说的一种扩展形式。

2. 金融发展通过支持人力资本的投资来改善收入分配

Galor 和 Zeira（1993）建立了一个两部门且代际间存在遗赠的跨期模型，他们主要从人力资本投资角度来研究金融发展和收入分配之间的关系。他们假定经济为跨期的开放经济，个人生存两个时期，技术是非凸的，可以采用技术简单的劳动或技术密集的劳动生产一种产品。个人或者作为不熟练劳动力在两期都工作，或者在第一期进行人力资本投资然后在第二期作为熟练劳动力工作。由于从事简单劳动的传统部门工资低，从事复杂劳动的现代部门工资高，因此个人的财富水平决定了他是否投资于人力资本。人力资本投资存在投资成本，初始财富少的穷人达不到这个财富水平，不能进行人力资本投资，而富人可以投资于人力资本。资本市场的不完善性导致初始财富高的人更容易通过信贷市场进行融资，而穷人在信贷市场上很难融资。① 这样，在第二个时期初始财富高的人就会更富有，初始财富低的人收入更低。个人的初始财富完全决定了人力资本的投资决策，决定了其收入及消费水平，也决定了留给后代的遗产。因此，初始财富分配对产出和投资水平在短期和长期均有重要影响。由于资本市场的不完善，初始财富的分配不均和初始财富的均等分配都会永久化。然而，一个国家中产阶级占比扩大将能够有效地缩小贫富差距，促进经济增长。初始收入不同的国家遵循不同的经济增长路径并收敛于不同的稳定状态，而且随着金融的发展，金融业的进入门槛将逐步降低，这时初始财富少的穷人将能得到信贷市场的融资以进行人力资本的投资。这样，初始财富少的穷人将成为熟练劳动力从而能获得较高的收入，这就会逐步缩小社会的收入分配差距。可见，在 Galor 和 Zeira 的模型中，金融发展与收入不平等呈负向的线性关系。

3. 金融发展通过使更多的人能获得金融服务来改善收入分配

Banerjee 和 Newman（1993）建立了一个三部门的经济增长的动态模型来研究个人职业选择（个人是成为企业家还是作为普通的工薪阶层）和财富分配的相互作用。他们认为，个人的职业选择在许多情况下受其初始财富禀赋的限制，而个人的职业选择反过来又决定了他们一生的储蓄以及可以承受的风险，这在长期又将演变为个人财富积累和收入分配的差距。Banerjee 和 Newman 通过建立静态模型证明：如果每个人的财富水平都高于 W_1，② 每个人都将自我雇佣。只有当一些穷人的财富水平低于 W_1，而富人的财富水平大于 W_2 时，雇佣合同才会产生。他们还通过动态模型得出结论：财富水平在 0 和 W_1 之间的穷人将选择工作，财富水平在 W_1 和 W_2 之间的人将选择自我雇佣，财富大于 W_2 将选择成为企业家或者自我雇佣。因此，初始财富的不同决定了个人的职业选择，这样劳动的供给和需求以及均衡工资水平也都被确定了。由于资本市场的不完善，个人仅能借到有限的资金。不同阶层的人借贷能力是不同的，富人由于信用条件好能借到更多的资金。结果那些要求高水平投资的职业超过了穷人的融资能力，穷人只能选择为富人工作（即受人雇佣）。因此，工资合同可以

① 这意味着，金融压制会导致收入分配差距扩大。

② W_1 表示投资者为实现自我雇佣而向资本市场融资所必须具有的最低初始财富，W_2 表示投资者为成为企业家向资本市场融资必须具有的最低初始财富，显然 W_1 小于 W_2。

视为金融合约的原始替代。同时，Banerjee 和 Newman 观察到各国的职业结构非常不同，有些国家仍然有大量的农民、手工艺人和小企业主，而另外一些国家却拥有大量的企业家和工业工人。两个国家在一些宏观经济指标方面非常相似，但它们的发展路径完全不同，职业结构和经济增长也显著不同。他们在金融市场不完善的假定下，分析了收入分配如何通过影响人们的职业选择而对经济增长产生影响作用。他们认为，收入分配通过影响储蓄、投资、风险、人口出生率以及产品和生产的结构，进而影响一国的职业选择及金融发展，从而最终影响一国的经济增长。最后，Banerjee 和 Newman 还指出，公众缺乏享有金融服务的权利是导致持续的收入分配不均等、贫困陷阱以及低增长的主要因素。

总之，Galor 和 Zeira（1993）及 Banerjee 和 Newman（1993）的模型都说明，金融市场的不完善是导致持续的收入分配不均等、贫困陷阱以及低增长的主要因素，因此在金融市场不完善的情况下，财富分配的不均不会随着经济增长而改善。这意味着，要改变收入分配不均衡的状况，就必须完善金融市场，降低进入门槛，便于穷人进入，使更多的人享有金融服务的权利，这样才会逐步改善一国的收入分配状况。

4. 金融发展通过给穷人提供机会来改善收入分配

Aghion 和 Bolton（1997）曾从信贷市场均衡和利率角度研究了收入分配的动态演化，并试图找出达到收入平等的稳定条件。在 Aghion 和 Bolton（1997）的模型中，假定资本的边际生产率是递减的，因此随着富人的投资增加，资本边际生产率不断下降，这样富人的投资需求将不断下降，他们最终成为贷款人；穷人因边际生产率较高，最终会成为借款人。富人的财富不断积累会导致利率下降，这有利于使穷人能以较低的利率获得贷款，从而有利于穷人走出贫困陷阱。

Ghatak 和 Jiang（2002）对 Banerjee 和 Newman 的模型进行了简化。在他们的简化模型中，金融发展表现为市场实施合同能力的提高，并能降低投资的门槛，使更多的人成为企业家，这同时还会增加对劳动力的需求，从而推动工资上升，并缩小企业家和工人之间的收入差距。如果工资足够高，甚至可以使企业家和工人在收入上没有差别。可见，金融发展有利于降低收入的不平等。

Matin 和 Hulme（1999）等考察了向穷人提供金融服务（如微型金融）能减少贫困的问题。他们通过回顾世界各国向穷人提供金融服务的经验，得出如下观点：①穷人需要金融服务，金融服务能使穷人克服不完全金融市场带来的信贷约束，从而平滑他们的消费行为以及实现其人力资本积累；②熟悉现有的金融服务以及掌握穷人的偏好需求，对金融服务产品创新能够起很好的指导作用；③设计良好的金融产品在减少贫困中能起到杠杆作用。

5. 金融发展通过促进经济增长来改善收入分配

Aghion 和 Bolton（1997）基于信贷市场的不完善性建立了一个经济增长和收入分配的模型，分析了资本积累的涓滴效应（Trickle – Down Effect）。他们得出以下三个结论：①当资本积累率足够高时，经济收敛到唯一不变的财富分配状态。②即使在放松管制时，涓滴效应导致唯一的稳定分配状态，政府仍有调节收入分配的必要。特别是，将富人的财富转移一部分给中产阶层和穷人将有效地提高生产效率。因为这带来了更大的平等机会，并且会加快涓滴效应的进程。③初始的资本积累过程有加剧不平等的效应，但是在后期将逐渐减小收入不平等的差距。可见，Aghion 和 Bolton 也认为，随着金融发展，收入分配呈倒 U 形变化。

Matsuyama（2000）则通过建立一个内生模型研究了金融发展与收入分配之间的关系。他指出，在金融发展水平较低的经济体中，不平等现象将长期存在；生产率或金融发展水平较高的经济体则会逐步收敛于平等的稳定状态，这是因为，当生产率提高时，富人的借贷需求会增加，而这又会使利率上升，这样，收入较低的人能以较高的利率把钱贷出从而获得较多的利息所得。可见，富人的投资最终会把穷人拉出贫困陷阱，从而实现缩小收入分配差距，进而形成 Kuznets 倒 U 形的收入分配。

二、金融发展与收入分配：机制和证据

从国外金融发展与收入分配的理论研究成果来看，金融发展对收入分配的影响效应分为以下几个方面：

1. 通过实现“金融宽化”来改善收入分配状况

Lynin（2003）曾指出：“金融发展中的一个重要问题是如何将信贷扩展到大部分人口。”Maurer 和 Haber（2003）认为，如果金融改革没有使金融服务向穷人和新企业延伸，金融服务尤其是信贷服务依然只是针对富人和具有某种政治联系的企业会使它们的相对收入进一步上升，从而加剧

收入分配的不平等。在这种情况下，虽然金融中介可以动员储蓄和促进资本形成，但是不能保证资源的有效配置。他们进一步指出，在一个由社会精英统治、利益集团势力过大的国家，金融市场的竞争环境不是增强而是减弱，金融政策的选择往往是增进高收入者的福利而牺牲低收入者及中产阶级的利益，这样收入分配状况也将趋于恶化。

Beck、Demirgüç-Kunt 和 Peria（2007）等通过实证分析发现，在大多数发展中国家，有 40% ~80% 的人口缺乏正规的银行部门服务。Demirgüç-Kunt、Beck 和 Honohan（2008）则认为，在许多欧洲大陆国家中，几乎所有的家庭都使用金融服务，但是在大多数发展中国家中，却平均只有不到 1/3 的家庭使用金融服务，特别是在非洲，大约 80% 的家庭没有任何金融账户。在这样的金融背景下，很多贫困家庭和小企业不得不依靠自己有限的储蓄和收入来进行投资或者获得教育机会来成长为企业家，这就导致经济增长的缓慢。Demirgüç-Kunt、Beck 和 Honohan 还指出，在许多发展中国家，不只是穷人被排除在金融服务之外，甚至一些中产阶级及中小企业也被排除在外。大量的研究表明，公众缺乏享有金融服务的权利是导致持续的收入分配不均等、贫困陷阱以及低增长的主要因素。

基于此，并针对“金融深化”强调金融的市场化及经济效率这一思路，Demirgüç-Kunt、Beck 和 Honohan（2008）等实际上代表世界银行在“金融深化”的概念基础上提出了“金融宽化”及“普惠金融”（Finance to All）等新的概念。他们试图用这一概念取代小额信贷或微观金融（Microfinance）的思想，从而促进经济体形成既能更好地解决贫困问题以改善收入分配状况，同时又能提高效率以提高社会福利水平的金融体系。此外，“金融宽化”及“普惠式金融”（Finance to All）代替小额信贷或微观金融，也意味着小额信贷或微观金融不再是一个特殊的甚至可能被边缘化的部分，而成为金融体系的一个部分。

Demirgüç-Kunt、Beck 和 Honohan（2008）等认为，金融不但影响资源配置的效率而且影响穷人和富人的各种机会。因此，如果不存在为全民提供服务的金融体系，那些没有机会获得金融服务的企业和家庭，则在很多情况下陷入贫困的陷阱中。据此，他们实际上代表世界银行提出，降低金融的进入门槛以及建立为全民化提供服务的金融体系应是一国金融发展的目标。Levine（2008）则指出，由于人们的福利水平不仅取决于绝对收入，而且也取决于与别人相比较的相对收入。因此，建立为全民化提供服务务的金融体系能够起到增加社会福利的作用。Hannig 和 Jansen（2010）还认为，普惠金融还有利于促进金融的稳定。这是因为，普惠式金融能为人提供更多的机会，并帮助穷人减缓贫困从而有利于保证金融的稳定，而且，低收入的借款者在金融危机过程中一般会保持稳定的金融行为，这也有利于保证金融稳定。

Demirgüç-Kunt、Beck 和 Honohan（2008）等指出，“金融宽化”或“普惠金融”并不是说所有的家庭和企业可以一定的利率借入无限多的资金，不是要对没有偿债能力的最穷的人也提供金融服务，而是要降低金融服务的准入门槛，扩大金融服务面，以合理的价格为更多的人提供金融服务，以使更多的人能够发挥其聪明才智，以促进经济增长和摆脱贫困。如果金融服务完全注重最穷的群体，那么金融机构就可能成为补贴和慈善事业，这样实际上既损害效率，又损害公平。因为对没有偿债能力，且没有归还贷款意识的最穷的人提供贷款可能会破坏信用文化。同时，如果试图对最穷的人进行补贴以使其获得金融服务，也可能会扭曲市场的运行。这样，对最穷的人提供金融服务，反而不能对穷人造成正的净效益。补贴应该被用来克服提供金融服务中的障碍而不是用来扭曲价格（如补贴利息）。因此，Demirgüç-Kunt、Beck 和 Honohan（2008）认为，对中小企业和具有企业家精神的人提供融资比直接帮助穷人更有效。① Demirgüç-Kunt、Beck 和 Honohan 还强调，中小企业是一个国家潜在活力的表现，如果中小企业的发展被金融体系所限，那么其经济增长会受到影响。小企业对金融发展十分敏感，在企业成立之初，小企业更加需要创业资本，而且当金融体系比较脆弱时，小企业要克服更多的困难来获得银行的融资。

Demirgüç-Kunt、Beck 和 Honohan（2008）特别指出，对中小企业和具有企业家精神的人提供金融服务，以扩大提高金融服务的覆盖面将起到以下作用：①有助于公司通过寻找投资机会成长到最优规模；②不仅可以帮助企业为其产品融资，还可以为其生产过程创新融资；③可以使企业选择更加有效的组织形式（如公司），以及选择更加有效的资产组合等。Demirgüç-Kunt、Beck 和 Honohan 还认为，对中产阶级和中小企业家提供金融服务将使金融体系也能为穷人服务，而且这一过程将使正规金融和非

① 根据这一思想以及金融功能观的基本观点可得出这样的结论：“获得金融服务”比“由谁提供金融服务”更重要。

正规金融联系更加紧密，并给穷人致富的机会。

Demirgüç-Kunt、Beck 和 Honohan（2008）还专门提出了几个新的观点：①“金融宽化”或“普惠金融”并不意味着是要直接给穷人提供融资或补贴，而是要对中小企业[①]和具有企业家精神的人提供融资，以便利于新企业的创立、创新和成长，并促进企业之间的竞争；②对穷人直接提供信用贷款可能不是最重要的途径，通过金融发展改善要素市场（包括劳动力市场）和产品市场的运行，以促进市场效率的提高比直接提供信贷给穷人更重要；③金融发展真正该做的是提高所有人享有金融服务的水平；④将金融服务的对象扩展到包括中产阶级在内的人群，这样就可以获得更多的政治支持来推动改革，但要注意的是，对中产阶级提供金融服务时一定要重视资信评估；⑤外资银行的进入有利于扩大金融服务的覆盖面，因而从长期来看，引进外资银行对于减少本国的贫困是有积极作用的。

此外，Demirgüç-Kunt、Beck 和 Honohan 还提出了两个很好的值得进一步深入研究的问题：①对于减少贫困来说，是通过金融深化还是通过降低金融服务准入的门槛？②是通过银行贷款途径还是通过竞争开放的资本市场来提供金融服务的效率更高呢？对这两个问题的深入讨论将使得人们对金融发展如何更好地减少贫困具有十分重要的理论及现实意义。Demirgüç-Kunt、Beck 和 Honohan 认为，这在不同的国家可能有不同的结论。但他们的观点是：开放的资本市场能给所有企业的融资提供机会。

那么，对最贫困的人怎么办？什么样的金融发展才能更好地帮助最贫困的人群？学者们认为，从金融的角度来看，这可以通过以下途径：①通过降低金融进入门槛，减少业务限制以鼓励金融业的竞争。因为只有通过金融机构之间的市场竞争才有利于压低贷款利率，从而最终才有可能帮助穷人。Demirgüç-Kunt 和 Levine（2008）还认为，当金融机构发现传统业务竞争激烈，以致无利可图的时候，就会谋求新的利润点（如对贫困者贷款）。②不断提高金融体系的效率。Rajan 和 Zingales（2003）认为，金融体系越效率，其融资成本或利差就会越低，这样金融机构就能承受对最贫困的人提供融资的成本，从而提高金融体系为最穷的人群提供金融服务的能力。③由于贫困的一个重要原因在于经济机会的缺乏，因此加快金融

① Demirgüç-Kunt、Bourguignon 和 Klein（2008）指出，从某种程度上来说，中小企业是一个国家潜在活力的体现，如果中小企业被金融体系所限，那么其经济增长会受到影响。

发展以促进市场的公平竞争，就能为穷人提供更多的选择或创造更多的经济机会，以帮助其摆脱贫困（Levine，2008）。④加快新兴技术在金融领域中的应用。Cull、Demirgüç-Kunt 和 Morduch（2008）指出，要使金融服务惠及穷人，同时又能保证金融机构的持续经营，就必须加快新兴技术在金融领域中的应用，以降低金融体系提供金融服务的成本。⑤对那些虽然贫困但有能力接受教育的穷人提供融资以帮助其进行人力资本投资，从而提高其将来创造财富的能力及偿债能力（Cooley 和 Smith，1998；Gregorio 和 Kim，2000；Krebs，2003）。此外，Zhuang、Gunatilake、Niimi、Khan 和 Jiang（2009）等则认为，建立有效的金融风险防范及稳定机制也是金融体系帮助穷人的重要方式。

更高的金融服务可得性意味着市场主体面临着更少的价格及非价格障碍。有很多方法可以度量金融服务的进入障碍，如可得性、成本、金融服务的范围及质量，但问题是这种数据太少。基于企业数据的研究表明，金融障碍是影响增长的重要因素（Ayyagari、Demirgüç-Kunt 和 Maksimovic，2005）。金融服务障碍也是小企业成长面临的重要障碍（Beck、Demirgüç-Kunt 和 Maksimovic，2004a）。家庭层面上，因为子女教育机会的缺失（Jacoby，1994；Jacoby 和 Skoufias，1997），缺少金融服务的支撑往往产生贫困。Dehejia 和 Gatti（2005）发现童工的使用率在金融落后的发展中国家更高。

Levine（2008）认为，贫困还意味着机会的缺乏。Rahman（2009）则认为，普惠式增长（Inclusive Growth）强调的是成功机会的平等而不是收入的平等，而“普惠式金融”（Financial Inclusion）是实现普惠式增长的重要途径，而这种“普惠式金融”应该是能够创造较平等的经济机会，特别是要让人们凭借才能而不是父母的财富或关系获得经济机会，从而帮助那些缺乏财富，因而只能依靠自己的才智和努力的穷人分享经济增长的果实。

总之，通过不断降低金融服务的进入门槛，使更多的人享有金融服务的权利，这就会逐步缩小收入分配差距。应注意的是，在金融发展过程中所产生的非正规金融能够通过为穷人提供金融服务，从而缩小收入分配差距。非正式的小额信贷机构提供的信贷融资经常被视为在非正式商业中创造就业的一个重要因素，非正式金融机构的发展减少了商业的脆弱性并增加了穷人的收入。

2. 通过小额信贷或通过提高金融效率以降低利差或融资成本，从而能为中低收入者提供金融服务来改善收入分配

Pischke（2002）认为，小额信贷的最大创新是以现金流为基础，提供了改善收入分配的可能性。他指出，以资产为基础的传统借贷中贷款额度与担保物的价值相关，即意味着有资产者可以得到信贷，而没有资产者得不到信贷。这限制了没有资产者的收入再增长。现金流借贷中，贷款额度以贷款者贷款周期中预期经营可得到的现金流为基础。这种方法能够使那些没什么实物资产而有良好的经营观念者得到信贷，从而改变收入和财富的分配。

Rajan 和 Zingales（2003）则认为，金融体系越有竞争力或效率，其融资成本或利差就会越低。这样，金融机构就越能承受对中低收入者提供融资的高成本，从而就越能为中低收入者提供金融服务，这就越有利于缩小收入分配的差距。

Cull、Demirgüç-Kunt 和 Morduch（2008）则指出，利率的市场化也同样适用于为低收入者提供贷款的金融机构。这是因为，由于这些信贷机构主要面向低收入阶层和以家庭为基础的微型企业提供金融服务，由于低收入阶层和以家庭为基础的微型企业规模小或风险大，因而为这些客户提供贷款需要承担较高的交易成本和风险成本。在这种情况下，只有贷款利率提高到足以弥补业务成本和风险成本，才能使小额信贷机构具有相应的资本盈利率以吸引逐利资本而不仅仅是依靠慈善捐助的不断加入而维持生存，只有这样，小额信贷机构才能持续地向对低收入阶层提供金融服务。对力求摆脱贫困的穷人而言，“金融服务的可持续获得比金融服务的价格更重要”，这意味着，实现利率的市场化实际上对穷人是有利的。相反，如果金融的价格（利率）过低，则为低收入阶层或穷人提供金融服务的金融机构就会因为无法覆盖运作成本而最终不得不退出市场。此外，低利率也降低了储蓄的收益，这也使得为低收入阶层或穷人提供金融服务的金融机构难以获得资金来源。这样，“为穷人提供融资服务”就只能是一句空话。从这个意义上来说，限制利率的市场化实际上最终对穷人是不利的。[①] 因此，Cull、Demirgüç-Kunt 和 Morduch（2008）指出，为低收入者提

① Shleife 和 Wolfenzon（2002）提出了一个很有意思的观点：良好的投资者保护将产生较高的利率。

供贷款的金融机构也应该追求利润，因为只有金融机构能获得更多的利润，才能为更多的穷人服务。这一点还说明，市场化才是真正有利于穷人的。2004年，微观金融信息交换中心（Microfinance Information Exchange，MIE）分析了小额信贷为贫困客户提供服务的情况。该组织发现，在这个低端市场，收取可持续利率的小额信贷机构的客户数量是收取不可持续利率的小额信贷机构客户数量的6倍。

Ahlin和Jiang（2007）提出，要实现经济的持续发展，小额信贷机构应该致力于使它们的借款者能够发展更大的事业，不断扩大其经营规模，并由此而能采用更先进的技术，从而使更多的自我雇佣者通过利润及人力资本的积累而成功“升级”为企业家。[①] 在此基础上，提供小额信贷的机构应逐步发展成为商业性的金融机构。

3. 通过为低收入者接受教育提供支持以及通过为人们提供经济机会来改善收入分配

功能完善的金融市场能为那些较贫穷但较有能力的人接受教育提供支持，并能给这些人中的一部分成为企业家创造机会，这就既能促进经济增长，同时又能改善收入分配状况。Demirgüç-Kunt和Levine（2008）研究了金融发展与经济机会之间的关系，他们认为，金融不但影响资源配置的效率，而且影响人们（包括穷人和富人）的经济机会。如果一国的金融体系不完善，则拥有好创意的穷人可能无法获得项目资金，而一个拥有普通想法的富人可能更容易地获得信贷，这不但难以为那些有能力或有创新精神的人创造经济机会，从而增加贫穷的跨代（Cross-Dynasty）持续性，而且导致资源的错误配置。因此，通过为较有能力的中低收入者提供融资，并使其中的一部分人成为企业家创造机会从而缩小收入分配差距，通过为中低收入者提供经济机会从而缩小收入分配差距。

Demirgüç-Kunt和Levine（2008）认为，只有建立完善的金融体系才能创造较平等的经济机会，从而有利于那些缺乏财富，因而只能依靠自己的才智和努力的穷人。Demirgüç-Kunt和Levine（2008）指出，完善的金融市场意味着个人仅仅依靠自己的才智和主动性就能够获得资本去接受教育、培训或者做生意，而不是依靠父母，因此减少金融市场的不完善性将

① 这里所谓的“升级”是指自我雇佣者依靠积累的财富成为足以经营一家充分规模企业的企业家。

为个人提供更多的机会。具体来说，金融发展可以通过以下途径为更多的人提供经济机会：①通过拓展宏观经济环境来帮助穷人；②为聪明的穷孩子提供贷款以帮助其接受教育以积累人力资本，提高其创造财富的能力；③通过增加市场竞争程度来为处于不利地位的人扩展经济机会。

Demirgüç-Kunt 和 Levine（2008）认为，只有建立完善的金融体系才能创造较平等的经济机会，从而有利于那些缺乏财富因而只能依靠自己的才智和努力的穷人，这从长期来看就会缩小收入分配差距。

4. 通过取消金融管制来改善收入分配状况

Beck、Levine 和 Levkov（2007）等通过对美国的实证分析发现，在设定了各州和年度固定效应以及众多因时间而变的州特性后，发现取消管制降低了收入不平等。美国于 20 世纪 80 年代以后，各州开始取消对银行开设分支机构的管制降低了反映收入不平等的基尼系数（在控制其他变量的影响之后），其原因主要在于放松管制提高了银行的效率，降低了银行借贷成本并改善劳动市场的运行状况。而且，他们还发现取消银行跨州设置分支机构的限制也没有伤害到富人，因此认为，降低金融管制能起到降低收入分配不平等的作用。这意味着，放松管制、促进竞争有利于降低收入分配的不平等，而限制竞争则不利于改善收入分配状况。Demirgüç-Kunt 和 Levine（2008）发现；美国各州开始取消对银行开设分支机构管制以后，出现了三个情况：①由于银行合并，结果增加了银行的平均规模；②由于银行规模效率的提高导致了存贷利差减少；③提高了个人收入的平均增长幅度。可见，取消金融管制取得了良好的效果。

另外，由于穷人缺乏抵押品以及相对于银行贷款的固定成本他们的收入较低，因而金融市场的不完善特别限制了穷人。因而，通过放松分支机构的管制，降低抵押品要求和借贷成本将扩大他们获得银行贷款的可能性，从而有利于穷人。

5. 通过刺激经济增长并减缓贫困来改善收入分配

由于减缓贫困并改善收入分配的根本途径是经济的持续增长，因此研究金融发展与收入分配的学者指出，金融发展要起到减缓贫困，从而改善收入分配的作用，必须要有效地刺激经济增长。也就是说，金融发展除了可以直接起到减缓贫困并改善收入分配的作用以外，还可以通过有效地刺激经济增长来间接地改善收入分配。金融发展影响收入分配的间接效应分解为两个阶段：首先是金融发展刺激经济增长，其次是经济增长通过消除贫困从而最终改善收入分配。Matsuyama（2000）认为，随着经济的增长，高收入者的投资需求会增加，而这就会使利率上升。这样，收入较低的人能以较高的利率把钱贷出从而获得较多的利息所得。可见，高收入者的投资最终会把低收入者拉出贫困陷阱，从而缩小收入分配的差距，Dollar 和 Kraay（2000）认为，金融发展通过促进经济增长会给包括低收入者在内的绝大多数人带来好处，使绝大多数人的收入都会增长（虽然各人收入增长的幅度可能不一样），Zhuang、Gunatilake、Niimi、Khan 和 Jiang（2009）等人认为，经济增长使得政府能有更多的资源用于增加对穷人的投资，这也有利于减缓贫困等。总之，金融发展会通过经济增长的“涓滴效应”而间接地逐步减缓贫穷，并改善收入分配状况。①

此外，Demirgüç-Kunt 和 Levine（2008）等人强调，建立过于强大的监管机构对穷人是不利的，因为这往往导致较高的准入壁垒，从而不利于为人们创造更多的经济机会以摆脱贫困；而且，建立过于强大的监管机构还往往导致腐败，这恰恰对穷人不利。因此，最好的监管是强化市场竞争的功能，而不是强化可能产生腐败的监管者的权力。需要特别指出的是，一些学者（Barth、Caprio 和 Levine，2001；Holden 和 Prokopenko，2001；Beck、Demirgüç-Kunt 和 Martinez Peria，2007）指出，由于大量国有银行的存在会降低市场竞争程度，且国有银行往往会在政府的干预下贷款给政绩工程或商业上不能独立生存的项目，所以国有银行并不能长期有效地给穷人提供持续的金融服务，这意味着大量发展国有银行不是解决贫困问题的有效方式。

总之，国外金融发展和理论研究中的主流观点大都认为金融发展和收入分配的关系服从 Kuznets 倒 U 形假说，即金融发展最终能够缩小收入分配差距。

6. 金融发展、人力资本积累与收入差距

20 世纪 90 年代以后，国外学术界还研究了金融发展与人力资本积累之间的关系。Gregorio（1996）通过将金融市场纳入内在增长框架中建立

① Fields（2001）则强调，经济增长是减缓贫困的必要条件，但不是充分条件。经济增长是否能减缓贫困取决于经济增长的质量及不平等的水平。经济增长要能减缓贫困，还必须达到以下条件：①穷人能够积累资产以便参与经济增长过程；②经济增长要惠及经济体的所有部分；③需要公共支出支持经济体中弱势群体（Vulnerable Groups）。

了一个“内生增长模型”，在这一模型中，他分析了信贷约束对人力资本投资和经济增长的影响。由于个人通过接受教育（即进行人力资本的投资）可以使人掌握知识并由此提高人的技能及表现出来的能力，从而可以获得更多的收入，因此人们在年轻时通过接受教育以增加人力资本的积累，就在中年时能获得更多的收入（这表现在宏观上，就是创造更多的产出）。但人们接受教育需要相应的支出，而且还存在着机会成本（即接受教育而不工作所放弃的收入），因此在存在金融市场的情况下，人们为在年轻时接受教育以使将来获得更多的收入，就可以通过现在获得贷款，以平滑其现在收入与支出的不平衡，从而使其现在能顺利地进行人力资本投资。显然，如果一国金融发展水平落后，金融市场不完善，存在着信贷约束，使人们难以获得贷款以支持其进行人力资本的投资，这就既不利于人们进行人力资本投资，也不利于本国经济的长期有效增长。所以，金融发展水平的落后会对人力资本积累和经济增长产生负面影响。金融发展能够克服这种信贷约束从而促进人力资本的积累并因而刺激经济的增长，而且在金融体系完善的情况下，人们可以根据自己的能力或比较优势选择工作或进行人力资本的投资，从而促进了专业分工，并使人们能够充分发挥自己的比较优势来促进经济增长。

Gregorio 和 Kim（2000）也同样认为，发达的金融市场使得人们能够根据自身的比较优势从事对自己最有利，从而能给自己带来最大利益的经济活动。他们认为，金融市场的出现，为经济主体进行教育以进行人力资本的积累和根据各自比较优势进行劳动的专业化分工创造了条件。由于信贷市场允许单个经济主体通过借贷活动来平滑其消费流，使其可根据自身的教育能力来选择专门接受教育或从事劳动，而经济主体选择接受教育就会促进人力资本的积累。由于高能力人群受教育促进增长的正效应会超过低能力人群受教育降低增长的负效应，所以金融市场对人力资本投资的支持将产生一个正的促进增长的总效应。这也意味着，金融市场对人力资本投资的支持会增加当代人和下一代人的福利。相反，当信贷市场不完善时，年轻的经济主体因不能借到合意的金额来为消费融资，教育能力较强者不能将全部时间投入于教育，为维持年轻时的生存，他们需要工作以平滑其消费流，结果就会减少人力资本的积累。显然，这不利于经济体的长期经济增长。

Cooley 和 Smith（1998）从劳动分工的角度，分析信贷市场发展对劳动分工、“边干边学”和企业家才能形成的作用。经济主体可存活三期，年轻时劳动或接受学校教育，中年时劳动或经营企业，老年时退休或经营企业，但只有接受教育者才能经营企业，并成为企业家。“边干边学”对企业家才能的形成至关重要，而“边干边学”产生于重复性活动，因此一定程度分工是出现“边干边学”的必备条件，所以分工是企业家才能形成和经济增长的先决条件。年轻时选择劳动的经济主体将成为储蓄者，年轻时接受教育并为投资寻求外部资金的企业家成为借款者，要使生产得以顺利进行，就要求资金在劳动者和企业家之间进行转移，这使得信贷市场成为必要。当信贷市场不存在时，借贷行为是被阻止的，中年人不能为投资融资，老年人消费的唯一来源是经营企业的收入，因而所有人都在年轻时接受教育，在中年时劳动并进行资本投资（储蓄），在年老时经营企业。这样，在每个人的生命周期内，没有分工行为，从而不存在“边干边学”效应。当金融市场存在时，分工是可行的，一部分人可在年轻时接受教育，并借贷进行资本投资，在中年和老年时经营企业，而另一部分人则在青年和中年时劳动，在年老时退休。此时，所有人都进行重复活动，“边干边学”效应便得以出现，从而促进企业家才能形成和经济增长。

Gregorio 和 Kim（2000）从受教育能力差异的角度，分析了信贷市场对人力资本积累和经济增长的作用。信贷市场通过允许年轻人进行消费融资，为教育和劳动的分工创造了条件，使之可根据自身的受教育能力来选择专门从事教育或劳动，从而提高了教育的投入量和人力资本生产的效率（受教育能力较强者投资于教育），促进了人力资本积累和经济增长。若信贷市场不存在，年轻人不能为消费融资，为维持生存，必须参加劳动，而且接受教育是为未来消费储蓄的唯一方式。因此，所有年轻人均只能采取半工半读的方式，从事低效的教育投资和劳动生产。若信贷市场存在，年轻人可为消费融资，并且接受教育和投资金融资产均为可供选择的储蓄方式，从而受教育能力较强者可通过借款的方式来为年轻时的消费融资，并将全部时间投资于教育；受教育能力较弱者则将全部时间用于劳动，并通过购买金融资产的方式为未来消费储蓄。因此，信贷市场的出现，实现了教育和劳动的专业化分工，促进了教育效率的提高和教育投入的增加，推进了人力资本积累和经济增长。

Krebs（2003）从人力资本投资风险的角度，分析了保险市场发展对人力资本和物质资本投资、经济增长的影响。物质资本投资是无风险的，人力资本投资具有不可予以保险的特殊性质，在投资过程中将可能遭受某种特殊冲击，并产生人力资本存量损失，而保险市场是不完全的，尚不存在一个外在的保险市场来分散人力资本风险。这意味着，资本收入不存在风险，而劳动收入存在风险。不过，人力资本投资预期回报率高于物质资本投资。因此，人力资本风险的下降（保险市场的发展），将增加人力资本投资，减少物质资本投资，提高投资的预期整体回报率，进而促进经济增长。Skura（2005）对南欧一些国家的调查研究表明，教育年限对于创业意愿及创业成功概率的影响是显著的，完成了基础教育的人比没有完成基础教育的人具有更大的创业意愿和创业成功的概率。

第四章 金融约束与企业家创业行为：中国的城乡差异

第一节 引言：企业家创业的重要性

一国（或地区）能否保持持续的经济增长，关键在于其如何配置企业家精神，是鼓励企业家精神还是抑制企业家精神（Baumol，1990）。全球创业观察（GEM）（2003）全球报告显示，企业家数量越多、创业越活跃的国家其经济增长率越高，尤其是在相对贫穷的国家，这种相关性更为显著。Acs 和 Armington（2004）基于 1989～1996 年美国非农私营部门的调查数据研究发现，地区更高水平的企业家活动和当地的经济增长率之间表现出很强的正向因果关系。Glaeser（2007）对美国城市层面的实证研究亦显示，企业家精神是导致美国各城市间经济发展水平差异的重要因素，1970 年城市具有的企业家精神水平可以预测该城市未来 30 年的人口和收入增长。除此之外，企业家精神的重要性还体现在创造就业。Audretsch 和 Thurik（2001）考察 1974～1998 年 23 个 OECD 国家的样本数据后发现，企业家创业的增加显著降低了失业率，对企业家精神越重视的地方就业率就越高，这表明企业家创业产生的就业效应显著。高建等（2007）基于 GEM 调查数据的实证结果表明，每增加一个创业者，当年带动的就业数量平均为 2.77 人，未来 5 年带动的就业数量平均为 5.99 人。

企业家精神的重要性引发学者们对于企业家精神决定因素的讨论。现有研究表明，企业家精神的决定因素众多，可能的因素包括金融市场和制度、政府规模、行政的复杂程度/官僚主义、税收环境、产权制度以及企业家自身的特质等。在所有上述因素中，金融市场和制度因素尤为受到关注。由于创业通常存在一个最低的资本门槛，因而金融市场和制度对企业家精神影响的一个更为直接的表述是：当企业家自有财富水平有限时，金融约束是否会制约企业家创业精神？对于该问题，现有文献均遵循下述逻辑思路进行验证：如果金融约束非常重要，企业家创业则主要取决于其财富水平；如果金融约束并不重要，企业家选择创业则仅取决于创业带来的收益水平，外部金融市场可以满足其资金需求，这样自有财富不会影响其创业。当潜在企业家面临金融约束时，创业者将无法得到外源融资或面临一个融资限额，此时个人财富水平成为影响企业家创业的主要决定因素。关于该领域的实证文献，最有影响力的研究是 Evans 和 Jovanovic（1989），他们调查了美国城市 1500 个白人男性，发现他们不能用高于其初始资产 1.5 倍的资金来创办新企业，这表明大多数准备自我雇佣的人都面临着金融约束，财富对于成为企业家非常重要。Evans 和 Leighton（1989）还发现 40 岁以下的人是否创业与年龄或工作经验都无关，这与人们通常理解的年轻人更倾向于冒险相悖，对此可能的解释是年轻人还没有足够的时间来积累创业所必需的资本。后来的学者进一步发现了财富水平与创业选择之间的正相关关系以及曾获得遗产或者捐赠的个人成为自我雇佣者[①]的概率更高等结论（Holtz－Eakin 等，1994；Blanchflower 和 Oswald，1998；Paulson 和 Townsend，2004；Karaivanov，2012）。然而，最近 Hurst 和 Lusardi（2004）对于金融约束在企业家自我雇佣行为中的重要作用提出了质疑，他们将样本分为不同的财富组群进行分组回归并发现，财富在统计上似乎只对最富有的家庭创业有重要影响，特别是财富分布中前五分之一的家庭。因为这些家庭本身非常富有，所以财富对他们的重要性不能作为解释金融约束存在的证据。更重要地，当将最富有的家庭样本排除在外时，财富对其他家庭的影响并不显著。他们同时证明了许多新企业的启动资本并不多，因而怀疑金融约束是否是影响企业家精神的主要障碍。Hurst 和 Lusardi（2004）的研究是一个重要的贡献，因为它挑战了传统的

① 在企业家精神定量研究文献中，自我雇佣率是最常用的企业家精神的代理指标（Glaeser，2007；Beugelsdijk 和 Noorderhaven，2004；等）。除此之外，也有学者使用小企业数量衡量企业家精神（Glaeser，2007）。

金融约束（或财富水平）对企业家精神很重要的观点。

本章将沿袭现有文献的研究思路，在职业选择模型框架下，利用中国的微观调查数据实证检验金融约束对中国企业家精神的影响。本章的贡献在于三个方面：首先，金融约束对于个人职业选择（是否成为企业家）是否重要在实证层面仍存疑问，本章将使用中国的微观调查数据检验金融约束是否成为创业的障碍，[①] 除此之外，还将进一步分析这种影响在中国不同经济和金融条件的地区是否存在差异。其次，受到研究数据的限制，现有文献大多仅关注经济发达国家城市地区的创业，本章进一步研究转型经济中城市和农村金融市场对于企业家创业的影响以及可能差异，从而弥补这方面研究的不足。相比于发达国家和城市地区的金融市场，发展中国家的农村金融市场运行效率尤为低下，农村地区金融约束普遍存在且程度更高，[②] 中国亦不例外。那么，城乡金融市场的系统性差异是否会带来城乡企业家创业的二元差异？实际上，对于处于城乡二元结构转型时期的中国，本研究将有助于从企业家精神的角度解释金融发展对于城乡经济转型的影响。最后，本章使用工具变量法来克服家庭财富变量的内生性问题，将家庭人情往来收入作为家庭财富的工具变量，从而一致地估计金融约束对企业家精神的因果效应。

本章余下部分的安排如下：第二节建立理论分析框架，第三节介绍数据来源并对变量进行描述；第四节报告估计结果并对结果作相应的解释；第五节总结全章并提出相应的政策建议。

第二节　理论分析框架：金融约束下的职业选择模型

Evans 和 Jovanovic（1989）最先使用一个静态职业选择模型证明创业选择中金融约束的存在，由此引发了大量的扩展分析，后来的很多学者都在此基础上进行发展（Parker，1996；Nanda，2006；Buear，2009；

① 譬如，潜在企业家可能会选择创业之后通过储蓄逐步缓解金融约束。

② 这方面的研究可参见 Kochar（1997）、Diagne 等（2000）和 Foltz（2004）等。

Quadrini，2009；等）。该模型的基本前提假设是个人只有在成为企业家获得的收益高于成为雇员的收益时才会选择成为企业家，模型考虑了两种情况：当不存在金融约束时，个人可以自由地从金融市场中获得创业资金，此时影响个人职业选择的主要因素是企业家才能；当金融约束存在时，在以有限责任为基础的金融市场中，个人获得的最大贷款规模取决于其初始财富水平，从而导致个人只能在次优投资规模上创业，成为企业家获得的收益水平也较低。在这种情况下，只有当个人财富超过某一最低资本门槛时才能选择成为企业家。

本章以 Evans 和 Jovanovic（1989）的金融约束下职业选择模型为基础并赋予其转型经济体城乡二元结构的重要特征。在本章的分析过程中，假定城乡二元结构主要表现为城乡金融市场的差异和创业最低资本的差异。首先，城乡金融市场的差异表现为金融约束的程度不同。无论是 Evans 和 Jovanovic 的有限责任约束（Limited Liability）模型还是 Aghion 和 Bolton（1997）的道德风险（Moral Hazard）模型，都将金融约束归结于信息不对称下的金融市场不完全。相比于城市地区，农村地区金融市场中的信息不对称程度显然更高。其次，城乡二元结构还被描述为创业最低资本的差异。一方面，区域金融发展水平的提高可以降低个人创业资本门槛（Alfaro 等，2004）；另一方面，创业最低资本要求与城乡经济结构密切相关，农村地区土地和住房成本显著低于城市，且农村地区创业行业多集中于劳动密集型和低技术含量的基础服务业。[①]

简便起见，本章仅考虑静态职业选择模型。假设一个人拥有财富水平为 a，他可以选择成为雇员并获得工资收入 w 或者选择成为企业家。企业家创业的产出 y 由其资本投入水平 k 和企业家才能 A 决定，即

$$y=Ak^{\alpha},\quad \alpha\in(0,1) \tag{4-1}$$

最佳的资本投入水平由收入（或利润）减去资本的机会成本的最大化来决定。其净收益函数为

$$\pi=Ak^{\alpha}-(1+r)k \tag{4-2}$$

其中，r 为利率。此时，净收益函数的一阶条件为

$$\alpha Ak^{\alpha-1}=1+r \tag{4-3}$$

① 实际上，农村地区创业门槛较低也是近年来我国农民工返乡创业的可能原因之一。

将式（4-3）代入式（4-2）可得到企业家最佳资本投入水平下的最佳净收益，即

$$\pi^{opt}=(\alpha A/1+r)^{\alpha/1-\alpha} \tag{4-4}$$

对于个人而言，仅当个人的企业家才能 A 足够高，使其净收益大于成为雇员的工资收入，即 $\pi^{opt}>w$ 时，才会选择成为企业家。如果不存在金融约束时，上述模型揭示了只要拥有足够高的企业家才能（A 高于某一门槛）的人就能够成为企业家，而其他人成为雇员。

但是，当存在创业资本门槛和金融约束时，个人财富水平 a 将会变得非常重要。假设金融市场以有限责任为基础，个人最多只能获得资本投入水平 k 一定比例（借贷系数）的贷款，令借贷系数为（1-λ）。这隐含着 $k\leqslant a/\lambda$［因为个人此时创业的最高资本投入水平是$(1-\lambda)k+a$，资本投入水平 k 不会超过这个限额，即 $k\leqslant(1-\lambda)k+a$］。当 $a<\lambda k^{opt}$时，创业资本投入水平是次优的，企业家的收益水平也会相应降低。

将 $k=a/\lambda$（金融约束下的最大资本投入水平）代入式（4-2），则可以得到

$$\pi(a)=A(a/\lambda)^{\alpha}-(1+r)(a/\lambda) \tag{4-5}$$

此时，个人的职业选择取决于 $\pi(a)$和成为雇员的工资收入 w。只有当个人的自有财富水平超过创业资本门槛 a^{min}时，才有可能选择成为企业家。

进一步地，考虑城乡金融市场的差异和创业最低资本门槛的差异对于创业的影响。假定城市地区金融发展水平较高从而使得金融约束程度较低，即 $\lambda_u<\lambda_r$，$(1-\lambda_u)$和$(1-\lambda_r)$分别表示城镇和农村地区个人的借贷系数。同时，假定农村地区的创业最低资本门槛较低，即 $a_u^{min}>a_r^{min}$（见图 4-1）。

在现有的职业选择模型框架中，很少涉及转型经济体的城乡二元结构问题。传统农业社会向现代工业社会转型过程中的一个普遍现象是劳动力的跨地区转移，即农村劳动力向城市地区流动。对于农村地区个人而言，其职业选择包括从事家庭小规模农业生产、非农创业和外出至城市务工。如图 4-1 所示，农村居民成为企业家的职业选择不仅取决于其财富水平与农村地区创业资本门槛之间的大小关系，还受到城市地区工资水平的影响。理论而言，只有当农村居民在农村地区创业收益 $\pi(a)_r$ 低于在城市成为雇员收入 w_u 时，即农村居民的财富水平大于 a_{ru}^{min}时，才会选择在农村地区创业。但是，农村居民转移至城市成为雇员时还面临包括交通成

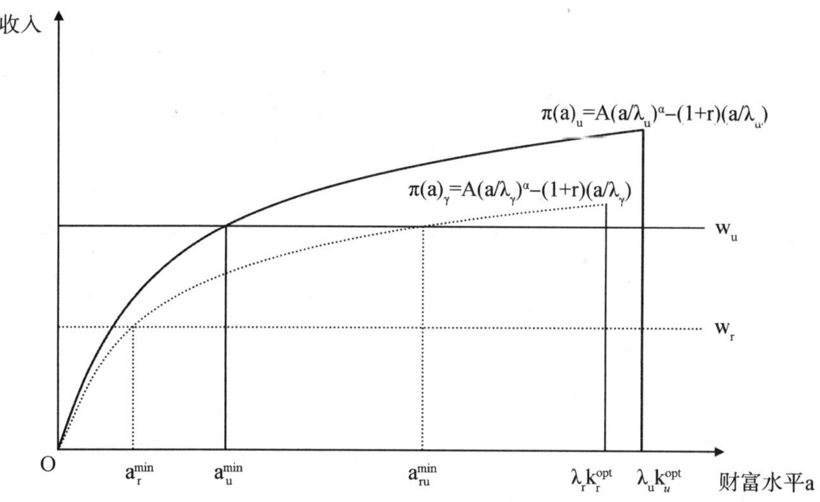

图 4-1　金融约束下城乡企业家创业

本、工作搜寻成本和心理成本等一系列的迁移成本（Schultz，1987）。尽管迁移成本在图 4-1 中没有得到描述，但是迁移成本的存在使得农村地区创业的收益水平相对增加。

根据式（4-5），可以描述个人职业选择模型（见图 4-1）。其中，实线均代表城市居民职业选择，虚线部分反映农村居民职业选择。在不考虑金融约束的情况下，农村地区创业的资本门槛相比于城市而言较低，即 $a_r^{min}<a_u^{min}$，农村企业家创业的概率会高于城市地区。在金融约束存在的情况下，只有当个人财富超过某一最低资本门槛时才能选择成为企业家，农村金融约束的程度更高，即 $1-\lambda_u>1-\lambda_r$，农村企业家创业资本投入水平远低于最优投资水平，农村企业家创业相比于城市企业家而言，表现为规模更小和收益更低。进一步地，当同时考虑到金融约束以及城乡二元经济和收入差距时，农村企业家选择创业的概率较低，因为其面临更高的创业初始资本门槛 a_{ru}^{min}，金融约束使得财富水平限制了可获得的贷款规模，农村居民不能跨过创业初始资本门槛 a_{ru}^{min} 则会进行选择转移至城市成为打工的雇员。

第三节　数据来源与变量选取

一、数据来源和分布

本章使用的数据来自于北京大学国家发展研究院的中国健康与养老追踪调查数据（China Health and Retirement Longitudinal Study，CHARLS）。CHARLS 属于著名的健康与养老调查（Health and Retirement Survey，HRS）系列，该系列自美国开始，后在多国实施。本章使用的是 2008 年夏天收集、2009 年 4 月对外公布的包括浙江和甘肃两个省的预调查数据，它们分别代表中国最富裕和最贫穷的省份。① CHARLS 预调查抽样程序如下：首先，县级单位的选取是按区域以及城乡进行分层，然后依照 PPS（Probability Proportional to Size）方法随机选取的。在每个县级单位中，CHARLS 再依照 PPS 方法随机抽取 3 个村级单位（或是一个城镇社区），在每一个村或社区中，再从地图上随机抽取 25～36 处住所；然后决定每个住所中家庭户的样本个数。CHARLS 随机选取其中一个符合年龄条件的家庭，然后确定该家庭中符合年龄条件的家庭成员个数并随机抽取一人作为主要受访者。基于这样的随机抽样过程，每个村或社区会产生 25～36 个样本家庭，每户家庭产生的受访者有 1 名（单身、离婚或丧偶）或 2 名（主要受访者及其配偶），并搜集该户家庭所有个人的资料。CHARLS 提供了丰富的个人、家庭和社区信息，包括个人的人口统计学变量和健康信息，家庭内部每个成员的财富、资产、职业和收入变量以及社区层面的相关经济社会变量。

值得注意的是，由于 CHARLS 更集中于分析城乡养老和健康方面的问题，该调查的目标是获得中国 45 岁以上人群及其配偶（可能小于 45 岁）的代表性数据，因此样本中个体的年龄整体偏大。由于现有研究表

① 2007 年，浙江和甘肃两省的居民收入（包括城镇居民可支配收入和农民人均纯收入）分别是最高和最低的（不包括直辖市），因而来自这两省的数据尽管不能反映中国所有的情况，但在差异性方面仍具有很大的代表性。

明创业和年龄之间的负相关关系，因而使用 CHARLS 个人层面的数据可能会带来样本偏差的问题。笔者解决这一问题的做法是放弃采用个人层面的数据，转而使用家庭层面的数据。CHARLS 详细调查家庭中每个成员的职业选择（是否创业）、财富、资产和金融市场参与情况，因此使用家庭层面的数据可以在一定程度上解决样本偏差的问题。CHARLS 预调查的样本是浙江和甘肃两省 1570 个家庭，它们代表了城乡，分布涵盖样本各年龄阶段。其中，浙江地区①的 831 个家庭和甘肃地区②的 739 个家庭。剔除掉关键变量缺失的样本，本章最终使用的样本为 1536 个家庭。CHARLS 家庭样本分布情况和有效样本率，如表 4-1 所示。

表 4-1　CHARLS 家庭样本分布情况和有效样本率

样本分布及有效样本率	合计	城镇	乡村	浙江	甘肃
所有样本/个	2592	1281	1311	1350	1242
符合年龄条件家庭数/个	69.32	65.05	73.35	71.25	67.24
有效样本率/%	84.82	79.33	89.69	83.94	85.83
实际获得有效样本/个	1570	691	879	831	739
本书最终使用的样本/个	1536	666	870	805	731
创业家庭样本/个	338	155	183	247	91
家庭创业发生率/%	22.01	23.27	21.03	30.68	12.45

注：有效样本率是基于符合年龄条件家庭数进行计算。

二、变量选取与描述

1. 企业家精神

由于企业家精神在理论上是一个非常复杂的概念，③ 实证研究领域还

① 浙江调查的样本市包括宁波、绍兴、台州、丽水、温州、衢州、金华、杭州、湖州和嘉兴。

② 甘肃调查的样本市包括酒泉、武威、白银、兰州、临夏、定西、平凉、天水和陇南地区。

③ 目前，理论界对企业家精神的定义有以下几种：（1）以 Schumpeter（1912）为代表的德国学派，强调企业家的创新精神；（2）以 Knight（1921）和 Schulz（1980）为代表的新古典学派，注重于企业家的风险承担能力和冒险精神；（3）以 Mises（1951）和 Krizner（1973）为代表的奥地利学派认为，企业家的作用在于能迅速地从市场中发现别人难以发现的获利机会。

无法对所有理论内涵进行准确的测度。沿用现有实证研究的做法，本章将企业家精神限制在企业家创业行为，侧重于个人的职业转换行为，即“自我雇佣或建立新企业”以区别于工资性工作（Evans 和 Jovanovic，1989；Holtz-Eakin 等，1994；Paulson 和 Townsend，2004）。不过，正如前文所述，现有对企业家精神的微观实证研究大部分都是以城市家庭数据为基础，上述界定标准对于农业领域内自我雇佣的农村家庭而言并不是适合的。为了保证城乡间企业家精神的可比性，将农村家庭企业家精神界定为非农领域的“自我雇佣或建立新企业”的行为。CHARLS 调查问卷中详细询问了家庭每个成员的就业状况，当某个家庭中任一成员从事自我雇佣的个体或私营经济活动，则认定该家庭为创业样本。

从样本中创业家庭的分布来看，所有家庭的创业概率为 22.01%。[①] 分区域来看，城镇地区为 23.27%，农村地区为 21.03%，总体上城镇地区略高于农村地区。分省份来看，浙江为 30.68%，甘肃为 12.45%，浙江比甘肃高出 18.23 个百分点，具体分布如表 4-2 所示。

表 4-2 分区域家庭创业样本和创业概率

省份	城镇		农村		合计	
	数量/个	比例/%	数量/个	比例/%	数量/个	比例/%
浙江	119	27.87	128	33.86	247	30.86
甘肃	36	15.06	55	11.18	91	12.45
合计	155	23.27	183	21.03	338	22.01

从表 4-2 中，可以进一步分析不同区域家庭的创业概率。浙江城镇地区创业家庭样本为 119 个，创业概率为 27.87%；农村地区创业家庭样本为 128 个，创业概率为 33.86%，这表明浙江农村地区家庭的创业概率高于城镇地区。甘肃城镇地区创业家庭样本为 36 个，创业概率为 15.06%；农村地区创业家庭样本为 55 个，创业概率为 11.18%，这反映甘肃农村地区家庭的创业概率低于城镇地区。

① 全球创业观察（GEM）中国报告（2007）显示，2007 年中国总体创业活动指数为 24.6%，本书选取中国最富裕和最贫困的两个省份家庭样本得到的平均创业概率与其比较接近。Cheng（2010）使用农村地区样本得到广义的农民创业概率（包括农业领域和非农领域）为 27.98%。

2. 财富水平

本书使用家庭财富水平衡量其面临的金融约束。由于家庭借债已经成为越来越普遍的现象，因而根据资产总值来判定家庭实际财富的分布并不恰当。本章借鉴 Hurst 和 Lusardi（2004）以及李实等（2005）的方法，使用家庭资产净值来衡量其实际的财富水平。在分析中，家庭资产净值是由金融资产、生产性固定资产、净房产、耐用品和贵重品资产以及各种正式和非正式负债等计算得到。在金融约束存在的情况下，家庭资产净值将是家庭选择创业的主要决定因素。在实证模型回归过程中还加入了家庭资产净值的平方项，以控制可能的非线性。

3. 其他控制变量

与其他相关研究相似，本章研究中也控制了家庭、个人的人口统计学特征变量，并设置了社区层面的控制变量。家庭特征控制变量主要是家庭人口规模、家庭劳动力比率以及实际耕地规模（人均）和农业收入比重（仅限农村家庭）。家庭人口规模越大意味着家庭拥有的资源会越多，能够参与创业中的资源也会相应增加。当然，还需要考虑到家庭人口结构，本章研究中使用家庭劳动力比率来反映家庭人口结构，是指劳动年龄人口数与家庭人口规模之比。[①] 劳动力比率越高的家庭，一方面，由于生活负担越轻，往往承担创业风险的能力就越强，从而有利于参与创业；另一方面，同样情况下家庭能够提供的劳动力比例越高，越会提高家庭创业的概率。与现有研究大多采用家庭耕地规模不同的是，本章研究采用家庭实际耕地规模（人均），等于家庭自有耕地加上租用耕地再减去出租耕地，更恰当地反映农户从事农业生产的情况。实际耕地面积对农户创业的影响主要是基于农业与非农经营二者之间的替代性。对农村家庭而言，一方面，耕地规模越大，意味着要花费更多的时间从事农业，客观上降低了创业的可能性；另一方面，耕地规模越大会使得以农业作为主要收入来源的农村家庭创业的机会成本更高，从而降低农户创业的动机。除此之外，本章研究中还加入了反映家庭收入结构的变量——家庭农业收入比例，反映农村家庭对农业收入的依赖程度。

① 家庭劳动力比率＝家庭劳动力数/家庭人口规模。本书放弃使用现有文献中通常使用的指标——家庭抚养比（家庭抚养比＝非劳动人口数/劳动力数），原因在于部分农村家庭的劳动力均外出务工，而剔除此类样本可能有偏差。家庭劳动力比率＝1/（家庭抚养比+1）。

在个人特征方面，年龄和教育是影响职业选择的重要因素。年龄对企业家创业的影响较为复杂，一方面，Evans 和 Leighton（1989）发现美国 40 岁以下的人是否创业与年龄或工作经验都无关，这反映出在金融约束存在的情况下，年轻人还没有足够的时间来积累创业所必需的资本；另一方面，年龄大的人风险规避意识较强，不太愿意参与风险较高的创业。受教育程度反映企业家才能和人力资本水平。尽管受教育程度并不是一个反映企业家才能的非常合适的变量，教育却可能与其商业技能正相关，Paulson 和 Townsend（2002）的研究发现，教育与企业家才能之间存在强相关关系。同时，现有大多数研究均认为人力资本能够显著促进创业，尤其是农村家庭对非农活动的参与程度（程郁和罗丹，2009；朱农，2003）。因此，个人特征的变量包括户主（或家庭创业者）的年龄和受教育程度。

除此之外，本章研究中还控制了社区（居委会或村委会）特征，反映社区市场经济和金融市场发展情况。在更具经济活力的商业环境下，家庭创业可以得到的商业服务，对于创业有促进作用。距离银行越近的社区家庭获得金融服务越为便利，对于创业亦应有利。为此，在本章研究中，社区控制变量包括当地个体户和企业数量以及社区到社区居民最常去银行的距离。本书中主要变量和描述如表 4-3 所示。

表 4-3　主要变量名称和描述

变量名称	样本数/个	描　述
selfdummy1	1536	家庭成员是否创业（1=创业，0=非创业）
netwealthhp	1536	人均家庭资产净值（千元）
$netwealthhp^2$	1536	人均家庭资产净值平方项
hhsize	1536	家庭人口规模
laboratio	1536	家庭劳动力比率
land	870	农村家庭人均耕地规模
agratio	853	农村家庭农业收入比例
age	1536	户主年龄，agedummy1 < 40，agedummy2（40 to 50），agedummy3（50 to 60），agedummy4>60（年龄 60 岁以上为对照组）
education=1	1536	家庭最高受教育程度，家庭中最高学历是高中以上 education3=1
getihu	1536	社区内个体户和企业数量
bankdis	1515	社区到社区居民最常去银行的距离（公里）

表4-4给出不同类型家庭的简单描述性统计。可以看出，整体上创业家庭与非创业家庭特征的差异表现为：首先是家庭财富方面的差异，创业家庭人均资产净值远远高于非创业家庭，前者是后者的1.63倍；在教育方面，对于家庭中学历最高的成员，创业家庭的高中以上人口比例比非创业家庭高8个百分点；创业家庭在家庭人口规模和家庭劳动力比率方面也略高于非创业家庭。社区层面变量比较结果显示，创业家庭所在社区的个体工商户和企业数量也远高于非创业家庭，这反映出社区的经济活力和商业环境对创业的重要性。另外，创业家庭所在社区到银行的距离也比较近，平均比非创业家庭近1.3公里。

表4-4　变量的描述性统计

变量名	全样本		城镇		农村	
	创业家庭	非创业家庭	创业家庭	非创业家庭	创业家庭	非创业家庭
netwealthhp	92.71	56.74	155.17	109.67	39.80	17.37
$netwealthhp^2$	60188.16	32481.43	115948.3	72729.85	12959.64	2544.12
hhsize	3.69	3.52	3.79	3.02	3.61	3.89
laboratio	0.77	0.67	0.81	0.63	0.74	0.70
land	—	—	—	—	1.72	2.34
agratio	—	—	—	—	0.12	0.25
agedummy1	0.20	0.14	0.21	0.09	0.20	0.18
agedummy2	0.28	0.22	0.28	0.18	0.28	0.26
agedummy3	0.33	0.34	0.37	0.36	0.28	0.32
education	0.33	0.25	0.42	0.34	0.25	0.18
getihu	97.86	72.18	133.12	126.22	67.99	31.99
bankdis	2.61	3.69	0.87	1.77	4.11	5.17
Observations	338	1198	155	511	183	687

同时，还可以比较城乡创业家庭的特征差异：城镇创业家庭人均资产净值是农村创业家庭的3.90倍，且城镇创业家庭在受教育程度、家庭人口规模和劳动力比率等方面均远远高于农村创业家庭。在社区的经济活力和商业环境方面，城乡差异更是显著，城市创业家庭所在社区的个体工商户和企业数是农村创业家庭的近1倍。城镇地区家庭距离最近银行的平均

距离不到1公里，而农村地区为4.11公里，这反映我国城乡金融资源分布的巨大差异。除此之外，农村地区创业家庭的耕地规模和农业收入比例均低于非创业家庭。

第四节　金融约束与企业家创业行为计量分析

家庭创业选择是一个二值变量，本章使用Probit模型来估计家庭财富水平与创业选择概率之间的关系，具体的模型形式为：

$$p(y=1|x)=F(\beta_0+\sum_{i=1}^{2}\beta_i\times g(\text{财富水平})+\sum_{i=3}^{6}\beta_i\times \text{家庭特征}+\sum_{i=7}^{10}\beta_i\times \text{个人特征}+\sum_{i=11}^{12}\beta_i\times \text{社区特征}+\varepsilon) \tag{4-6}$$

其中，y代表家庭的创业选择；$F(z)=\Phi(z)=\int_{-\infty}^{z}\varphi(v)dv$是标准正态分布函数；$\beta_i$为变量相应的系数；g（财富水平）表示家庭财富水平的函数。本书首先检验了家庭财富水平（人均家庭资产净值）与其创业概率之间的线性关系，并加入人均家庭资产净值的平方项，以控制财富水平与创业选择之间可能出现的非线性关系（Hurst和Lusardi，2004）。

一、城乡差异检验：城乡分样本回归

表4-5中的模型Ⅰ、Ⅲ和Ⅴ给出了家庭财富与创业选择概率之间的线性关系，而模型Ⅱ、Ⅳ和Ⅵ则给出了财富与创业选择概率的非线性关系。从所有样本线性回归（模型Ⅰ）结果来看，人均家庭资产净值系数为正（$\beta=0.0003$）且在10%的水平上显著，这说明财富水平越高的家庭选择创业的概率也越高。非线性回归（模型Ⅱ）结果显示，财富水平的影响随着家庭财富水平的增加而逐步减弱，人均家庭资产净值平方项的系数为负，尽管系数值非常小。这与Paulson和Townsend（2004）以泰国为例得到的结论是一致的，即意味着准备创业的家庭面临着金融约束，金融约束是中国家庭企业家创业精神的重要决定因素，尤其是财富处于中等偏

上的家庭。劳动力比率越高的家庭选择创业概率越高，这与前文理论预期是一致的。对于户主年龄变量，户主年龄较小的家庭选择创业的概率会增加，这个差异在50岁以下和以上的人群中相比更为显著，这支持现有关于年龄与创业风险偏好之间负相关的假说。社区经济活力、商业环境和金融资源对于家庭创业有显著的促进作用，未来进一步改善创业环境对于促进企业家精神的发挥有重要意义。

表4-5　家庭财富与创业选择：城乡差异

变量名	Selfdummy1（1=创业，0=非创业）					
	全样本		城镇		农村	
	模型Ⅰ	模型Ⅱ	模型Ⅲ	模型Ⅳ	模型Ⅴ	模型Ⅵ
netwealthhp	0.0003* (1.68)	0.0007* (1.92)	0.0003 (1.56)	0.0006 (1.47)	0.0017** (2.52)	0.0014* (1.87)
netwealthhp^2	—	-0.0000 (-1.22)	—	-0.0000 (-0.86)	—	0.0000** (2.41)
hhsize	-0.0063 (-0.24)	-0.0059 (-0.22)	0.1088** (2.57)	0.1088** (2.56)	-0.0987*** (-2.67)	-0.0941** (-2.54)
laboratio	0.3683*** (3.47)	0.3621*** (3.40)	0.9006*** (3.94)	0.8890*** (3.88)	0.1162 (0.90)	0.1156 (0.90)
land	—	—	—	—	-0.0243 (-1.12)	-0.0193 (-0.89)
agratio	—	—	—	—	-0.0094 (-0.44)	-0.0094 (-0.44)
agedummy1	0.4566*** (3.23)	0.4619*** (3.26)	0.6345*** (2.81)	0.6458*** (2.85)	0.4034** (2.06)	0.4056** (2.07)
agedummy2	0.3238*** (2.60)	0.3232*** (2.59)	0.4009** (2.02)	0.4030** (2.02)	0.2793 (1.61)	0.2770 (1.59)
agedummy3	0.0982 (0.84)	0.0999 (0.86)	0.0913 (0.49)	0.0972 (0.52)	0.0892 (0.55)	0.0671 (0.41)
education	0.0145 (0.16)	0.0118 (0.14)	-0.1881 (-1.47)	-0.1924 (-1.50)	0.2714** (2.09)	0.2466* (1.88)

续表

变量名	Selfdummy1（1=创业，0=非创业）					
	全样本		城镇		农村	
	模型Ⅰ	模型Ⅱ	模型Ⅲ	模型Ⅳ	模型Ⅴ	模型Ⅵ
getihu	0.0007 ** (2.29)	0.0007 ** (2.24)	-0.0001 (-0.32)	-0.0001 (-0.32)	0.0031 *** (4.66)	0.0031 *** (4.66)
bankdis	-0.0300 *** (-3.21)	-0.0291 *** (-3.10)	-0.0982 ** (-2.16)	-0.0985 ** (-2.16)	-0.0121 (-1.02)	-0.0134 (-1.12)
Cons	-1.1901 *** (-10.26)	-1.2033 *** (-10.33)	-1.8029 *** (-8.31)	-1.8189 *** (-8.36)	-0.8011 *** (-5.11)	-0.8273 *** (-5.25)
Observations	1515	1515	666	666	832	832
Pseudo R^2	0.0402	0.0411	0.1085	0.1096	0.0651	0.0731
Log likelihood	-768.2336	-767.4799	-322.1355	-321.7576	-406.2056	-402.7390

注：括号内为估计系数的 z 值。部分样本的 bankdis 和 agratio 变量缺失，因而缺失部分样本。***、**和*分别代表在 1%、5% 和 10% 的水平下显著。

接下来比较金融约束对企业家精神影响的城乡差异。从城镇家庭分样本的模型回归结果（模型Ⅲ和模型Ⅳ）中发现，无论是线性回归还是非线性回归，城镇家庭财富水平对创业选择的影响均是不显著的，尽管财富变量一次项和二次项的系数方向与全样本模型是一致的。这似乎说明城镇地区家庭创业没有受到金融约束的显著影响。农村家庭分样本的线性回归（模型Ⅴ）和非线性回归（模型Ⅵ）结果均显示，农村家庭财富水平对创业选择有显著的影响，线性回归模型中人均家庭资产净值系数为正（$\beta=0.0017$）且在 5% 的水平上显著，非线性回归模型中财富水平的影响随着家庭财富水平的增加而逐步增强，人均家庭资产净值平方项的系数为正，这意味着农村地区财富水平较高组的家庭，财富越多则创业概率越高，这与 Hurst 和 Lusardi（2004）对美国实证得到的结论类似。但是，并不能据此质疑金融约束在我国农村家庭创业选择的重要性，因为相比于金融市场高度发达和信贷市场运转足够高效、能够将资金输送到有创业项目家庭的美国，本书更愿意认为这是由于我国农村地区整体金融约束水平很高，即使是财富水平较高组的家庭在创业过程中仍面临金融约束。除此之外，企业家才能在农村家庭创业中亦有显著的正向影响，这也可能与总体上农村地区家庭的企业家才能水平较低有关，还应注意到教育仅在农村家庭分样本模型中是显著的。社区控制变量中，反映社区经济活力和商业环境的变量仅在农村家庭分样本模型中显著为正，这说明培育创业环境对于促进农村地区企业家精神的发展更为重要。

二、稳健性检验：分省回归

如上文所述，CHARLS 数据选取样本具有一定的特殊性，仅包括浙江和甘肃这两个中国经济发达和经济欠发达的省份，由于这两个省份的家庭创业比例存在很大的差异，单纯将这两个省份的样本结合在一起进行回归有可能造成结果有偏。因此，进一步对样本进行分省回归，以检验上述结论的稳健性。

当我们将经济发达的浙江和经济欠发达的甘肃样本进行分组回归，表 4-6中的模型 1、2 和表 4-7 中的模型 7、8 的结果显示，家庭创业过程中财富因素的影响在较为贫穷的甘肃要显著得多。模型 8 中家庭财富与创业选择呈现显著的倒 U 形关系，而在模型 1、2 中二者之间的关系却不显著，这反映出欠发达地区家庭创业过程中面临着更为严重的金融约束。同时，也证明了家庭创业过程中的财富效应可能是非线性的，财富水平较高的农户受到的金融约束影响较小。劳动力越多的家庭参与创业的概率越高，无论经济发达还是欠发达地区的样本均支持这一结论。存在差异的是影响程度，甘肃样本回归系数较大，这可能与该地区年轻劳动力大量外流使得留在本地的劳动力较少有关。与之类似的是社区商业环境和创业活跃程度变量，该变量在较为贫穷的甘肃家庭样本而言影响是显著的，这为上文的基本结论提供了进一步的支持。

表 4-6　家庭财富与创业选择：浙江

变量名	selfdummy（1=创业，0=非创业）					
	浙江		浙江城镇		浙江农村	
	模型 1	模型 2	模型 3	模型 4	模型 5	模型 6
netwealthhp	0.0001 (0.47)	0.0002 (0.62)	0.0002 (0.73)	0.0004 (0.86)	0.0011 (1.49)	0.0008 (0.83)

续表

变量名	selfdummy（1=创业，0=非创业）					
	浙江		浙江城镇		浙江农村	
	模型 1	模型 2	模型 3	模型 4	模型 5	模型 6
netwealthhp^2	—	-0.0000 (-0.44)	—	-0.0000 (-0.61)	—	0.0000 ** (1.99)
hhsize	0.0502 (1.39)	0.0501 (1.39)	0.1264 ** (2.38)	0.1261 ** (2.37)	-0.0503 (-0.94)	-0.0435 (-0.81)
laboratio	0.2833 ** (2.40)	0.2801 ** (2.37)	0.9290 *** (3.43)	0.9177 *** (3.37)	0.0619 (0.43)	0.0607 (0.42)
land	—	—	—	—	-0.0043 (-0.10)	0.0005 (0.01)
agratio	—	—	—	—	0.0243 (0.48)	0.0253 (0.47)
agedummy1	0.5372 *** (2.84)	0.5405 *** (2.85)	0.7208 *** (2.59)	0.7332 *** (2.63)	0.4307 (1.53)	0.4377 (1.55)
agedummy2	0.2922 * (1.88)	0.2907 * (1.87)	0.2482 (1.02)	0.2469 (1.02)	0.2905 (1.30)	0.2834 (1.26)
agedummy3	0.0554 (0.39)	0.0559 (0.40)	-0.0745 (-0.33)	-0.0700 (-0.31)	0.1223 (0.60)	0.0970 (0.47)
education	0.0911 (0.78)	0.0895 (0.76)	-0.1016 (-0.64)	-0.1063 (-0.66)	0.3717 * (1.94)	0.3164 (1.62)
getihu	0.0006 (1.51)	0.0006 (1.51)	-0.0016 ** (-2.36)	-0.0016 ** (-2.36)	0.0023 *** (3.32)	0.0024 *** (3.35)
bankdis	0.0131 (0.46)	0.0141 (0.49)	-0.2721 *** (-4.34)	-0.2710 *** (-4.32)	0.0597 (1.58)	0.0605 (1.60)
Cons	-1.1281 *** (-7.75)	-1.1350 *** (-7.75)	-1.2809 *** (-4.85)	-1.2972 *** (-4.89)	-0.8510 *** (-4.28)	-0.8911 *** (-4.45)
Observations	805	805	427	427	372	372
Pseudo R^2	0.0453	0.0455	0.1478	0.1485	0.0565	0.0691
Log likelihood	-473.8428	-473.7471	-215.3234	-215.1368	-225.9284	-222.9156

注：括号内为估计系数的 z 值。部分样本的 bankdis 和 agratio 变量缺失，因而缺失部分样本。***、**和*分别代表在 1%、5% 和 10% 的水平下显著。

表 4-7 家庭财富与创业选择：甘肃

变量名	selfdummy（1=创业，0=非创业）					
	甘肃		甘肃城镇		甘肃农村	
	模型 7	模型 8	模型 9	模型 10	模型 11	模型 12
netwealthhp	-0. 0021 (-1. 10)	0. 0164 ** (2. 29)	-0. 0055 (-1. 61)	0. 0113 (1. 11)	0. 0019 (0. 80)	0. 0275 *** (2. 69)
$netwealthhp^2$	—	-0. 0002 ** (-2. 00)	—	-0. 0002 (-1. 40)	—	-0. 0002 * (-1. 78)
hhsize	-0. 0343 (-0. 76)	-0. 0335 (-0. 73)	0. 0144 (0. 18)	0. 0050 (0. 06)	-0. 0277 (-0. 47)	-0. 0132 (-0. 22)
laboratio	0. 6409 ** (2. 02)	0. 6130 * (1. 92)	0. 3530 (0. 70)	0. 3323 (0. 66)	0. 9130 ** (2. 07)	0. 8347 * (1. 89)
land	—	—	—	—	0. 0238 (0. 89)	0. 0246 (0. 91)
agratio	—	—	—	—	-0. 1263 (-1. 62)	-0. 1212 (-1. 59)
agedummy1	0. 9541 *** (3. 50)	0. 9308 *** (3. 36)	1. 0827 ** (2. 24)	1. 0832 ** (2. 18)	0. 7216 ** (2. 08)	0. 6256 * (1. 79)
agedummy2	0. 7349 *** (2. 81)	0. 7030 *** (2. 65)	1. 2731 *** (2. 91)	1. 2496 *** (2. 80)	0. 2771 (0. 81)	0. 1699 (0. 49)
agedummy3	0. 4697 * (1. 82)	0. 4830 * (1. 83)	0. 8486 * (1. 94)	0. 9114 ** (2. 02)	0. 0228 (0. 07)	-0. 0225 (-0. 07)
education	0. 0219 (0. 15)	-0. 0087 (-0. 06)	-0. 2459 (-1. 01)	-0. 2623 (-1. 05)	0. 2391 (1. 18)	0. 1915 (0. 94)
getihu	0. 0011 * (1. 89)	0. 0011 * (1. 82)	0. 0012 (1. 61)	0. 0013 * (1. 71)	-0. 0061 * (-1. 67)	-0. 0063 * (-1. 69)
bankdis	-0. 0102 (-0. 95)	-0. 0072 (-0. 67)	-0. 0514 (-1. 54)	-0. 0477 (-1. 42)	0. 0107 (0. 71)	0. 0159 (1. 03)
Cons	-2. 0933 *** (-6. 27)	-2. 1641 *** (-6. 40)	-2. 0469 *** (-4. 17)	-2. 1037 *** (-4. 20)	-2. 1615 *** (4. 42)	-2. 2592 *** (-4. 65)
Observations	710	710	239	239	460	460
Pseudo R^2	0. 0453	0. 0455	0. 1447	0. 1657	0. 0604	0. 0841
Log likelihood	-473. 8428	-473. 7471	-86. 6302	-84. 5072	-152. 497	-148. 6459

注：括号内为估计系数的 z 值。部分样本的 bankdis 和 agratio 变量缺失，因而缺失部分样本。***、**和*分别代表在 1%、5%和 10%的水平下显著。

此外，本书还对不同经济发展水平省份家庭创业的财富效应差异进行了分析。表 4-6 中的模型 3 ~ 6 和表 4-7 中的模型 9 ~ 12 结果显示，在浙江，无论是城镇家庭还是农村家庭分样本，回归结果中家庭财富对于创业的影响似乎均不显著。这表明浙江地区创业家庭能够较为便利地获得外部金融市场的支持（尽管不知道这种金融支持是来自于正规金融市场还是民间金融，因为众所周知，浙江的民间金融市场非常活跃），城乡差异并不明显，可能的差异来自于社区商业环境的差异，城镇地区商业环境对家庭创业有显著负向影响，在农村地区这种影响为正，这可能是由于城镇地区市场竞争环境异常激烈，而农村社区的商业环境对家庭创业是有益的，如阮建青等（2008）发现浙江乡村工业的产业集群效应显著。在甘肃，家庭财富对城乡家庭创业的影响具有非常明显的差异，城镇地区家庭创业不受到自有财富水平的约束，而农村地区这种约束则非常明显，二者呈现显著的倒 U 形关系，这意味着金融约束对甘肃农村地区财富中等偏上家庭的创业制约非常明显。

总之，上述分析同样表明，财富水平与家庭创业选择之间的相关性确实存在，尽管财富效应呈现重要的区域异质性。在将样本按照富裕程度进行分组回归之后，回归结果仍然支持本书的基本假说，这表明本书的基本研究结论是稳健的，即对中国家庭而言，创业过程中确实面临一定程度的金融约束，由于经济金融发展水平的差异，城乡间和省际家庭面临的金融约束也有所差异。经济欠发达的省份和农村地区，金融约束的程度及其对家庭创业的影响相对更为明显。

三、扩展讨论与检验：分财富阶层回归

依据前文分析，金融约束对家庭创业选择作用可能在不同财富水平家庭样本的显著性有所差异。为此，本部分将依据家庭财富水平的高低，分别将全样本、城镇样本和农村样本等量划分为不同财富阶层的子样本，然后对不同财富阶层子样本进行回归，以考察何种类型家庭更易受到创业金融约束的影响，具体回归结果如表 4-8 所示。

表 4-8　家庭财富与创业选择：分财富阶层回归

样本	变量名	家庭财富 0～25%	家庭财富 25%～50%	家庭财富 50%～75%	家庭财富 75%～100%
全样本	netwealthhp	<2. 18	[2. 18, 11. 87]	[11. 90, 51. 80]	[51. 89, 2140. 57]
		-0. 0045 ** (-2. 00)	0. 0687 ** (2. 44)	0. 0066 (1. 09)	0. 0002 (0. 71)
城镇	netwealthhp	<5. 74	[5. 82, 35. 56]	[35. 65, 127. 68]	[128. 25, 2140. 57]
		-0. 0036 (-1. 28)	0. 0199 (1. 53)	-0. 0046 (-0. 96)	0. 0003 (1. 21)
农村	netwealthhp	<1. 15	[1. 17, 6. 10]	[6. 17, 21. 9]	[22. 05, 598. 672]
		-0. 0081 (-1. 25)	0. 0776 (0. 82)	0. 0026 (0. 11)	0. 0024 ** (2. 35)

注：(1) 表中所有估计结果均包含了表 7 中所包括的控制变量，为了节省篇幅没有列出；
(2) **代表在 5% 的水平下显著；
(3) 括号内为估计系数的 z 值。

全样本的分财富阶层回归结果显示，整体上家庭财富分布处于中等偏下的家庭创业受到金融约束的显著抑制。财富分布中最低 25% 和 25%～50% 的样本回归模型中家庭财富变量的系数分别为-0. 0045 和 0. 0687，并且均在 5% 的统计性水平上显著；从具体的财富水平数值来看，分布于该部分的家庭人均资产净值低于 1. 187 万元。本书的研究结论与 Hurst 和 Lusardi（2004）以美国为例的得到的结论正好相反，Hurst 和 Lusardi（2004）发现家庭财富变量在统计上似乎仅对最富有的 20% 家庭创业选择有显著影响，但是他们认为由于这些家庭自有资金充足，因而财富对其创业的显著影响并不能作为解释金融约束存在的证据。但是本书的研究结论清晰地表明，在当前中国，财富水平分布于中等偏下的家庭显著地受到创业金融约束的影响，金融市场不完善在限制了低财富水平家庭创业的同时可能会降低社会流动性，堵住了低财富家庭“向上流动”的通道。① 城镇

① Bianchi（2010）通过理论模型证明，金融发展水平的提高通过缓解金融约束增加了企业家的数量，并促进了社会流动性，从而使企业家才能更有效地配置到生产性活动及技术创新上。通过放松金融约束或金融管制，使贫穷但有创新精神和企业家才能的人能得到贷款并创办企业，金融发展将有利于改变社会结构，使富有但没有才能的人成为雇员，贫穷但有创新精神和企业家才能的人成为企业家。

家庭的分财富阶层回归结果与表 4-8 的回归结果一致，财富水平对创业选择的影响均是不显著的。对于农村家庭，按照家庭财富组群进行分组回归表明，家庭财富变量在统计上仅对最富有的农村家庭创业有显著影响，尤其是财富分布中前 1/4 的家庭，本书认为尽管这些农村家庭财富水平较高（家庭人均资产净值高于 2. 205 万元，平均 8. 24 万元）。但是在农村金融市场非常不完善的情况下，即使是处于财富分布顶端的农村家庭仍然受到了创业金融约束的影响，因此未来农村金融改革和发展的重点应当是有效地瞄准这部分农村家庭，缓解其创业金融约束。

第五节　本章小结

本章使用中国健康与养老追踪调查数据进行实证分析，揭示了当前城乡金融发展水平的差异对城乡家庭创业行为的影响。本书最终得到以下主要结论：中国家庭创业水平存在明显的城乡差异和区域差异，家庭财富水平是影响其创业选择的重要因素，这意味着整体上中国家庭创业面临着金融约束的限制。同时，这种影响存在显著的差异，经济欠发达的甘肃和农村地区家庭受到金融约束的影响更大，对样本进行省际回归证实了上述结论的稳健性。当将样本分为不同的家庭财富组群进行分组回归后进一步发现：从家庭财富的角度来看，金融约束对财富中等偏下家庭创业的制约作用是非常显著的；从区域差异的角度来看，金融约束对农村家庭创业的影响更大，尤其是农村地区财富水平较高的家庭。研究中还发现财富水平分布于中等偏下的家庭更多地受到创业金融约束的影响，鉴于创业在提高家庭收入和整个社会流动性方面的重要作用，本书担心金融约束会阻碍那些贫穷但有创新精神和企业家才能的人成为企业家，限制其“向上流动”，从而扩大收入差距和降低社会流动性。

对于这样的城乡家庭创业水平差异格局，Huang（2008）曾从历史视角对此进行解释：20 世纪 80 年代的中国金融改革曾使得信贷政策大量向农村私有制经济倾斜，同时默许私人信贷资本进入农村服务产业；从 90 年代初开始，中国扶助私有经济的政策发生转向，转而支持城市和国有企业的发展，政策转向主要表现为两个方面，一是显著提高了私有经济获取贷款的资格和条件，二是改变了以往向农民提供贷款和帮助他们兴办乡镇企业的政策，农业贷款变成专款专用，只能用于发展农业。本章的研究则证实这种“重视城市忽视农村”的金融改革政策在微观上对城乡家庭创业水平带来的差别化影响一直持续至今。城乡差距和区域差距是当前中国在转型发展过程中面临的重要挑战，而现有研究表明，无论在发达国家还是发展中国家，小型微型创业企业都是创新、就业机会和经济增长的重要来源（Paulson 和 Townsend，2004）。因此，未来通过有效的金融支持和相关政策扶持，激活和培育农村地区和欠发达中西部地区的创业精神，通过扶持创业可以促进非农就业机会的增加和农村地区收入水平的提高，是中国经济转型和发展的重要潜力和推动力。缩小城乡和区域家庭创业水平的差异，重点和突破口在于大力发展农村和欠发达地区的金融市场，通过区域和城乡差异化的金融改革政策逐步消除城乡二元金融结构，推动区域农村金融与创业活动的良性互动。

2006 年底，我国政府启动新一轮的农村金融改革，此轮改革的显著特点是由现有商业银行为主导组建村镇银行和贷款公司等新型农村金融机构，并适度放宽民间资金进入农村银行业的条件，以此推动金融资源向农村地区流动，最终缓解农村地区金融约束。已有研究认为由于现有商业银行在农村地区缺乏明显的监督效率和优势，由其组建的新型农村金融机构难以实现自身持续经营和改善农村融资条件（洪正，2011）。本章的研究则进一步指出，仅仅以扩大规模和增加机构数量为目标的新一轮农村金融改革不仅在改善农村融资条件方面收效甚微。同时，由于农村金融机构没有能够真正地瞄准农村地区的潜在企业家，最终将无法从根本上扭转农村金融市场长期低效、农村金融机构资产质量低下等固有的弱势。因此，中国未来金融改革尤其是农村金融改革的重点应当包括：放松金融市场管制，加大农村地区金融市场的开放度；在加快金融深化的同时，大力促进金融市场的宽化，推动金融资源向农村地区流动；限制银行等金融机构的扩张边界，大力发展区域性的小型微型金融机构，尤其是在经济欠发达地区；提高农村金融供给的效率，创新金融产品和工具，以更好地甄别和支持那些具有“创业精神”、“承担风险能力”、“敏锐的市场洞察力”和具备“在不确定条件下就稀缺资源的配置做出判断性决策的能力”的潜在企业家，并将此定位为农村金融的核心功能；提高农村金融资源供给的针对性，农村创业主体是财富处于中等偏上的家庭，但是这部分家庭的资产

（土地、住房、生产性固定资产等）大多无法成为有效抵押物，因此要通过有效的金融产品和工具创新，重点瞄准并缓解这部分群体的创业金融约束。除此之外，政府还应加快完善养老和社会保障、保险市场等相关制度和市场，提高创业家庭的风险管理能力，分散潜在创业家创业活动和投资的风险。

第五章 金融约束与企业家创业收入：中国的城乡差异

第一节 引 言

创新经济学大师约瑟夫·熊彼特认为企业家是创造性的破坏者，并以创新性的要素组合方式促进经济发展。一国（或地区）能否保持持续的经济增长，关键在于其如何配置企业家精神——是鼓励企业家精神还是抑制企业家精神（Baumol，1990）。全球创业观察（GEM）全球报告（2003）显示，企业家数量越多、创业越活跃的国家，其经济增长率越高，尤其是在相对贫穷的国家，这种相关性更为显著。因此，企业家及其创业和创新活动一直是各国研究人员与公共政策决策者们关注的焦点。在现有的企业家相关领域的文献中，学者们尤为关注以下两个问题：谁是企业家以及在什么样的条件下可以成为企业家？这些研究着重关注以下三个不同的研究方向：①鼓励或限制企业家精神的经济、政治和法律制度，例如，使得企业家无法获得外源融资和创办企业的金融约束、不能对企业家形成有效激励的产权制度以及各种管制使得新建企业更难；②影响企业家精神的各种社会因素，如社会学家们研究在促进或者阻碍企业家精神时价值观和社会网络的作用，社会关系网可以通过各种渠道发挥作用，包括家庭、朋友以及族群等；③企业家的个人性格特征。心理学家们研究了企业家精神的显著特征，如追求成就的人格，相信个人努力在结果中的作用，对风险的态度以及个人自信等心理资本因素（Djankov 等，2005）。这样的研究对于形成一些鼓励和支持个人成为企业家的政策框架尤为重要。在这些政策框架中，资本总是一个不可缺少的关键变量，绝大部分研究认为，金融约束是抑制企业家创业行为和创业转换的重要障碍（Evans 和 Jovanovic，1989；Holtz-Eakin 等，1994；Ardagna 和 Lusardi，2008 等）。

然而，经济体中企业家的数量取决于“流入”和“退出”企业家的差额。相比于前者（个人实现创业转换和成为企业家），关于后者（企业家退出）的研究仍很少。本章尝试研究企业家退出行为的决定因素，并将关注的重心集中于金融约束的可能影响。换言之，面临金融约束的企业家是否更易遭受创业失败和退出？或者即使这些企业家能够存活，他们的创业活动是否会因为资本不足而尤为困难和增长缓慢？截至目前，仍鲜有文献研究金融约束是否影响企业生存和增长，大多数关于企业存活决定因素的研究都是基于 Gibrat 法则。① Evans（1987）和 Audretsch（1991）发现企业家退出决定模型存在内生性，因而传统的认为企业增长和企业规模之间的不相关可能是有偏的，纠正这一问题需要估计企业存活率和退出率模型。然而，这些模型大多没有考虑到金融约束因素。② 不过，由于研究数据的限制，本章也无法建立直接检验金融约束与企业家退出行为的实证模型。但是，本章的研究提出一个间接证明该问题的逻辑思路：如果企业家面临金融约束以至于无法实现利润最大化的最优投资水平，那么那些具有更多个人资本和财富的企业家创业活动会更加成功。在实证中，将使用企业家创业收入作为衡量其创业活动的代理指标，并通过自有财富水平与创业收入之间的关系揭示金融约束是否对企业家退出行为产生影响。实际上，如果企业家的创业活动能够带来更高的收益，那么其选择退出的概率自然会降低。

与现有研究集中于研究金融约束是否影响企业家创业选择行为不同的是，本章的研究着重检验金融约束对企业家创业活动（使用创业收入作为企业家创业退出的代理变量）的影响。本章研究的贡献在于以下三个方面：首先，已有研究质疑金融约束在个人职业选择（是否成为企业家）中的重要性（Hurst 和 Lusardi，2004），但是它们并没有涉及金融约束对

① Gibrat（1931）认为，同一行业中的企业在相同时期内规模成长概率一致，与规模大小无关。

② 其他的实证文献包括 Baldwin 和 Gorecki（1991）和 Schary（1991）。Schary 以棉纺织品行业中使用每个纱锭的营运资本作为流动性的代理变量，结果显示流动性与企业存活概率之间不存在显著关系，可能的原因为这个变量是内生的（Hall，1992）。

企业家活动的影响。Hurst 和 Lusardi（2004）认为财富对到底是成为企业家还是雇员也许并不是那么重要，但是他们没有说明企业的初始规模和以后的经营运作是否受到金融约束的影响。换言之，金融约束或许并不会成为创业的障碍，[①] 但是否会影响企业初始经营和未来发展？例如，在资本规模远低于最优规模的情况下，企业家的创业规模是否会受到影响？其次，受到研究数据的限制，现有文献大多仅关注经济发达国家城市地区的创业活动，本章进一步研究转型经济中城市和农村金融市场对于企业家创业活动的影响以及可能差异，从而弥补这方面研究的不足。相比于发达国家和城市地区的金融市场，发展中国家的农村金融市场运行效率尤为低下，农村地区金融约束普遍存在且程度更高，[②] 中国也不例外。那么，城乡金融市场的系统性差异是否会带来城乡企业家创业活动的“二元差异”？实际上，对于处于城乡二元结构转型时期的中国，本研究将有助于从企业家精神的角度解释金融发展对于城乡经济转型的影响。最后，本章使用工具变量法来克服家庭财富变量的内生性问题，将家庭人情往来收入作为家庭财富的工具变量，从而一致地估计金融约束对企业家创业活动的因果效应。

本章余下部分的安排如下：第二节建立理论分析框架；第三节介绍数据来源并对变量进行描述；第四节报告估计结果并对结果作相应的解释；第五节总结本章并提出相应的政策建议。

第二节　理论分析框架：金融约束与企业家创业收入

Evans 和 Jovanovic（1989）最先使用一个静态职业选择模型证明创业选择中金融约束的存在，由此引发了大量的扩展分析，后来的很多学者都在此基础上进行发展（Parker，1996；Nanda，2006；Buear，2009；Quadrini，2009；等等）。该模型的基本前提假设是，个人只有在成为企业

① 例如，潜在企业家可能会选择创业之后通过储蓄逐步缓解金融约束。

② 这方面的研究可参见 Kochar（1997）、Diagne 等（2000）和 Foltz（2004）等。

家获得的收益高于成为雇员的收益时才会选择成为企业家。模型考虑了两种情况：当不存在金融约束时，个人可以自由地从金融市场中获得创业资金，此时影响个人职业选择的主要因素是企业家才能；当金融约束存在时，在以有限责任为基础的金融市场中，个人获得的最大贷款规模取决于其初始财富水平，从而导致个人只能在次优投资规模上创业。在这种情况下，只有当个人财富超过某一最低资本门槛时才能选择成为企业家。本章以 Evans 和 Jovanovic（1989）的金融约束下职业选择模型为基础并着重考察金融约束对企业家创业活动和创业收益的影响。

假设企业家 i 的创业收益为 $\theta_i f(k_i)\varepsilon$，其中，$f(\cdot)$ 是企业家的生产函数且唯一的投入要素是资本（k_i）；θ_i 代表企业家才能水平；ε 是产出过程中的随机因素。个人了解自己的企业家才能水平 θ_i，但是企业家才能在个体间存在差异且不易被外界观测到。假定 ε 的均值为 1，方差有限，且 $f(0)>0$，这意味着即使在缺乏资本投入的情况下，企业家依然会有产出。[①] 令个人财富水平为 A_i，A_i-k_i 部分则可获得资本收益。此时，个人作为企业家的净收益为

$$Y_i^E=\theta_i f(k_i)\varepsilon+r(A_i-k_i) \tag{5-1}$$

根据定义，k_i-A_i 代表企业家获得的外部融资水平，r 为资本的净回报率（利率）。假定在有限责任制下，企业可以获得外部融资以及资本投资水平受限于金融市场摩擦导致的金融约束。金融约束的大小取决于个人的自有财富水平，即

$$k_i\leqslant l_k(A_i),\quad 其中,l_k'(A_i)>0 \tag{5-2}$$

企业家的最优资本投入水平 k_i^* 由其最大化净收益 Y_i^E 确定，该最大化问题有三个可能的解。首先，当企业家使用资本且不存在金融约束，此时净资本回报率等于资本的边际期望产出，即 $\theta_i f'(k_i^*)=r$，k_i^* 随着企业家的才能水平的上升而增加。其次，如果金融约束同样不是紧约束，但是个人的企业家才能水平较低，导致资本的边际产出低于利率，那么最优的资本投入水平为 $k_i^*=0$。最后，如果金融约束是紧约束，此时最优的资本投入水平取决于企业家自身的财富水平，即 $k_i^*=l_k(A_i)$。

接下来，分析随着 A_i 的变化，企业收益水平 R_i 受到怎样的影响。实

① 该假定与实证研究中发现的近 60% 的初创企业家没有应计折旧资本是一致的（Meyer，1990）。

际上，这主要取决于企业是否受到金融约束。如果金融约束存在，则

$$\frac{dk_i^*}{dA_i}=l_k'(A_i)>0 \tag{5-3}$$

相反，如果不存在金融约束，则

$$\frac{dk_i^*}{dA_i}=0 \tag{5-4}$$

这样，k_i^* 和企业家总产出水平一样，是 r，θ_i 和 A_i 的函数。这样，可以将企业收益 R_i 表示为

$$R_i=\theta_i f(k_i^*)\varepsilon\equiv R(\theta_i, A_i, r, \varepsilon) \tag{5-5}$$

依据式（5-5）可以推断，对于受到金融约束的企业家而言，财富水平的增加可以提高其收益水平。换言之，在其他条件不变的情况下，更高的财富水平能够带来更多的资本投入，最终获得更高的收益。与之类似的是，可以将个人作为企业家的创业收益表示为

$$Y_i^E=\theta_i f(k_i^*)\varepsilon+r(A_i-k_i^*)\equiv Y^E(\theta_i, A_i, r, \varepsilon) \tag{5-6}$$

由于企业家自有财富水平 A_i 的增加可以使得金融约束得到减缓并逐步逼近最优的资本投入水平 k_i^*，因此财富水平的增加也将会提高企业家的创业收益。这意味着，在金融约束存在的情况下，财富水平越高的企业家，其创业收益也越高。

进一步地，考虑城乡金融市场的差异对于企业家创业收益的影响。假定城市地区金融发展水平较高，金融资源供给较为充分，从而使得城市地区金融约束程度较低，即 $l_k^U>l_k^R$。此时，企业家的创业收益不仅受到 r，θ_i 和 A_i 等因素的影响，还将受到 l_k（可理解为借贷系数）的影响，即

$$Y_i^E=\theta_i f(k_i^*)\varepsilon+r(A_i-k_i^*)\equiv Y^E(\theta_i, A_i, l_k, r, \varepsilon) \tag{5-7}$$

根据式（5-7），可以推断，在金融约束存在系统性差异的情况下，如果其他条件不变，那么在金融约束越高的地区，企业家创业的收益水平越低。

第三节　数据来源与变量选取

一、数据来源和分布

本章使用的数据来自于北京大学国家发展研究院的中国健康与养老追踪调查数据（China Health and Retirement Longitudinal Study，CHARLS）。CHARLS 属于著名的健康与养老调查（Health and Retirement Survey，HRS）系列。使用的是 2008 年夏天收集、2009 年 4 月对外公布的包括浙江和甘肃两个省的预调查数据，它们分别代表中国经济发达和经济欠发达的省份。[①] CHARLS 预调查抽样程序如下：首先，县级单位的选取是按区域以及城乡进行分层，然后依照 PPS（Probability Proportional to Size）方法随机选取的。在每个县级单位中，CHARLS 再依照 PPS 方法随机抽取 3 个村级单位（或是一个城镇社区），在每一个村或社区中，再从地图上随机抽取 25～36 处住所；然后决定每个住所中家庭户的样本个数。CHARLS 随机选取其中一个符合年龄条件的家庭，然后确定该家庭中符合年龄条件的家庭成员个数并随机抽取一人作为主要受访者。基于这样的随机抽样过程，每个村或社区会产生 25～36 个样本家庭，每户家庭产生的受访者有 1 名（单身、离婚或丧偶）或 2 名（主要受访者及其配偶），并搜集该户家庭所有个人的资料。CHARLS 提供了丰富的个人、家庭和社区信息，包括个人的人口统计学变量和健康信息，家庭内部每个成员的财富、资产、职业和收入变量以及社区层面的相关经济社会变量。

① 2007 年，浙江和甘肃两省的居民收入（包括城镇居民可支配收入和农民人均纯收入）分别是最高和最低的（不包括直辖市）。因而，来自这两省的数据尽管不能反映中国所有的情况，但在差异性方面仍具有很大的代表性。

二、影响企业家创业收入的变量选取与描述

1. 企业家创业活动

对于创业家庭的行业和产业分布，主要涉及农林渔业、采矿业、制造业、建筑业、交通运输仓储和邮政业、批发和零售业、社会服务业以及健康体育与社会福利业（见表5-1）。在汇报创业行业的家庭样本中，批发和零售业在各地区所占比重均最高且城镇地区该比例较高；其次是制造业，浙江从事制造业的家庭比例高出甘肃近14个百分点。进一步地，从产业分布情况来看，城镇地区家庭第三产业创业比例高于农村地区家庭。

表5-1　分区域家庭创业行业和产业类型

行业和行业类型	城镇	农村	浙江	甘肃	合计	
	比例（%）	比例（%）	比例（%）	比例（%）	数量	比例（%）
农、林、渔业	1.94	3.83	2.83	3.30	10	2.96
采矿业	0.00	0.55	0.40	0.00	1	0.30
制造业	14.19	14.75	18.22	4.40	49	14.50
建筑业	2.58	3.28	4.05	0.00	10	2.96
交通运输、仓储和邮政业	5.81	4.37	5.67	3.30	17	5.03
批发和零售业	30.97	22.40	23.08	35.16	89	26.33
社会服务业	2.58	3.28	3.24	2.20	10	2.96
健康、体育与社会福利业	0.65	1.09	0.40	2.20	3	0.89
其他（不详）	41.29	46.45	42.11	49.45	149	44.08
合计	100	100	100	100	338	100
数量合计	155	183	247	91	338	
第一产业合计	1.94	3.83	2.83	3.30	10	2.96
第二产业合计	16.77	18.58	22.67	4.4	60	17.76
第三产业合计	40.01	31.14	32.39	42.86	119	35.21

注：行业不详因为部分家庭没有汇报创业行业类型。

从表5-2中可以发现，城乡间企业家创业活动的差异：在雇佣人数方面，城镇和农村均有近一半的创业家庭没有雇佣任何雇员，城镇地区雇

佣人数略高于农村地区；在家庭创业收入方面，城镇和农村地区的差异比较明显，城镇地区26.45%的家庭创业收入高于5万元，而农村地区这一比例仅为11.48%。总体而言，城镇地区创业家庭平均年创业收入为62858.41元，是农村地区的2.8倍。另外，不同富裕水平省份间企业家创业活动也存在一定的差异：在雇佣人数方面，浙江创业家庭雇佣人数略高于甘肃，尽管两省均有将近一半的家庭仅是家庭成员经营的个体工商户；在家庭年创业收入方面，浙江创业家庭平均年创业收入明显高于甘肃，前者是后者的4.5倍。

表5–2 分区域家庭创业活动情况

	城镇	乡村	浙江	甘肃	合计	
	比例（%）	比例（%）	比例（%）	比例（%）	数量	比例（%）
创业年数						
1~5年	12.90	15.30	15.38	10.99	48	14.20
6~10年	16.77	6.56	11.34	10.99	38	11.24
11年以上	30.33	28.42	30.36	26.37	99	29.29
其他（不详）	40.00	49.72	42.91	51.65	153	45.27
雇佣人数						
0	47.10	47.54	46.56	49.45	160	47.34
1~2	3.87	2.73	3.64	2.20	11	3.25
3~5	3.23	1.09	2.83	0.00	7	2.07
>5	6.45	2.19	5.67	0.00	14	4.14
其他（不详）	39.35	46.45	41.30	48.35	146	43.20
家庭年创业收入						
≤1万	41.29	54.64	39.68	72.53	164	48.52
1万~2万	12.90	16.39	15.38	13.19	50	14.79
2万~5万	19.35	17.49	21.05	10.99	62	18.34
5万以上	26.45	11.48	23.89	3.30	62	18.34
均值（元）	62858.41	22464.53	51875.90	11436.44		

注：不详表示部分家庭没有汇报创业年数和雇佣人数。雇佣人数为0意味着是家庭成员经营的个体工商户。

2. 财富水平

由于家庭借债已经成为越来越普遍的现象，因而根据资产总值来判定家庭实际财富的分布并不恰当。本章借鉴 Hurst 和 Lusardi（2004）以及李实等（2005）的方法，使用家庭资产净值来衡量其实际的财富水平。在分析中家庭资产净值是由金融资产、生产性固定资产、净房产、耐用品和贵重品资产以及各种正式和非正式负债等计算得到。在金融约束存在的情况下，家庭资产净值将是决定家庭创业活动的主要决定因素。在实证模型回归过程中还加入了家庭资产净值的平方项，以控制可能的非线性。

3. 其他控制变量

与其他相关研究相似，本章也控制了一些影响企业家创业收入的家庭和个人人口统计学特征变量，并设置了社区层面的控制变量，以反映外部经济和金融环境的可能影响。家庭特征控制变量主要是家庭人口规模、家庭劳动力比率以及实际耕地规模（人均）和农业收入比重（仅限农村家庭）。家庭人口规模越大意味着家庭拥有的资源会越多，能够参与创业中的资源也会相应增加，创业收入也应较高。当然，还需要考虑到家庭人口结构，本章使用家庭劳动力比率来反映家庭人口结构，是指劳动年龄人口数与家庭人口规模之比。劳动力比率越高的家庭由于生活负担越轻，往往承担创业风险的能力就越强，从而有利于参与创业并带来更高的创业收入。与现有研究大多采用家庭耕地规模不同的是，本章采用家庭实际耕地规模（人均），等于家庭自有耕地加上租用耕地再减去出租耕地，更恰当地反映农户从事农业生产的情况。实际耕地面积对农户创业的影响主要是基于农业与非农经营二者之间的替代性。对农村家庭而言，耕地规模越大，意味着要花费更多的时间从事农业，客观上会降低非农创业的收入。除此之外，本章研究中还加入了反映家庭收入结构的变量，即家庭农业收入比例，来反映农村家庭对农业收入的依赖程度。

在个人特征方面，年龄和教育是影响创业活动的重要因素。年龄一方面与创业者的风险偏好有关，另一方面也与创业者的劳动力市场经验和人力资本有关。受教育程度反映企业家才能和人力资本水平。尽管受教育程度并不是一个反映企业家才能的非常合适的变量，教育却可能与其商业技能正相关，Paulson 和 Townsend（2002）的研究发现教育与企业家才能之间存在强相关关系。同时，现有大多数研究均认为人力资本能够显著促进创业和提高创业绩效。因此，个人特征的变量包括户主（或家庭创业者）的年龄和受教育程度。

除此之外，本章研究中还控制了社区（居委会或村委会）特征，以反映社区市场经济和金融市场发展情况。在更具经济活力的商业环境下，家庭创业可以得到的商业服务，对于提高创业收入有促进作用。距离银行越近的社区家庭获得金融服务越为便利，对于创业也应有利。为此，在本章中，社区控制变量包括当地个体户和企业数量以及社区到社区居民最常去银行的距离。本章研究中主要变量名称和描述如表 5-3 所示。

表 5-3　主要变量名称和描述

变量名称	样本数	描　　述
selfincomeh2	338	家庭年创业收入（千元）
selfdummy2	338	家庭创业收入是否超过 1 万元（1=大于 1 万元，0=小于 1 万元）
netwealthhp	338	人均家庭资产净值（千元）
netwealthhp^2	338	人均家庭资产净值平方项
hhsize	338	家庭人口规模
laboratio	338	家庭劳动力比率
land	183	农村家庭人均耕地规模
agratio	183	农村家庭农业收入比例
age	338	户主年龄，agedummy1 < 40，agedummy2 （40，50），agedummy3（50，60），agedummy4>60（年龄 60 岁以上为对照组）
education	338	家庭最高受教育程度，家庭中最高学历是高中以上 education3 = 1
getihu	338	社区内个体户和企业数量
bankdis	335	社区到社区居民最常去银行的距离（公里）

另外，企业家创业活动还取决于一些创业企业特征相关的因素，例如，创业企业年龄、企业所处行业特征、前期的资本投入水平等，但是由于研究数据的限制暂且将这些因素排除在外。

表 5-4 给出不同类型家庭的简单描述性统计。可以看出，城镇创业

家庭与农村创业家庭特征的差异表现为：首先是家庭创业收入的差异，城镇家庭创业收入是农村家庭的 2. 83 倍，从分布情况来看，63. 50% 的城镇创业家庭创业收入高于 1 万元，而农村地区仅 50. 3% 的家庭创业收入高于 1 万元；其次在家庭财富方面，城镇创业家庭人均资产净值是农村创业家庭的 3. 90 倍，且城镇创业家庭在受教育程度、家庭人口规模和劳动力比率等方面均远远高于农村创业家庭。在社区的经济活力和商业环境方面，城乡差异更是显著，城市创业家庭所在社区的个体工商户和企业数是农村创业家庭的近 1 倍。城镇地区家庭距离最近银行的平均距离不到 1 公里，而农村地区为 4. 111 公里，这反映我国城乡金融资源分布的巨大差异。

表 5-4　变量的描述性统计

变量名	全样本		城镇		农村	
	均值	标准差	均值	标准差	均值	标准差
selfincomeh2	41. 284	115. 373	63. 504	163. 550	22. 465	35. 172
selfdummy2	0. 559	0. 497	0. 626	0. 485	0. 503	0. 501
netwealthhp	92. 709	227. 478	155. 172	304. 083	39. 802	106. 948
$netwealthhp^2$	60188. 160	295025. 000	115948. 300	425926. 500	12959. 640	52655. 590
hhsize	3. 692	1. 667	3. 787	1. 567	3. 612	1. 747
laboratio	0. 772	0. 286	0. 808	0. 253	0. 741	0. 309
land					1. 715	2. 376
agratio					0. 117	0. 215
agedummy1	0. 201	0. 401	0. 206	0. 406	0. 197	0. 399
agedummy2	0. 281	0. 450	0. 277	0. 449	0. 284	0. 452
agedummy3	0. 325	0. 469	0. 374	0. 485	0. 284	0. 452
education	0. 325	0. 469	0. 419	0. 495	0. 246	0. 432
getihu	97. 855	126. 084	133. 116	133. 034	67. 989	111. 825
bankdis	2. 613	3. 479	0. 874	1. 159	4. 111	4. 068

第四节 金融约束与企业家创业收入计量分析

家庭创业收入是连续变量，本章使用多元线性回归和 Probit 模型来估计家庭财富水平与创业收入之间的关系。具体的模型形式为：

$$y_1 = \beta_0 + \sum_{i=1}^{2} \beta_i \times g(\text{财富水平}) + \sum_{i=3}^{6} \beta_i \times \text{家庭特征} + \sum_{i=7}^{10} \beta_i \times \text{个人特征} + \sum_{i=11}^{12} \beta_i \times \text{社区特征} + \varepsilon \quad (5-8)$$

其中，y_1 代表家庭创业收入，β_i 为变量相应的系数，g（财富水平）表示家庭财富水平的函数。

$$p(y_2 = 1 | x) = F(\beta_0 + \sum_{i=1}^{2} \beta_i \times g(\text{财富水平}) + \sum_{i=3}^{6} \beta_i \times \text{家庭特征} + \sum_{i=7}^{10} \beta_i \times \text{个人特征} + \sum_{i=11}^{12} \beta_i \times \text{社区特征} + \varepsilon) \quad (5-9)$$

其中，y_2 代表家庭创业收入是否高于 1 万元的虚拟变量，$F(z) = \Phi(z) = \int_{-\infty}^{z} \varphi(v)dv$ 是标准正态分布函数。

在回归式（5-8）和式（5-9）时，首先检验了家庭财富水平（人均家庭资产净值）与其创业收入之间的线性关系，并加入人均家庭资产净值的平方项，以控制财富水平与创业收入之间可能出现的非线性关系。

一、金融约束与企业家创业收入：城乡差异

表 5-5 中的模型 1、3 和 5 给出了家庭财富与创业收入之间的线性关系，而模型 2、4 和 6 则给出了财富与创业收入的非线性关系。从所有样本线性回归（模型 1、3、5）结果来看，人均家庭资产净值系数为正（$\beta = 0.1209$）且在 1% 的水平上显著，这说明财富水平越高的家庭创业收入也

越高，家庭人均资产净值每增加 1 万元，家庭的创业收入将相应增加 1209 元，这意味着目前中国的创业家庭普遍面临着金融约束。对于城镇创业家庭而言，人均家庭资产净值系数为正（β=0.1080）且在 1% 的水平上显著，这说明财富水平越高的城镇家庭创业收入也越高，城镇家庭人均资产净值每增加 1 万元，家庭的创业收入将相应增加 1080 元；相比之下，农村家庭样本模型人均家庭资产净值系数为（β=0.1306）且在 1% 的水平上显著，很显然，该系数高于城镇家庭样本中的系数，农村家庭人均资产净值每增加 1 万元，家庭的创业收入将相应增加 1306 元。这意味着，增加农村地区家庭的财富水平能够带来更高的收益，换言之，农村地区创业家庭面临更高的金融约束。对于非线性回归模型（模型 2、4、6），由于财富水平二次项均为正，取极值时的财富水平落在负值区间，即在财富水平为正的区间内，财富水平与创业收入仍是呈正相关。因此，该部分分析仍以线性模型为主。

表 5-5　家庭财富与创业收入：城乡差异

变量名	家庭创业收入 selfincomeh2					
	全样本		城镇		农村	
	模型 1	模型 2	模型 3	模型 4	模型 5	模型 6
netwealthhp	0.1209 *** (4.32)	0.0065 (0.14)	0.1080 ** (2.43)	-0.1336 (-1.44)	0.1306 *** (6.07)	0.1496 *** (7.20)
$netwealthhp^2$		0.0001 *** (2.99)		0.0002 *** (2.94)		0.0002 *** (4.54)
hhsize	10.0850 ** (2.20)	10.2061 ** (2.25)	18.8461 * (1.88)	18.3193 * (1.87)	1.2249 (0.70)	1.7131 (1.03)
laboratio	42.3375 (1.58)	46.1983 * (1.74)	83.6135 (1.36)	94.7281 (1.57)	2.7966 (0.29)	-1.1985 (-0.13)
land					-0.0185 (-0.02)	0.4356 (0.39)
agratio					-30.5775 ** (-2.51)	-29.5791 ** (-2.57)
agedummy1	-28.7789 (-1.18)	-31.3173 (-1.30)	-80.5093 (-1.52)	-90.7397 * (-1.75)	19.9465 ** (2.10)	19.5523 ** (2.18)

续表

变量名	家庭创业收入 selfincomeh2					
	全样本		城镇		农村	
	模型 1	模型 2	模型 3	模型 4	模型 5	模型 6
agedummy2	-34.6730 (-1.55)	-36.1526 (-1.63)	-94.3627* (-1.92)	-104.2094** (-2.17)	19.3953** (2.32)	18.1003** (2.29)
agedummy3	-17.7545 (-0.82)	-23.2851 (-1.08)	-60.4383 (-1.29)	-81.5340* (-1.77)	18.5848** (2.24)	17.0355** (2.17)
education	21.4999 (1.52)	23.8114* (1.71)	28.0216 (0.98)	42.3614 (1.49)	7.3175 (1.28)	4.1049 (0.75)
getihu	-0.0385 (-0.76)	-0.0495 (-0.99)	-0.0437 (-0.38)	-0.0921 (-0.82)	-0.0052 (-0.24)	-0.0052 (-0.26)
bankdis	-2.4839 (-1.34)	-2.9380 (-1.60)	6.2437 (0.49)	3.9006 (0.32)	-1.1474* (-1.77)	-0.8488 (-1.37)
Cons	-14.9445 (-0.66)	-9.9069 (-0.44)	-38.1580 (-0.62)	-14.8185 (-0.25)	3.1270 (0.41)	0.5718 (0.08)
Observations	335	335	155	155	180	180
R^2	0.1111	0.1349	0.1074	0.1580	0.3250	0.3992

注：括号内为估计系数的 t 值。部分样本的 bankdis 变量缺失，因而缺失部分样本。

***、**和*分别代表在1%、5%和10%的水平下显著。

除此之外，人口规模越大的家庭创业收入越高，这与前文预期是一致的。对于户主年龄变量，农村地区户主年龄较小的家庭创业收入越高，城镇地区户主年龄较大的家庭创业收入越高，这个差异在50岁以下和以上的人群中更为显著。教育对于创业收入的影响尽管为正，但是均通过显著性检验。社区金融资源仅对农村家庭创业有显著作用。

二、金融约束与企业家创业收入层次

现在进一步考察家庭财富水平与创业收入层次之间的关系。表 5-6 中的模型 7、9 和 11 给出了家庭财富与创业收入层次之间的线性关系，而模型 8、10 和 12 则给出了财富与创业收入层次的非线性关系。由于模型

8、10 和 12 的非线性回归结果中家庭人均资产净值的二次项系数均不显著，所以仅对线性关系的结果作出解释。从模型 7 的结果来看，家庭财富水平与创业收入层次之间显著正相关（β=0.0020），且在 1% 的水平上显著，这与模型 1 的结果类似，意味着财富水平越高的家庭，其创业收入的层次越高。由于样本创业家庭收入的中位数接近 1 万元，该结论还可以理解为财富水平高于均值水平（9.2 万元）的家庭，其创业收入更有可能高于 50%。城镇家庭和农村家庭分样本回归结果中，家庭财富的系数同样为正且分别在 5% 和 10% 的水平上显著，二者系数比较而言，前者小于后者，这与表 5-6 的结论是一致的。

表 5-6　家庭财富与创业收入层次：城乡差异

变量名	家庭创业收入是否超过 1 万元 selfdummy2					
	全样本		城镇		农村	
	模型 7	模型 8	模型 9	模型 10	模型 11	模型 12
netwealthhp	0.0020 *** (3.17)	0.0018 *** (2.77)	0.0018 ** (2.59)	0.0009 (0.79)	0.0020 * (1.80)	0.0019 * (1.69)
$netwealthhp^2$		0.0000 (1.12)		0.0000 (1.35)		-0.0000 (-0.15)
hhsize	0.1376 ** (2.32)	0.1365 ** (2.30)	0.0690 (0.77)	0.0556 (0.62)	0.2054 ** (2.29)	0.2050 ** (2.28)
laboratio	1.4821 *** (4.03)	1.4714 *** (3.97)	0.9568 * (1.81)	0.9454 * (1.78)	2.0045 *** (3.27)	2.0066 *** (3.27)
land					-0.0056 (-0.10)	-0.0059 (-0.11)
agratio					-1.2902 ** (-2.16)	-1.2955 ** (-2.16)
agedummy1	0.4734 (1.60)	0.5065 * (1.69)	0.4599 (0.98)	0.5375 (1.14)	0.7761 * (1.72)	0.7722 * (1.71)
agedummy2	0.1871 (0.70)	0.2089 (0.77)	-0.3950 (-0.94)	-0.3527 (-0.83)	0.8305 ** (2.17)	0.8317 ** (2.18)
agedummy3	0.4667 * (1.79)	0.4793 * (1.83)	0.1165 (0.29)	0.1214 (0.30)	1.0624 *** (2.78)	1.0627 *** (2.78)

续表

变量名	家庭创业收入是否超过 1 万元 selfdummy2					
	全样本		城镇		农村	
	模型 7	模型 8	模型 9	模型 10	模型 11	模型 12
education	-0.0256 (-0.15)	-0.0371 (-0.21)	0.1592 (0.64)	0.1860 (0.73)	0.0192 (0.07)	0.0248 (0.09)
getihu	0.0006 (0.93)	0.0006 (0.96)	-0.0001 (-0.11)	-0.0001 (-0.14)	0.0024** (2.01)	0.0024** (2.00)
bankdis	-0.0600** (-2.56)	-0.0573** (-2.44)	0.0383 (0.37)	0.0499 (0.47)	-0.1028*** (-2.85)	-0.1037*** (-2.84)
Cons	-1.8395*** (-4.97)	-1.8684*** (-4.97)	-1.0108* (-1.83)	-1.0000* (-1.77)	-2.6412*** (-4.03)	-2.6309*** (-4.00)
Observations	335	335	155	155	180	180
Pseudo R^2	0.1781	0.1810	0.1307	0.1438	0.3227	0.3228
Log likelihood	-188.57027	-187.9043	-89.08649	-87.74041	-84.46959	-84.458097

注：括号内为估计系数的 z 值。部分样本的 bankdis 变量缺失，因而缺失部分样本。

***、**和*分别代表在 1%、5%和 10%的水平下显著。

家庭人口规模、劳动力比率均与家庭创业收入层次显著正相关，这与前文的预测依旧保持一致。教育变量依旧未能通过显著性检验。社区层面的变量中，城镇家庭与银行距离的变量不显著，而在农村地区该变量显著为负，这表明城乡金融资源分布的差异对于家庭创业收入有重要影响，农村地区金融资源的匮乏降低了农村地区创业家庭的金融可得性，最终对其创业收入的增加有抑制作用。

第五节 结论与政策启示

本章使用中国健康与养老追踪调查数据实证检验中国的创业家庭是否面临金融约束以及金融约束对城乡家庭创业收入的影响，以间接检验金融约束与企业家退出行为之间的关系。本章研究该问题的思路是：如果创业家庭不能获得实现利润最大化的投资水平（即面临金融约束），那么那些具有更多个人财富的企业家会更加成功并更少退出，他们的企业存活率更高且收入水平更高。研究发现：①描述统计结果显示，家庭创业收入存在明显的区域差异，城镇家庭创业收入是农村家庭的2.83倍，从分布情况来看，63.50%的城镇创业家庭创业收入高于1万元，而农村地区仅50.3%的家庭创业收入高于1万元。②实证模型结果更支持家庭财富与家庭创业收入之间的线性关系，人均家庭资产净值系数为正（$\beta=0.1209$）且在1%的水平上显著，这说明财富水平越高的家庭创业收入也越高，家庭人均资产净值每增加1万元，家庭的创业收入将相应增加1209元，这也意味着目前中国的创业家庭普遍面临着金融约束。对于城镇创业家庭人均资产净值每增加1万元，家庭的创业收入将相应增加1080元；相比之下，农村家庭人均资产净值每增加1万元，家庭的创业收入将相应增加1306元。这反映出增加农村地区家庭的财富水平能够带来更高的收益，换言之，农村地区创业家庭面临更高的金融约束。当使用家庭创业收入层次作为被解释变量时，回归结果依然支持上述结论。

本章研究中发现的中国创业家庭面临资本不足的情况与Fazzari等（1988）和Hall（1992）等人研究结论类似，这也意味着金融市场摩擦对于企业和资本形成具有重要的负面影响，而本章的研究发现对于农村地区而言这种影响更大。因此，未来放松金融市场管制，尤其是加大农村地区金融市场的开放度；在加快金融深化的同时，大力促进金融市场的宽化，推动金融资源向农村地区流动；在经济欠发达地区大力发展小型微型金融机构；创新金融产品和工具，以更好地甄别和支持那些具有“创新精神”、“承担风险能力”、“敏锐的市场洞察力”和具备“在不确定条件下就稀缺资源的配置做出判断性决策的能力”的企业家等措施都将是未来中国金融市场有益的改革尝试。同时，本章的研究还发现，由于缓解金融约束对农村家庭创业收入的边际作用更大，推动金融资源向农村地区倾斜的政策在提升农村地区创业水平的同时，还将有助于缩小城乡家庭的创业收入差距和推动城乡一体化进程。

第六章　金融发展、企业家创业与城乡收入差距

第一节　引　言

改革开放以来，在中国经济持续高速增长的背后，城乡居民收入差距却快速扩大。依据国际劳工组织 1995 年发表的 36 个国家的资料，绝大多数国家的城乡人均收入比都小于 1.6，只有 3 个国家超过了 2，中国是其中之一。据中国统计年鉴数据，如图 6-1 所示，中国城乡收入差距经历过两波比较明显的扩大过程，第一波是 1984～1994 年，城乡人均收入比从 1984 年的 1.84 增加至 1994 年的 2.86，第二波持续时间更长，从 1997～2009 年，城乡人均收入比从 2.47 增加至 3.33 的最高值。2010 年全国农民人均纯收入为 5919 元，城镇居民可支配收入为 19109 元，两者的收入比为 3.23，较 2009 年有所回落。然而，整体上中国城乡居民收入差距大的矛盾依然非常突出。国内学术界解释城乡收入差距的文献很多，包括政府发展战略的偏误（林毅夫等，1999）、城市利益集团的压力和传统经济体制遗留的制度性障碍（蔡昉和杨涛，2000）、城乡户籍歧视（蔡继明，1998）、劳动力市场扭曲（Shi，2002）以及人力资本水平差异（郭剑雄，2005）等。总结来看，早期研究大多将城乡收入差距归结为不合理的制度和发展战略或者劳动力市场因素。

20 世纪 90 年代以后，国外学术界开始有人研究影响收入分配的金融市场因素。最早研究该问题的是 Greenwood 和 Jovanovic（1990），受到 Kuznets（1955）提出的经济增长和收入分配倒 U 形假说的影响，他们建

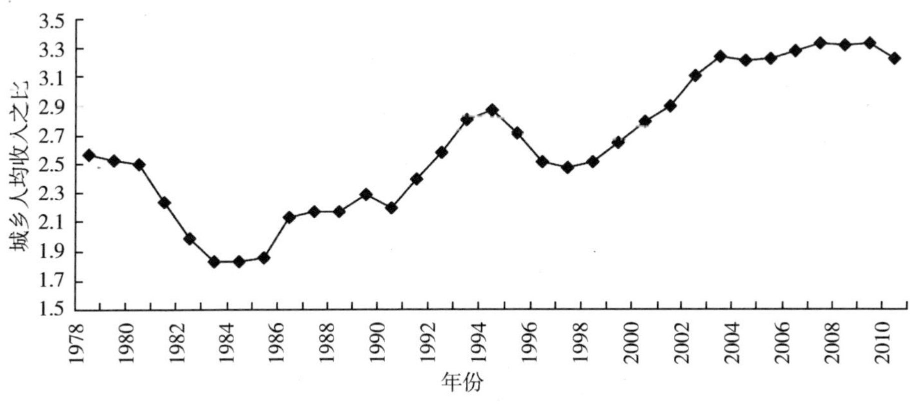

图 6-1 中国的城乡收入差距（1978～2010 年）

立了一个动态理论模型探讨金融发展、经济增长和收入分配之间的关系。他们的研究认为金融中介随着经济的增长而内生形成并进而影响收入分配，金融发展与收入分配之间也存在倒 U 形关系，由此引发了大量的扩展分析和经验分析（Banejee 和 Newman，1993；Galor 和 Zeira，1993；Townsend 和 Ueda，2003；Clarke 等，2003；Honohan，2004；Demirgüç-Kunt 和 Levine，2008；等等）。鉴于城乡收入差距在中国收入不平等中的贡献最大（Yang，1999），以及中国城乡金融资源配置严重不平衡的现实情况（温涛等，2005），国内学者也开始关注导致城乡收入差距持续扩大背后的金融市场因素。他们的研究大多认为，中国金融机构的信贷行为表现出明显的国有企业和城市化倾向以及农村金融资源外流，使得金融中介的发展在促进了总体经济规模增长的同时，显著扩大了城乡收入差距（章奇等，2004；温涛等，2005；姚耀军等，2005；张立军和湛泳，2006；等等）。也有学者得到中国金融发展和收入不平等之间存在倒 U 形关系的结论（乔海曙和陈力，2009）。

但是，不论是对金融发展与城乡收入差距的线性关系还是非线性关系的检验，国内现有研究均是基于 McKinnon 和 Shaw（1973）提出的第一代金融发展理论——金融深化理论，[①] 其共同点是仅关注金融中介规模和金融深化水平如何影响收入分配。从目前国内相关实证研究选取的“金融

① 该理论又被称为第一代金融发展理论，关于金融发展理论的系统综述可参见第二章。

发展”水平宏观衡量指标来看，章奇等（2004）使用“银行信贷占 GDP 比例”来衡量各省金融中介发展水平，温涛等（2005）使用“货币存量对 GDP 比率（M2/GDP）、金融机构信贷比率（信贷存量对 GDP 比率）与经济证券化比率（股票和债券的市值与 GDP 的比率）”衡量国家金融发展水平，姚耀军等（2005）使用“银行贷款占 GDP 的比重”和“储蓄与贷款的比值”分别衡量金融发展水平和效率，张立军和湛泳（2006）同样使用“金融机构存贷款总额占 GDP 的比例”这一指标，乔海曙和陈力（2009）使用金融机构贷款余额占 GDP 比例衡量金融发展水平。可以看出，这些研究共同使用的一个指标是“银行信贷占 GDP 比例”。

实际上，越来越多的研究指出仅仅关注金融发展的规模指标是不够的，金融资源的分配以及不同人群对于金融服务的利用程度也非常重要。Maurer 和 Haber（2003）认为金融深化并不一定能使金融服务向穷人和新创企业延伸。当金融服务尤其是信贷服务仅仅只是针对富人和具有某种政治联系的企业，会使它们的相对收入进一步上升。在这种情况下，虽然金融中介可以动员储蓄和促进资本形成，但是不能保证资源的有效配置。他们还进一步指出，在社会精英统治的国家，金融深化不是增强而是减弱了金融市场的竞争，增进了高收入者的福利，而牺牲了低收入者、中产阶级的利益。最新的证据表明，在发展中国家金融发展有助于减少收入不平等，而金融服务可利用和进入（Access to Finance）对个人生产率和福利起到决定性作用（Claessens 和 Perotti，2007）。① 这也是国外越来越多的研究转而使用一个新的指标——“私人信贷占 GDP 比例”衡量金融发展水平的原因（Beck，Demirgüç-Kunt 和 Levine，2008）。

中国的金融体系改革始于 20 世纪 90 年代中期，尽管改革的目的是强化信贷投放效率优先的原则，但是所采取的措施却具有收紧的色彩，在实体部门放权的同时，金融部门却出现了集权的倾向（Park 和 Shen，2008），金融机构仍优先选择城市和国有企业（国有企业基本都是设立在城市）作为资金的投放目标，农村和私人企业的融资环境却没有相应的改善。站在本书研究者的角度，一个很自然的问题是，这是否是城乡收入

---

① 较发达的金融体系并不能使更多的企业获得金融服务。跨国实证显示，企业金融准入比例最高的是巴西的 60%，最低的是拉脱维亚和立陶宛的 7%，而这些国家的金融深度并没有很大差异，这表明金融深化和金融准入（宽化）是不同的金融发展维度。

差距在20世纪90年代中后期持续扩大的原因？更一般的问题是，金融资源分配失衡或者说金融市场不完全是否会影响城乡收入差距？对于这一问题，本书研究者并不打算遵循既往研究思路，因为我国的官方数据中并未公布私人信贷规模的数据。一个替代性的研究思路是从微观层面入手，检验金融约束对于城乡收入差距的影响。具体而言，本章的逻辑思路是将发展中国家金融市场的普遍特征——金融市场不完全引入分析框架，并沿着“金融市场不完全—金融约束—初始财富决定个人职业选择（成为雇员还是企业家）—企业家形成—收入分配”这一逻辑思路。在不完善的金融市场中，初始财富较低的家庭，难以通过金融市场获得资金，不得不成为低收入的工资雇佣者，从而导致收入差距持续存在。进一步地，将这一逻辑延伸至中国的城乡二元经济结构，就可以检验金融约束对于城乡居民职业选择的差异影响，最终作用于城乡收入差距。

本章的研究是基于最新的金融发展理论——“金融发展与企业家精神”理论，① 该理论批判了现有金融发展理论对于金融规模的过度重视，转而重视金融资源分配的效率。“金融发展与企业家精神”理论的核心是：金融发展的关键并不在于金融体系的形式或结构如何，也不在于金融机构的多少和融资规模的大小，而在于该国的金融体系能否挑选出真正具有企业家精神的创业家及真正有盈利前景的投资项目。衡量一国金融发展水平的最重要的指标应当是“任何一个具有企业家精神或拥有合理项目的创业家获得融资的难易程度”。② 此外，金融资源分配会通过影响劳动力市场（潜在企业家选择创业还是成为企业雇员），进而影响收入分配。具体而言，如果金融改革没有使金融服务向穷人和新创业企业延伸，金融服务依然只是针对富人和具有某种政治联系的企业，贫困家庭和小企业不得不依靠自己有限的储蓄和收入来进行投资或者获得教育机会来创业，其结果只会是高收入者的相对收入进一步上升，从而进一步加剧收入分配的

---

① King 和 Levine（1993）在熊彼特理论的基础上通过引入内生增长模型，进一步发展了熊彼特的理论。他们认为，企业家精神的核心是创业和创新，企业家精神是连接金融发展和经济增长的桥梁，一个运作良好的金融体系会围绕企业家的创业和创新活动提供一系列的金融服务。可参见江春（2012）对最新金融发展理论的全面论述。

② 因此，国外越来越多的研究使用一个新的指标——“私人信贷规模占 GDP 比例”来衡量金融发展（Beck 等，2008）。不过我国官方数据中未公布私人信贷规模的数据。

不平等（Maurer和Haber，2007）。[①] 在这种情况下，虽然金融中介可以动员储蓄和促进资本形成，但是不能保证资源的有效配置，微观层面上表现为大量具有企业家才能却没有足够创业财富的人有可能被埋没，富有市场前景的创新机会得不到资金支持，从而降低社会流动性并扩大收入差距。

长期以来偏向城市的发展战略导致中国农村金融发展严重滞后于城市金融发展，农村金融市场不完善程度较高，农村家庭获得正规金融资源普遍较难，反映出中国金融发展的一个重要特征——金融资源城乡分配严重失衡。本章研究的问题是：中国城乡金融资源分配失衡是否导致了城乡企业家创业水平的系统性差异，进而使得城乡收入差距持续存在？本章实证分析遵循的逻辑思路是"金融发展→企业家创业→收入分配"。具体而言，创业通常面临一个最低资本门槛，获得足够的资金是潜在企业家创业的一个重要前提。金融市场不完善将会产生金融约束问题，而金融约束的存在将会限制那些没有足够自有财富的潜在企业家实现创业。中国城乡金融资源分配和金融发展的显著差异在微观层面造成城乡家庭创业融资能力不同，农村家庭面临更为严重的创业金融约束，带来城乡家庭创业水平的系统性差异，进而降低了社会流动性并导致城乡收入差距持续存在。本章将通过实证分析检验上述问题和逻辑思路，希望为诠释当前的城乡收入差距提供一个新的视角。

第二节　金融发展、企业家创业和城乡收入差距：理论机制

Greenwood和Jovanovic（1990）的文献正式引发学术界对于金融发展与收入分配关系的研究，他们基于库兹涅茨假说，证明金融发展和收入分配关系服从倒U形曲线。他们在一个动态模型中探讨了金融发展、经济增长和收入分配三者之间的关系。他们假设初始收入分配外生于经济增长

① 现有研究表明，促进创业有利于缩小收入差距。Perotti和Volpin（2004）发现对创业活动的抑制会恶化收入分配，Georgiou（2009）对欧洲国家的实证研究发现创业水平与基尼系数显著负相关。

和金融发展，并假设进入金融市场需要支付一定的固定成本，且不是所有人都能够支付得起这一成本。当金融发展对经济增长存在正向作用时，金融发展将会扩大收入差距。但是，随着收入水平的进一步提高，更多的人开始进入金融市场（由于进入成本是固定的），金融发展将逐步有利于收入差距的缩小。因而，金融发展和收入分配之间呈现出倒 U 形关系。与 Greenwood 和 Jovanovic（1990）相反，Galor 和 Zeira（1993）、Banejee 和 Newman（1993）从不完全金融市场的角度出发，认为在金融市场不完善、人力资本或物质资本投资不可分的经济中，富人和穷人的收入长期收敛不一定会发生，他们从金融市场不完全的角度分析了金融发展和收入分配的关系，得到的结论是金融发展和收入分配间呈现负相关关系，因而又被称为线性假说。

Galor 和 Zeira（1993）在“收入分配和宏观经济”一文中建立了一个两部门跨期模型。他们主要从人力资本投资角度来研究金融发展和收入分配之间的关系。他们假定经济为跨期的开放经济，个人生存两个时期，技术是非凸的，可以采用技术简单的劳动或技术密集的劳动生产一种产品。个人或者作为不熟练劳动力在两期都工作，或者在第一期进行人力资本投资，然后在第二期作为熟练劳动力工作。由于从事简单劳动的传统部门工资低，从事复杂劳动的现代部门工资高，因此个人的财富水平决定了他是否投资于人力资本。人力资本投资存在投资成本，初始财富少的穷人达不到这个财富水平，不能进行人力资本投资，而富人可以投资于人力资本。资本市场的不完善性导致初始财富高的人更容易通过金融市场进行融资，而穷人在金融市场上很难融资。① 这样，在第二个时期初始财富高的人就会更富有，初始财富低的人收入更低。个人的初始财富完全决定了人力资本的投资决策，决定了其收入及消费水平，也决定了留给后代的遗产。因此初始财富分配对产出和投资水平在短期和长期均有重要影响。在 Galor 和 Zeira（1993）的模型中，由于金融市场的不完善，初始财富的分配不均和初始财富的均等分配都会永久化。国别对比也表明，富裕国家比低收入国家有更平等的工资差异和收入分配。初始收入不同的国家遵循不同的经济增长路径并最终收敛于不同的稳定状况，金融发展与收入不平等呈负

---

① 这意味着金融约束会导致收入分配差距的扩大。

向的线性关系。

Banerjee 和 Newman（1993）分析了职业选择与财富分配的关系。他们构建了一个三部门模型，其中有两种技术需要不可分投资，由于金融市场不完善，只有富人才能从金融市场获得外部融资并投资于这些不可分的、收益较高的技术。技术的运用需要投资，财富投资无非三种途径：一是无风险资产，二是有风险的自我雇佣生产，三是风险性的企业生产；并对应于四种职业，即不工作、工资雇佣者、自我雇佣以及企业主。由于金融市场的不完善，人们的借贷数量相当小，当然，不同阶层的人所能借到的金额是不一样的，富人由于自身信誉好能够比穷人借到更多的资金，他们通过静态和动态模型的分析得出结论：拥有初始财富在（0，w^*）区间的穷人因无钱投资只能选择成为工资雇佣者，拥有初始财富在（w^*，w^{**}）区间的富人则自我雇佣和成为企业主并监督个人，这样初始财富不同的个人的职业选择、劳动供给和劳动需求以及相对应的均衡工资就确定了。经济发展中家庭生产（自给自足）占主体还是工业生产（雇佣合同）占主体取决于国家的初始财富分配。一般来说，金融市场越不完善，收入分配差距越大，初始财富也决定经济发展进入繁荣或者衰退阶段。可以看出，与 Galor 和 Zeira（1993）类似，Banerjee 和 Newman（1993）的模型预言，金融市场不完善程度越高的国家，收入分配不平等就越大，金融发展和收入分配间呈现负方向变动的关系。可见，Banerjee 和 Newman（1993）的文献中，金融市场的不完善性对穷人成为企业家起到了阻碍的作用。这是因为穷人缺乏抵押品或者借贷的固定成本很高。Banerjee 和 Newman（1993）得到的一个重要结论是，金融市场的不完善性对穷人创业起到了阻碍的作用，这是因为穷人缺乏抵押品或者借贷的固定成本很高，金融市场的不完善性通过限制穷人的融资机会和经济机会增加收入不平等，初始的收入差距会持续存在。他们的研究首次从微观层面建立起“金融发展→企业家创业→收入分配”三者间的逻辑关系。

Ghatak 和 Jiang（2002）简化了 Banerjee 和 Newman（1993）的模型，并认为金融发展和金融市场的完善表现为市场实施合同能力的提高，并能降低投资的门槛，使更多的人成为企业家，同时还会增加对劳动力的需求，从而推动工资上升，并缩小企业家和工人之间的收入差距。如果工资足够高，甚至可以使企业家和工人在收入上没有差别。可见，金融发展有利于降低收入的不平等。Claessens 和 Perotti（2007）认为，不平等的金融准入是经济机会的一个障碍，因为它降低了创业活动。在正规金融市场难以筹集资金和面临金融约束的企业家往往只能在非正规金融部门中融资，在那里他们很难实现最优的投资规模，即使他们的边际投资回报率非常高。Demirgüç-Kunt 和 Levine（2008）则认为，如果一国的金融体系能够为较有能力（特别是具有创新精神）的中低收入者提供融资，并使其中的一部分人成为企业家创造机会，则将有利于降低该国的贫困率并缩小收入分配差距。Banerjee 和 Duflo（2005）认为小企业投资面临的金融约束是富国和穷国之间增长速度缺乏收敛性的一个主要原因。Bianchi（2010）通过一个理论模型，证明了金融发展水平的提高通过缓解金融约束增加了企业家的数量，促进了社会流动性，使企业家才能能更有效地配置到生产性活动及技术创新上。通过放松金融约束或金融管制，使贫穷但有创新精神和企业家才能的人能得到贷款并创办企业，金融发展将有利于改变社会结构和收入分配，使富有但没有才能的人成为雇员，贫穷但有创新精神和企业家才能的人成为企业家。总体来看，上述理论文献都逐步完善了“金融发展→企业家创业→收入分配”的联系纽带和作用机制，这为本章的实证研究提供了理论基础。

本章将这一理论和逻辑机制置于转型经济中，结合中国城乡二元经济结构和二元金融结构的特征，实证分析金融发展对城乡收入差距的影响。我国自 20 世纪 90 年代中期开始金融改革，尽管改革的目的是强化信贷投放效率优先的原则，但是所采取的措施却具有收紧的色彩，在实体部门放权的同时，金融部门却出现了集权的倾向（Park 和 Shen，2008）。1998 年，中国人民银行实施国有商业银行分支机构改革，之后四大国有商业银行开始大规模撤并县域支行，农业银行则通过提高欠发达地区分支行资金的上存利率从而鼓励其向省分行上存资金、上收信贷审批权限至省分行等措施来限制农村地区贷款（徐忠和程恩江，2004）。在国有商业银行撤出农村地区的同时，政府仍严格限制农村金融市场的准入，直至 2006 年底才逐步放宽准入条件。中国的金融改革在政策上“重视城市忽视农村”，使得农村金融发展严重滞后于城市金融，农村金融市场通常被描述为“贫穷、缺乏有效抵押物、风险高和交易成本高”，这在很大程度上加剧了信息不对称并导致农村金融市场的不完善，城乡二元金融结构特征明显。因此，相对于城镇居民而言，农村居民在获取金融资源方面比城镇居民门槛更高，面临的金融约束因而也通常比城镇居民严重得多，难以支持其创业活动。根据“金融发展→企业家创业→收入分配”的逻辑机制，城乡金融发展二元结构和系统性差异将影响城乡家庭的职业选择（选择创业成为企业家抑或工资雇佣者），城乡家庭创业水平出现显著差异，进而影响社会流动和城乡收入差距。基于上述分析，提出以下两个研究假说：

假说1：在金融发展不完善和金融约束存在的情况下，家庭创业选择受到自身财富水平的制约。农村家庭很难获得银行贷款进行创业，导致农村家庭创业水平较低，农村家庭创业受到金融约束的限制较城镇家庭而言更为严重。随着金融发展水平的提高，家庭自有财富水平对创业选择的作用会逐渐减弱。

假说2：金融发展通过影响区域家庭创业水平进而影响收入差距。金融发展水平的提高通过缓解金融约束增加家庭创业概率，进而增加家庭收入。城镇地区金融发展水平较高，城镇家庭创业水平较高，使得城镇家庭收入高于农村家庭。

第三节　数据来源与描述

一、样本来源与特征

CHARLS 预调查地是浙江和甘肃两省，从居民收入水平来看，浙江和甘肃分别代表中国大陆最富裕和最贫穷的省份。更为重要的是，从城乡收入差距来看，这两个省份的城乡收入差距的差异也非常具有代表性：2007 年浙江城乡收入比为2.49，甘肃为4.30，分别位居第26/27 位和第 3/27 位（不包括直辖市，从大到小排序）。同时，从图 6-2 中发现，浙江和甘肃两省城乡收入差距是稳态变化的，两省的差距在稳定变化中略有上升。

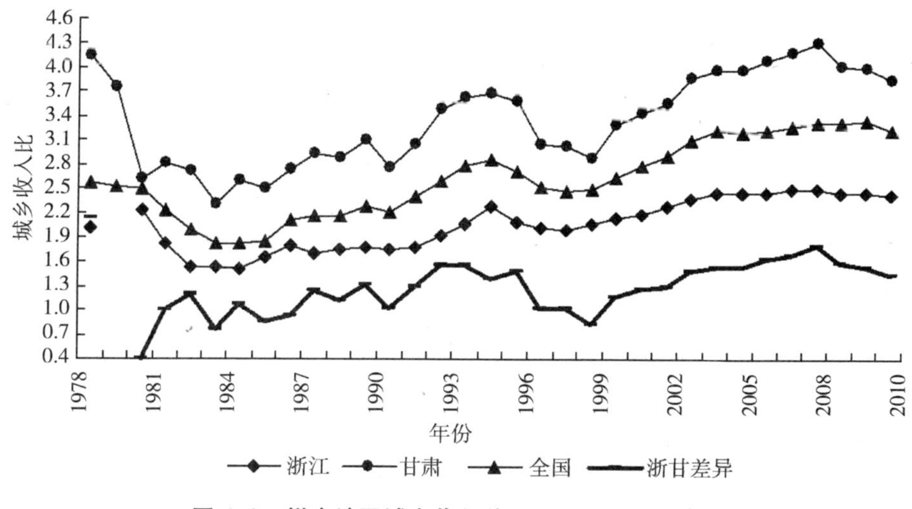

图 6-2 样本地区城乡收入差距（1978~2010 年）

从样本分布结构来看，预调查样本包括浙江和甘肃两省 1570 个家庭，包括浙江的 831 个家庭和甘肃的 739 个家庭，他们代表了城乡、年龄的构成状况。再剔除掉关键变量缺失的样本，本研究最终使用的样本为 1536 个家庭，按省份分为浙江 805 个家庭和甘肃 731 个家庭，按城乡分为城镇 666 个家庭和乡村 870 个家庭（参见第四章表 4-1）。CHARLS 详细调查中家庭中每个成员的职业选择（是否创业）、财富、资产和金融市场参与情况，因此使用家庭层面的数据可以在一定程度上解决样本偏差的问题。除此之外，CHARLS 还提供了社区层面的相关经济社会变量。

二、变量选取与描述

根据上文的理论分析和研究假说，需要选取以下变量：

1. 金融发展

与以往研究大多采用金融规模指标衡量金融发展不同的是，Beck 等（2008）使用“私人信贷规模占 GDP 比例”来衡量金融发展，侧重于金融资源覆盖面和金融宽化水平的衡量。由于数据限制，本章选取与金融资源覆盖面和金融宽化类似的指标，反映家庭所在社区（村委会/居委会）金融发展水平，代理变量为社区到社区居民最常去银行的距离和社区内金融机构数量。

2. 家庭创业

沿用现有实证研究的做法，本章对于家庭创业的界定主要侧重于家庭成员的职业转换行为，即自我雇佣或建立新企业区别于工资雇佣（Evans 和 Jovanovic，1989；Holtz-Eakin 等，1994；Paulson 和 Townsend，2004）。为了保证城乡家庭创业行为的可比性，笔者将农村家庭创业界定为非农领域的“自我雇佣或建立新企业”的行为。CHARLS 调查问卷中详细询问了家庭每个成员的就业状况，当某个家庭中任一成员从事自我雇佣的个体或私营经济活动，则认为该家庭参与创业。

从样本中创业家庭的分布来看，所有样本家庭平均创业概率为 22.01%。[①] 分区域来看，城镇家庭创业概率为 23.27%，农村家庭创业概率为 21.03%，总体上城镇地区略高于农村地区，城乡家庭创业水平的差异似乎并不明显。但是，将样本依据省份划分之后可以发现以下两个重要的特征：第一，家庭创业省际差距非常显著，浙江家庭创业概率为 30.68%，而甘肃仅为 12.45%，浙江比甘肃高出 18 个百分点；第二，浙江农村家庭创业概率高于城镇家庭 6 个百分点，与之相反的是，甘肃农村家庭创业概率却低于城镇家庭近 4 个百分点（上述数据可参见第四章表 4-2）。

3. 财富水平和收入水平

由于家庭借债已经成为越来越普遍的现象，因而根据资产总值来判定家庭实际财富水平并不恰当。这里借鉴 Hurst 和 Lusardi（2004）的方法，使用家庭资产净值衡量其实际的财富水平。在这里，家庭资产净值是综合家庭的金融资产、生产性固定资产、住房资产、耐用品和贵重品资产以及各种正式负债、非正式负债等计算得到。反映家庭收入水平的变量是家庭人均纯收入（可支配收入）。

4. 家庭特征和个人特征

家庭特征变量主要是家庭人口规模和家庭劳动力比率。家庭人口规模使用家庭人口数作为代理变量；家庭劳动力比率等于家庭劳动力数除以家庭人口规模。个人特征变量包括户主年龄和受教育程度。

---

① 全球创业观察（GEM）中国报告（2007）显示，2007 年中国总体创业活动指数为 24.60%。这与本文选取中国最富裕和最贫困的两个省份家庭样本得到的平均创业概率比较接近。

5. 社区特征

本章进一步控制社区特征，反映社区经济发展水平和商业环境情况。在更具经济活力的商业环境下，家庭创业可以得到的商业服务，对于创业有促进作用。社区特征变量为当地社区内的个体户和企业数量。

表 6-1 中反映出城乡创业家庭和非创业家庭特征的显著差异。首先，城乡金融资源分布存在巨大差异，城镇和农村家庭距离最常去银行的平均距离分别为 1.56 公里和 4.94 公里；同时，无论城乡，创业家庭距离最常去银行的距离均小于非创业家庭。其次，城镇创业家庭人均资产净值是农村创业家庭的 3.90 倍；城镇非创业家庭的人均资产净值为 10.97 万元，相比之下，农村非创业家庭人均资产净值仅为 1.74 万元；城镇地区创业家庭与非创业家庭收入比平均为 2.27 倍，农村地区该比值平均为 3.14 倍，样本家庭城乡收入比平均为 2.42 倍。此外，城镇创业家庭在受教育程度、家庭人口规模和劳动力比率等方面均远远高于农村创业家庭。在社区的经济活力和商业环境方面，城乡差异更是显著，城市创业家庭所在社区的企业数量是农村创业家庭的近 1 倍。

表 6-1　主要变量含义、赋值和统计描述

变量	含义与赋值	样本数	城镇		农村	
			创业家庭	非创业家庭	创业家庭	非创业家庭
FD1	银行距离，社区到社区居民最常去银行的距离（公里）	1515	0.87	1.77	4.11	5.17
FD2	金融机构数量，社区内金融机构数量（家）	1536	1.75	1.57	0.11	0.13
selfemploy	1＝创业家庭，0＝非创业家庭	1536	0.23	0.77	0.21	0.79
netwealth	财富水平，人均家庭资产净值（千元）	1536	155.17	109.67	39.80	17.37
incomehp	家庭人均纯收入（千元）	1536	21.73	9.57	11.09	3.53
hhsize	家庭规模（人）	1536	3.79	3.02	3.61	3.89
laboratio	劳动力比率	1536	0.81	0.63	0.74	0.70
agedummy1	户主年龄<40，agedummy1＝1	1536	0.21	0.09	0.20	0.18
agedummy2	40≤户主年龄<50，agedummy2＝1	1536	0.28	0.18	0.28	0.26

续表

变量	含义与赋值	样本数	城镇		农村	
			创业家庭	非创业家庭	创业家庭	非创业家庭
agedummy3	50≤户主年龄<60，agedummy3 = 1	1536	0. 37	0. 36	0. 28	0. 32
education	家庭成员最高学历高中以上，education = 1	1536	0. 42	0. 34	0. 25	0. 18
enterprise	社区内企业数量（个）	1536	133. 12	126. 22	67. 99	31. 99
internwad	财富水平与城乡虚拟变量交互项	1536	155. 17	109. 67	0	0
internwbd	财富水平与银行距离变量交互项	1515	85. 43	80. 50	93. 87	71. 51
internwbn	财富水平与金融机构数量变量交互项	1536	247. 22	242. 54	8. 39	2. 82
样本数			155	511	183	687

注：表中数值表示主要变量的均值。

第四节　金融发展影响城乡企业家创业的计量分析

一、实证模型和交互项选取

上文曾提及，影响家庭创业选择的因素包括金融市场发展水平、政府规模、行政程序的复杂程度、官僚主义、税收环境、产权制度以及企业家自身的特质等（Djankov 等，2006）。在上述所有因素中，金融市场因素尤为受到研究者和政策部门的关注。由于创业通常存在一个最低的资本门槛，因而金融发展对家庭创业选择影响的一个更为直接的表述是：当企业家自有财富水平有限时，金融约束是否会制约企业家创业？对于该问题，现有文献均遵循下述逻辑思路进行验证：如果金融约束非常重要，企业家创业则主要取决于其财富水平，越富有的家庭创业概率越高；如果金融市场发展较为完善，且金融约束并不重要，企业家是否选择创业则仅取决于创业带来的收益水平，外部金融市场可以满足其资金需求，此时自有财富不会影响其创业。总之，当潜在企业家面临金融约束时，创业者将无法得到外源融资或面临一个融资限额，此时个人或家庭财富水平将成为其创业选择的重要决定因素。为检验本章研究假说 1，本章需要在实证中回答以下问题：城乡家庭财富水平是否对城乡家庭创业选择有不同的影响？财富水平对家庭创业的制约作用是否会随着金融市场的发展而逐步减弱？由于家庭创业选择是一个二值变量，本章使用 Probit 模型来估计家庭财富水平与创业选择概率之间的关系，具体的回归模型为：

$$p(y=1|x)=F(\beta_0+\sum_{i=1}^{1}\beta_i Netwealth_i+\sum_{i=2}^{3}\beta_i X_i+\sum_{i=4}^{7}\beta_i Z_i+\sum_{i=8}^{8}\beta_i C_i+\varepsilon_i) \tag{6-1}$$

其中，y 代表家庭的创业选择；$F(z)=\Phi(z)=\int_{-\infty}^{z}\varphi(v)dv$ 是标准正态分布函数；β_i 为变量相应的系数；$Netwealth_i$ 表示家庭财富水平。在式（6-1）中控制了一些家庭特征 X_i、个人特征 Z_i 和社区特征 C_i。如果家庭创业受到金融发展水平的制约和金融约束的影响，系数 β_1 就不会在统计上显著异于 0，否则，β_1 应显著为正，即财富水平越高的富裕家庭参与创业的概率越高。

此外，在实证过程中将加入家庭财富水平与城镇区域虚拟变量（Areadummy）、金融发展变量（FD1、FD2）的交互项，检验城乡家庭创业是否受到金融发展水平差异化的影响以及金融发展能否帮助家庭缓解创业金融约束。

二、实证结果与讨论

表 6-2 中回归方程（1）列出了家庭自有财富水平对创业选择的线性影响。从回归结果来看，人均家庭资产净值系数为正（$\beta=0.0004$）且在 5% 的水平上显著，表明财富水平越高的家庭选择创业的概率也越高，低财富水平家庭创业水平较低。依据上文讨论，这意味着整体上中国家庭创业面临金融约束，创业家庭无法得到外源融资或者面临融资限额。在回归方程（2）中加入城乡虚拟变量与财富水平的交互项，财富水平对城乡家庭创业的差异化效应显著，城镇家庭创业选择的财富效应为 0.0002，而

农村家庭创业选择的财富效应为0.0020，即增加家庭财富对农村家庭创业的促进效应大于对城镇家庭的促进效应，反之则可推断农村家庭面临更为严重的创业金融约束。在回归方程（3）和（4）中分别添加社区到社区居民最常去银行的距离与财富水平的交互项以及社区内金融机构数量与财富水平的交互项，反映出金融发展下财富水平对家庭创业选择的作用。结果交互项的符号分别为正和负，且后者是显著的。这表明家庭离银行的距离越近、家庭所在社区的金融机构个数越多，金融市场逐步发展，可降低家庭自有财富水平对创业选择的抑制作用，从而缓解家庭创业金融约束。至此，研究假说1得到较好的验证。

表6-2　金融发展与城乡家庭创业计量分析

变量名	家庭创业（1=创业，0=非创业）			
	(1)	(2)	(3)	(4)
财富水平	0.0004** (2.05)	0.0020*** (3.25)	0.0004* (1.94)	0.0007*** (2.91)
财富水平×城乡虚拟变量		-0.0018*** (-2.76)		
财富水平×银行距离			0.0000 (0.11)	
财富水平×金融机构数量				-0.0002** (-2.06)
家庭规模	-0.0152 (-0.58)	-0.0155 (-0.59)	-0.0139 (-0.53)	-0.0180 (-0.69)
劳动力比率	0.3633*** (3.43)	0.3398*** (3.20)	0.3580*** (3.37)	0.3616*** (3.42)
年龄虚拟变量1	0.4462*** (3.18)	0.4525*** (3.21)	0.4386*** (3.11)	0.4547*** (3.23)
年龄虚拟变量2	0.2767** (2.24)	0.2759** (2.23)	0.2879** (2.32)	0.2747** (2.22)

续表

变量名	家庭创业（1=创业，0=非创业）			
	（1）	（2）	（3）	（4）
年龄虚拟变量3	0.0810 （0.70）	0.0889 （0.76）	0.0903 （0.78）	0.0817 （0.70）
受教育程度	0.0542 （0.63）	0.0690 （0.80）	0.0486 （0.56）	0.0662 （0.77）
社区内企业数量	0.0009 *** （3.02）	0.0010 *** （3.20）	0.0009 *** （3.00）	0.0010 *** （3.22）
常数项	-1.2676 *** （-11.18）	-1.2787 *** （-11.27）	-1.2676 *** （-11.17）	-1.2689 *** （-11.19）
样本数	1536	1536	1515	1536
Log likelihood	-782.67599	-778.92004	-774.03558	-780.35527
对数似然比	53.51 ***	61.02 ***	52.75 ***	58.15 ***

注：括号内为估计系数的 z 值。部分样本的 bankdis 变量缺失，因而缺失部分样本。城乡虚拟变量 areadummy 的设置方式为城镇家庭为1，农村家庭为0。

***、**和*分别代表在1%、5%和10%的水平下显著。

从回归方程（1）～（4）的其他回归结果还可以看出：劳动力比率的系数显著为正，家庭中劳动力越多创业倾向越强；户主年龄较小的家庭选择创业的概率越大，这个差异在50岁以下和以上的人群中相比更为显著，户主年龄达到50岁以上之后，其创业意愿下降，这支持现有关于年龄与创业风险偏好之间负相关的假说，即年龄越大的人风险规避意识较强，不太愿意参与风险较高的创业。关于受教育程度变量，虽然其并不是非常适合反映企业家才能，教育却可能与商业技能正相关，如 Paulson 和 Townsend（2004）发现教育与企业家才能之间存在强相关关系受教育程度变量，不过受教育程度变量对家庭创业选择的影响在本研究中却并不显著，尽管其系数为正。此外，反映社区经济活力和商业环境的变量系数为正，且在1%的水平上显著，这意味着未来进一步改善创业环境对于促进区域家庭创业水平的提高有重要作用。

第五节　金融发展影响城乡收入差距的计量分析

一、实证模型和交互项选取

Lensink 和 Pham（2012）检验家庭小额信贷市场参与和自我雇佣创业对家庭收入的影响，本章在其研究基础上假设家庭收入受到金融发展、家庭创业参与、家庭和个人特征以及社区特征等变量的影响，并进一步考察创业水平差异、城乡金融发展差异对（城乡）收入差距的影响。参照 Lensink 和 Pham（2012）的研究方法，首先设定如下基础实证模型，以金融发展和其他控制变量对家庭人均收入进行回归：

$$y = \beta_0 + \beta_1 FD_i + \sum_{i=2}^{3} \beta_i X_i + \sum_{i=4}^{7} \beta_i Z_i + \sum_{i=8}^{8} \beta_i C_i + \mu_i \tag{6-2}$$

接下来，我们要分析金融发展对城乡收入差距的影响及其作用机制，对“金融发展→企业家创业→收入分配”这一逻辑机制进行检验。首先检验金融发展是否通过提高家庭创业水平进而影响家庭收入，在基础实证模型中添加金融发展与家庭创业选择虚拟变量交互项，即

$$y_i = \beta_0 + \beta_1 FD_i + \beta_2 FD_i \times Selfemploy_i + \sum_{i=3}^{4} \beta_i X_i + \sum_{i=5}^{8} \beta_i Z_i + \sum_{i=9}^{9} \beta_i C_i + \mu_i \tag{6-3}$$

式（6-3）中的核心变量是金融发展与创业选择的交互项 $FD_i * Selfemploy_i$。如果“金融发展→企业家创业→收入分配”的逻辑成立，即如果微观层面存在金融发展影响家庭创业选择，进而影响收入差距的渠道，那么 β_2 应显著为正；若不存在这样的渠道，β_2 应不显著异于 0。

为了检验城乡二元经济结构和二元金融结构下的“金融发展→企业家创业→收入分配”逻辑，引进一个新的交互项 $FD_i \times Selfemploy_i \times Areadummy_i$。并进行如下回归：

$$y_i = \beta_0 + \beta_1 FD_i + \beta_2 FD_i \times Selfemploy_i + \beta_3 FD_i \times Selfemploy_i \times Areadummy_i + \sum_{i=4}^{5} \beta_i X_i + \sum_{i=6}^{9} \beta_i Z_i + \sum_{i=10}^{11} \beta_i C_i + \mu_i \tag{6-4}$$

式（6-4）中主要关注 β_3，如果金融发展通过家庭创业对收入差距的影响存在城乡二元结构的特征，即金融发展对家庭收入的影响存在城乡异质性，β_3 应显著异于 0。

二、实证结果与讨论

表 6-3 和表 6-4 中的回归方程（1）报告了式（6-2）基础上的结果。区域金融发展水平对家庭收入有显著的影响，本章分别使用社区到社区居民最常去银行的距离和社区内金融机构数量作为金融发展的代理指标，其系数分别显著为负和正，这意味着家庭所在社区离银行距离越近和金融机构个数越多，即金融资源覆盖面越宽，能够显著提高区域家庭收入水平。这与 Burgess 和 Pande（2003）在印度发现的结论一致：20 世纪 90 年代以后，印度在进行金融自由化的改革过程中曾规定，商业银行若要设立新的分支机构，必须首先在没有银行机构的欠发达地区设立四家分支机构后才能得到政府的批准，此举在增加金融机构数量和扩大金融机构覆盖面的同时，显著提高产出与工资水平，有效地降低贫困率并改善收入分配。

那么，金融发展是否会通过提高家庭创业水平进而影响家庭收入呢？表 6-3 和表 6-4 中回归方程（2）的结果所示答案是肯定的，金融发展与创业选择的交互项系数显著为正，且分别在 5% 和 1% 的水平上显著，这表明随着金融资源覆盖面扩大，家庭创业概率增加，家庭收入水平则越高。以表 6-4 为例，在加入金融机构数量与创业选择交互项之后，表 6-4 回归方程（1）中金融机构数量的系数从 2.0764 减小到回归方程（2）中的 0.9647，这意味着金融发展对家庭收入影响的大部分可以由家庭创业选择来解释，金融发展对参与创业家庭收入影响的边际效应高于非创业家庭将近 4 倍。这一结论使得本研究有理由相信上文中提出的“金融发展→企业家创业→收入分配”这一逻辑机制是成立的。

表 6-3　使用银行距离作为金融发展代理变量

变量名	被解释变量：家庭人均收入		
	(1)	(2)	(3)
银行距离	-0.4350*** (-4.64)	-0.4862*** (-5.09)	-0.4486*** (-4.70)
银行距离×创业选择		0.6041** (2.58)	0.4140* (1.75)
银行距离×创业选择×城乡虚拟变量			4.2209*** (4.22)
家庭规模	-0.6454** (-2.04)	-0.6490** (-2.06)	-0.6286** (-2.01)
劳动力比率	3.6602*** (2.63)	3.4813** (2.50)	3.3122** (2.39)
年龄虚拟变量 1	-0.0554 (-0.03)	-0.2283 (-0.13)	-0.7269 (-0.42)
年龄虚拟变量 2	-0.1717 (-0.11)	-0.3107 (-0.20)	-0.4429 (-0.29)
年龄虚拟变量 3	1.7916 (1.25)	1.8201 (1.27)	1.6867 (1.19)
受教育程度	4.3217*** (3.96)	4.2768*** (3.93)	4.0438*** (3.73)
社区内企业数量	0.0120*** (2.99)	0.0120*** (3.00)	0.0129*** (3.23)
常数项	6.9691*** (5.26)	6.9955*** (5.29)	6.7893*** (5.16)
样本数	1515	1515	1515
R^2	0.06	0.07	0.08

注：括号内为估计系数的 t 值。

***、**和*分别代表在 1%、5%和 10%的水平下显著。

表 6–4 使用金融机构数量作为金融发展代理变量

变量名	被解释变量：家庭人均收入		
	(1)	(2)	(3)
金融机构数量	2.0764 *** (7.64)	0.9647 *** (3.16)	0.9658 *** (3.16)
金融机构数量×创业选择		3.6883 *** (7.51)	4.5220 (1.20)
金融机构数量×创业选择×城乡虚拟变量			-0.8443 (-0.22)
家庭规模	-0.5664 * (-1.83)	-0.6392 ** (-2.10)	-0.6399 ** (-2.11)
劳动力比率	3.9744 *** (2.91)	3.5520 *** (2.64)	3.5452 *** (2.64)
年龄虚拟变量 1	-0.4049 (-0.24)	-0.8474 (-0.51)	-0.8432 (-0.50)
年龄虚拟变量 2	-0.6950 (-0.46)	-1.3796 (-0.93)	-1.3669 (-0.92)
年龄虚拟变量 3	1.2267 (0.88)	0.7089 (0.51)	0.7173 (0.52)
受教育程度	3.6700 *** (3.45)	4.1634 *** (3.98)	4.1623 *** (3.98)
社区内企业数量	0.0027 (0.63)	0.0036 (0.86)	0.0036 (0.87)
常数项	4.5730 *** (3.55)	5.4817 *** (4.32)	5.4696 *** (4.30)
样本数	1536	1536	1536
R^2	0.08	0.11	0.11

注：括号内为估计系数的 t 值。

***、**和*分别代表在 1%、5%和 10%的水平下显著。

进一步地，金融发展影响收入差距的创业渠道是否还存在城乡差异呢？中国存在显著的城乡金融二元结构，城乡家庭金融资源获取能力差异显著，表 6-2 的结果也显示农村家庭面临更为严重的创业金融约束。因此，本章构造了一个金融发展、家庭创业选择和城乡虚拟变量的交互项［表 6-3 和表 6-4 中回归方程（3）］。不过，社区到社区居民最常去银行的距离和社区内金融机构数量这两个金融发展代理变量的结果并不一致，前者为正且在 1% 的水平上显著，后者为负且并不显著。可能的解释是：理论上，信息不对称是导致金融市场不完善和金融约束的重要原因，距离银行越近意味着家庭与银行之间的信息不对称程度可能越低，有利于促进当地的经济社会状况和居民家庭状况的信息转化为银行甄别客户的专有知识，这正是关系型融资形成的基础（Berger 和 Udell，2002）；同时，距离银行越近也有利于降低家庭获取金融服务的交易成本。因此，城乡二元金融结构主要的成因可能是信息不对称程度的差异。这表明，金融发展可能通过降低银行对城乡家庭创业的信息甄别成本和信息不对称程度这一机制缓解创业金融约束，并进而促进城乡收入差距的形成。因此，未来促进金融发展的政策不应简单停留在增加金融机构数量上，而是应该通过持续的金融创新缓解信息不对称的程度和降低贷款交易成本，并逐步扩大金融资源覆盖面，尤其是在农村地区。上述结论验证了假说 2 的内容，即金融发展对家庭收入的影响存在家庭创业渠道和城乡差异效应。

从表 6-3 和表 6-4 中其他控制变量的回归结果还可以发现：家庭劳动力比率越高的家庭，其收入水平亦显著较高，劳动力比率对家庭收入的边际影响在 3% ~4%；受教育程度变量系数为正且均在 1% 的水平上显著，具有高中以上学历成员的家庭收入显著较高，人力资本水平对收入的影响明显；社区内企业数量变量系数为正，表明家庭所在社区的经济活力和创业活跃程度对其收入亦有较为显著的正向促进作用，尽管这一变量在表 6-4 的三个回归方程中均不显著。

第六节　本章小结

本章尝试构建“金融发展→企业家创业→收入分配”的理论作用机制，并将其置于中国城乡二元经济结构和二元金融结构的背景下，实证检验金融发展、家庭创业与城乡收入差距之间的关系和影响渠道，主要得到以下结论：财富水平越高的家庭选择创业的概率越高，这反映出整体上中国家庭创业面临金融约束，且农村家庭面临的创业金融约束更为严重。随着金融的发展和金融资源覆盖面的拓宽，传统意义上家庭自有财富水平对其创业选择的抑制作用逐步减弱，因而缓解了家庭创业金融约束。金融发展可以通过提高家庭创业水平进而影响家庭收入，金融发展对参与创业家庭收入影响的边际效应高于非创业家庭将近 4 倍，对城镇家庭收入的促进作用大于对农村家庭的影响，即金融发展影响家庭收入存在创业渠道和城乡差异效应。

第七章 社区金融与农村家庭创业

第一节 引 言

第四章的实证结果发现，经济欠发达的甘肃和农村家庭创业受到金融约束的影响更大。因此，本章将集中分析影响农村家庭创业的因素，尤其是农村社区金融发展水平的影响。

近年来，农户创业问题引起政府和学术界越来越多的关注，鼓励和支持农户创业不仅有利于增加农村地区非农就业机会，活跃农村经济，对于提高农民收入尤其是经营性收入亦有促进作用，这表现为我国社区经济在经济生活中的地位和作用日益显现。与此同时，针对小微企业和家庭的社区金融服务缺位，导致处于底端的小微企业融资和社区家庭金融需求不能得到有效满足，而农村社区金融覆盖水平则更低。中国人民银行统计数据显示，2007 年底，全国有 2868 个乡镇没有任何金融机构，约占全国乡镇总数的 7%。2007 年以来，新型农村金融机构试点逐步在全国推开，农村地区涌现很多小型微型的社区性金融组织（包括村镇银行、小额贷款公司和农村资金互助社等）。2012 年底，全国范围内已新开设 800 多家新型农村金融机构和 5000 多家小额贷款公司，100 多家商业银行成立小微企业金融专营机构或部门，目前有 10 多个省份实现乡镇社区金融机构全覆盖。但是，整体上农村社区金融覆盖率低和金融服务空白等问题依然未得到根本解决。

本章研究的问题是：农村社区金融的缺失或不完善是否会抑制我国农户创业选择？若不影响农户创业选择，是否会影响其创业绩效？本章以浙江和甘肃两省870个农户样本为例，实证分析农村社区金融环境和金融覆盖对农户创业选择和创业绩效的可能影响，最终为政府制定农村社区金融政策以帮助和支持农户创业提供政策建议。

第二节 理论分析与研究假说

理论上，影响家庭创业选择的因素包括政府的税收政策、产权制度、行政和法律制度、经济政策以及金融制度等。例如，不能对创业者形成有效激励的产权制度、使得新建企业变得困难的各种行政制度以及使得创业者无法获得外源融资和创办企业的金融市场。在上述因素中，金融制度通常被认为是潜在企业家职业转换和创业选择的重要决定因素。Guiso等（2004）指出，一个发达的金融市场将更容易帮助家庭创业，甚至帮助人们在更小的年龄就开始创业，因而他们认为金融市场发展有利于使更多的人成为企业家。Aidis等（2007）研究则表明，在新兴市场国家，金融资源可得性是影响家庭创业决策或培育企业家的最关键的制度因素之一。

在微观层面的实证研究领域，一些实证分析发现，金融市场的缺失或不完善会导致流动性约束的存在，从而抑制家庭创业选择，只有那些初始财富更多的家庭才有可能选择创业（Paulson和Townsend，2004）。Klappera等（2006）直接分析流动性约束对农户创业行为的影响，结果显示，完善的信贷市场和充分的创业信贷支持将有利于促进农村创业家的产生和企业的成长，因为信贷市场发展能够缓解流动性约束，使得那些缺乏初始启动资金的人获得融资而进入创业领域，同时，宽松的信贷环境还能降低农户的风险规避程度，进而提高创业倾向。Demirgüç-Kunt等（2009）使用世界银行2001~2004年的家庭调查数据，分析流动性约束与家庭创业的关系，结果表明流动性约束对家庭创业有重要影响，富有的家庭更有可能选择创业并持续存活下来。同时，与银行之间的关系也影响家庭创业的可能性和存活下来的概率。Karaivanov（2012）考察泰国农村地区创业流动性约束，实证检验流动性约束是内生的（受到农户财富禀赋的影响）还是外生的（金融市场不完善和法律制度缺失等），结果显示农户创业流动性约束主要是内生的，农民创业行为受到其初始财富规模的制约。但是，也有研究质疑流动性约束对于家庭创业选择的影响。Hurst 和 Lusardi（2004）发现，家庭初始财富水平和创业选择之间呈现高度非线性关系，对不同的财富组群的分组回归进一步表明家庭财富在统计上仅对最富有的家庭创业有重要影响，尤其是财富分布前五分之一的家庭，但是由于这些家庭本身非常富有，因而财富禀赋对其创业的显著影响并不构成流动性约束存在的证据，不过他们的研究样本来自于金融市场相对发达的美国。

近来国内也有一些学者研究影响农户创业的金融市场因素影响（例如，程郁、罗丹，2009；肖华芳、包晓岚，2011；马光荣、杨恩艳，2011等）。但是就现有的文献来看，研究的结论并不一致：其中，肖华芳、包晓岚（2011）和马光荣、杨恩艳（2011）的研究显示农村地区存在明显的正规金融约束，农户创业行为受到抑制。此时，非正规金融会弥补正规金融的缺陷，对农户创业的初始投资和后续发展支持资金支持。因此，他们的研究与以往国外大多数研究结论是一致的。与上述观点相左的是程郁、罗丹（2009），她们的研究认为流动性约束对农户创业的影响不是单调的，流动性约束并不会直接影响农户的创业选择，放松流动性约束不一定会带来创业活动的增加。

区别于现有研究集中于分析农户家庭内部金融资源禀赋对创业选择的影响，本书着重从农村社区金融的角度出发研究社区金融发展对社区农户创业的影响。社区通常被认为是以一定的地理区域为前提，由共同居住在某一地方、结成多种社会关系和社会群体、有共同的意识和利益、从事多种社会活动和社会交往的人群构成的社会区域生活共同体。在社区经济中，社区金融是重要组成部分，主要通过一些社区金融组织服务于社区内的居民和小微企业，这些社区金融组织和金融服务兼具独特的社区属性，即根植于社区、吸存于社区、放款于社区、服务于社区、融入于社区。国外成熟经验表明，能为农村小微企业和小额贷款需求者提供最好服务的亦是社区金融组织。美国社区金融机构的服务对象便是以特定社区的居民、中小企业、小型农场及附近社区居民为主（曹飞燕和张宝山，2012）。因此，一直以来，很多学者建议整合包括农村信用社、村镇银行、农村资金互助社和小额贷款公司等小型微型金融机构，将其改造成社区金融组织，以构建农村社区金融体系（杨少芬等，2006）。实际上，近年来我国政府和相关金融管理部门的诸多举措亦显示出这样的政策取向。例如，多年的中央“一号文件”均“鼓励县域法人金融机构将新增存款一定比例用于当地贷款”，中国人民银行和银监会则对那些“可贷资金与当地贷款同时增加且年度新增当地贷款占年度新增可贷资金比例大于70%或可贷资金减少而当地贷款增加的县域法人金融机构”，制定出针对性正向激励政策，包括降低达标县域法人金融机构的存款准备金率、申请优惠利率再贷款、优先批准新设分支机构和开办新业务申请等。

本章认为，农村社区金融影响农户创业的作用机制主要包括：①农村社区金融组织的资金主要来源于社区内部家庭和企业，很少像大银行那样将当地吸收的资金转移用于外地，而是借助于其独有的人缘、地缘优势，将服务对象锁定在社区内的家庭和小微企业，从而消除大型商业银行对基层资金的“虹吸效应”，同时抑制资金外流，而社区内的家庭和小微企业亦倾向于选择本社区内的金融组织。Meyer（1998）研究发现，小企业在选择其主要合作银行时，大多会选择5英里之内的银行，以节约各种交易成本。实际上，对于社区金融组织和社区内家庭和企业而言，社区金融服务模式对于双方而言均可降低交易成本，成本节约有助于促进社区内银行对创业家庭的金融支持，提高创业绩效。②大型银行的信贷决策通常是建立在财务信息和抵押担保的基础上，大多数创业小微企业和家庭难以提供抵押担保或盈利保证，因而无法从大型银行获得信贷支持，且大型金融机构决策链长导致其手续烦琐，与小微企业和家庭经营需求多变的特征难以匹配。相比之下，社区银行在贷前信息获取成本和贷后监督成本方面均有比较优势，能有效降低信贷交易中的信息不对称。同时，社区内企业和家庭的共同利益和道德规范也迫使借款人自我监督或相互监督，有利于降低风险。因此，社区金融机构能够有效利用社区内的信息资源、信任和共同道德规范，降低信息不对称、监督成本和风险，从而激励其增加对社区的金融覆盖，改善社区内家庭和小微企业的融资条件，提高社区内企业和家庭的创业概率和绩效。基于上述理论分析，本章提出如下研究假说：

农村社区金融环境和金融覆盖显著影响社区内农户创业水平和创业绩效，金融发展越完善的农村社区内，农户选择创业概率越高且创业农户的创业绩效越好。

第三节　数据、模型与变量

一、数据来源

本章研究使用的数据来源于北京大学国家发展研究院的中国健康与养老追踪调查数据。CHARLS 属于健康与养老调查系列，该系列自美国开始，后在多国实施。本章使用的是 2008 年夏天收集，2009 年 4 月对外公布的包括浙江和甘肃两个省的预调查数据。CHARLS 预调查数据是浙江和甘肃两省 1570 个样本家庭，包括浙江 831 个家庭和甘肃 739 个家庭。本研究仅使用其中 870 个农户家庭样本，其中浙江农户 378 户和甘肃农户 492 户。CHARLS 提供了丰富的个人、家庭和社区信息，包括个人的人口统计学变量和健康信息，家庭成员的财富、资产、职业和收入变量以及社区层面的金融经济发展水平变量。

二、实证模型

由于农户创业选择是一个（0，1）虚拟变量，基于上述文献，本章使用 Probit 模型来估计社区金融和家庭资产与农户创业选择概率之间的关系，具体的实证模型为：

$$p(y=1|x)=F(\beta_0+\sum_{i=1}^{4}\beta_i CF_i+\sum_{i=5}^{5}\beta_i Netasset_i+\sum_{i=6}^{9}\beta_i X_i+\sum_{i=10}^{13}\beta_i Z_i+\sum_{i=14}^{15}\beta_i C_i+\varepsilon_i) \tag{7-1}$$

其中，y 是家庭创业选择变量，$F(z)=\Phi(z)=\int_{-\infty}^{z}\varphi(v)dv$ 是标准正态分布函数，β_i 为变量相应的系数，CF_i 表示反映社区金融环境和金融覆盖水平的变量，$Netasset_i$ 表示农户家庭净资产。在式（7-1）中控制了一些户

主特征 X_i、家庭特征 Z_i 以及社区特征和省份虚拟变量 C_i。如果家庭创业受到社区金融的制约和自有资产水平的影响，系数 $\beta_1-\beta_4$ 就不会在统计上显著异于0，否则应显著为正，即社区金融越发达的地区和财富水平越高的农户，创业的概率越高。

Lensink 和 Pham（2012）检验家庭小额信贷市场参与对自我雇佣创业利润的影响，本章在其研究基础上进一步假设农户创业绩效受到社区金融、农户家庭净资产、个人和家庭特征以及社区特征等变量的影响。借鉴 Lensink 和 Pham（2012）的方法设定如下实证模型：

$$selfincome = \beta_0 + \sum_{i=1}^{4}\beta_i CF_i + \sum_{i=5}^{5}\beta_i Netasset_i + \sum_{i=6}^{9}\beta_i X_i + \sum_{i=10}^{13}\beta_i Z_i + \sum_{i=14}^{15}\beta_i C_i + \varepsilon_i \quad (7-2)$$

三、变量选取与描述

被解释变量包括农户创业选择和农户创业绩效，沿用现有实证研究的做法，本章将“自我雇佣或建立新企业”的农户界定为创业农户；将家庭创业行为带来的收入增加定义为创业绩效，即“自我雇佣或建立新企业”收入，以区别于工资雇佣者的工资性收入。需要说明的是本文对农户创业的界定主要是在非农领域的“自我雇佣或建立新企业”行为。CHARLS 调查问卷中详细询问了家庭每个成员的创业或就业状况，当某个家庭中任一成员从事自我雇佣的个体或私营经济活动，则认定该家庭为创业家庭，进而计算出其创业绩效。

从样本农户中创业家庭的分布来看，首先，农户平均创业概率为 21.03%；其次，分省份来看，浙江共 128 户创业农户，创业概率为 33.86%，而甘肃仅有 55 户创业农户，创业概率为 11.18%，浙江比甘肃农户创业概率高出 22.68%，可见不同经济发展水平地区农户创业概率存在显著的差异，具体分布情况见表 7-1。

表 7-1　样本农户创业概率分布

省份	创业家庭样本数（户）	总家庭样本数（户）	创业概率（%）
浙江	128	378	33.86

续表

省份	创业家庭样本数（户）	总家庭样本数（户）	创业概率（%）
甘肃	55	492	11.18
合计/平均	183	870	21.03

关于社区金融，本章使用“与三年前相比，社区农户从金融机构获得贷款难易程度”、“村委会到社区农户最常去银行的距离”、“社区内银行数量”和“从农村信用社获得贷款的农户占比”四个变量反映社区金融。其中，第一个变量是反映社区金融环境的代理变量，后三个变量则是从不同维度反映出社区金融覆盖水平。借鉴 Hurst 和 Lusardi（2004）的研究，使用农户家庭净资产变量控制家庭财富禀赋对于创业及其绩效的可能影响。个人特征变量主要包括农户户主年龄和受教育程度，家庭特征变量包括人口规模、家庭劳动力比率、实际耕地规模和农业收入比例等，最后还控制了社区经济发展水平和商业环境的变量。其主要变量的定义和描述统计见表 7–2。

表 7–2　主要变量定义和描述统计

变量名称	样本数	定　义	均值	标准差
selfdummy	870	农户创业选择行为（1=创业，0=非创业）	0.21	0.41
$selfincome_i$	870	农户创业绩效，使用创业收入作为代理变量（千元）	1.41	5.78
loansit	870	农户从社区金融机构贷款难易（1～5；1=很难，5=很容易）	3.04	0.96
bankdis	849	社区到社区居民最常去银行的距离（公里）	4.94	5.09
banknum	870	社区内银行数量（家）	0.13	0.33
loanratio	817	从农村信用社获得贷款的农户占比（%）	25.19	24.28
netwealthhp	870	农户人均家庭资产净值（千元）	22.09	65.21
agedummy1	870	农户户主年龄<40，agedummy1=1	0.19	0.39
agedummy2	870	农户户主年龄（40，50），agedummy2=1	0.26	0.44
agedummy3	870	农户户主年龄（50，60），agedummy3=1	0.32	0.47
education	870	农户家庭成员最高学历是高中以上，education=1	0.20	0.40

续表

变量名称	样本数	定　义	均值	标准差
hhsize	870	农户家庭人口规模	3.83	1.83
laboratio	870	农户家庭劳动力比率	0.71	0.39
land	870	农户实际耕地规模（亩）	7.87	9.81
agratio	853	农户家庭农业收入比例	0.22	2.24
getihu	870	农村社区内个体户和企业数量	39.56	71.35
province	870	省份虚拟变量，1=浙江，0=甘肃	0.43	0.50

第四节　社区金融影响农村家庭创业计量分析

表 7-3 列出社区金融对农户创业选择和创业绩效影响的计量分析结果，可概括为以下几点结论：

（1）农户从社区金融机构贷款难易程度的变量系数为正，但是未通过显著性检验，说明社区金融环境对农户创业选择影响并不明显。社区金融机构数量系数显著为负，这与第六章的预期不一致，可能的原因是尽管近年来农村地区金融机构数量在不断增加，但是部分社区金融机构并未真正履行其“服务于社区内的居民和小微企业”的职能，仍然存在规模扩张或者经营重心外移的倾向。从农村信用社获得贷款的农户比例越高，农户创业选择的概率亦越高，这种相关性在 1% 的统计性水平上显著，这一方面表明农村信用社依然是向农村社区提供金融服务的主力军，凭借其长期的人缘、地缘优势，将服务对象锁定在社区内的家庭和小微企业，另一方面则反映出拓宽社区金融机构的覆盖面对于促进农户创业尤为重要。相比于上述外部社区金融发展水平的变量，农户自身的家庭净资产与其创业选择概率微弱正相关，说明自有财富水平对创业选择的抑制作用并不明显，流动性约束的影响不显著。

（2）由于流动性约束对农户创业影响不显著，本章进一步分析社区金融和农户家庭净资产与农户创业绩效的关系。结果显示，所有社区金融环境和覆盖水平的变量与农户创业绩效均未表现出显著相关性。但是，农户家庭净资产变量与创业绩效显著正相关。这意味着，尽管流动性约束并未能抑制农户创业，但是却使得那些创业农户难以达到最优投资规模，在投资规模低于最优规模的情况下，农户创业绩效受到显著影响。至此，第六章的研究假说 1 和假说 2 均部分得到验证。上述结论与程郁、罗丹（2009）的发现较为一致，即流动性约束并未直接影响农户的创业选择，但会影响农户创业过程中的资源配置结构以及创业的层次和水平。本章则发现，影响农户的创业选择的主要因素是社区金融覆盖水平，尤其是覆盖宽度。

表 7-3　社区金融与农户创业计量分析结果

变量	农户创业选择		农户创业绩效	
	系数	Z 值	系数	标准误
loansit	0.006	0.10	0.109	0.10
bankdis	0.008	0.58	-0.247	-0.89
banknum	-0.430 **	-2.33	-2.747	-0.93
loanratio	0.008 ***	3.24	0.033	0.93
netwealthhp	0.001	1.55	0.048 ***	6.13
agedummy1	0.530 **	2.48	6.130 *	1.67
agedummy2	0.304	1.62	6.017 *	1.92
agedummy3	0.143	0.80	7.011 **	2.23
education	0.248 *	1.80	0.989	0.48
hhsize	-0.058	-1.50	-0.938	-1.46
laboratio	0.145	1.09	1.207	0.32
land	0.005	0.73	0.073	0.53
agratio	-0.119 *	-1.69	-7.688 *	-1.66
getihu	0.000	0.41	0.003	0.22
province	0.931 ***	6.28	2.179	0.82
常数项	-1.720 ***	-6.01	1.341	0.24
Observations	782		155	
LR chi^2/R^2	86.67		0.31	

注：***、**和*分别代表在 1%、5%和 10%的水平下显著。

（3）年龄和受教育程度对于农户创业选择影响较为显著，那些户主较年轻（40 岁以下的）和受过高中以上教育的农户创业概率较高。同时，年龄与农户创业绩效显著相关，且表现出户主较年轻农户的创业绩效好于户主年纪较大的农户。农户收入结构与创业选择和创业绩效均有显著负相关关系，原因在于农业收入比例较高的农户一般均花费更多的时间从事农业，放弃农业转向非农创业的机会成本较高，因此客观上降低了非农领域创业的可能性。

（4）省份虚拟变量系数仅在农户创业选择模型中显著为正，意味着农户创业的省际差异主要体现在农户创业选择水平上，浙江农户创业概率显著高于甘肃农户。但是，从已参与创业农户的创业绩效来看，省际并不存在显著差异。

第五节　本章小结

本章使用中国健康与养老追踪调查数据实证分析社区金融对农村家庭创业的影响，具体包括社区金融环境和金融覆盖对于农户创业选择和创业绩效的影响，得到以下结论：①社区金融环境对于农户创业选择影响不显著，社区金融覆盖宽度与农户创业选择显著正相关，那些从农村信用社获得贷款的农户比例越高的社区，农户创业选择水平也越高。②社区金融对创业农户的创业绩效影响不明显，流动性约束显著影响农户创业绩效，净资产越多的创业农户，其创业绩效亦越好。这意味着，流动性约束虽未直接影响农户创业选择，但是对农户创业过程中的投资规模、资源配置结构产生影响，进而影响其创业绩效。

本章的实证结论具有以下政策启示：①自 2006 年底放宽农村金融市场准入政策以来，农村地区小型微型的农村金融机构数量逐步增加，由于部分新设立的农村金融机构未能真正地发挥其独有的人缘、地缘优势和将服务对象锁定在社区内，存在吸储能力较弱和潜在的厌农倾向，对社区农户创业亦未产生显著的促进作用，还不可称为真正的社区金融机构。未来央行和银监会等金融管理部门可以制定更为针对性的政策。例如，借鉴美国《社区再投资法》的一些做法，并通过政策引导以培育真正能够根植于社区、吸存于社区、放款于社区、服务于社区和融入于社区的小型微型农村社区金融组织。②在加快金融深化的同时，大力促进金融宽化，推动金融资源向农村地区流动，不断拓展农村金融业的覆盖宽度和受益面，同时，发挥金融甄别具有创业才能的农户并为之提供资金支持的作用，通过支持创业带动非农就业，最终提高农村经济活力和整体收入水平。

第八章　全书总结、政策建议和未来研究展望

第一节　全书总结

本书使用中国健康与养老追踪调查数据实证分析中国的家庭企业家创业行为和创业收入是否受到金融约束的影响及其城乡差异，并进一步探讨金融约束对城乡收入差距的影响和作用机制。本书研究发现：

（1）从样本中创业家庭的分布来看，所有家庭的创业概率为22.01%。分区域来看，城镇地区为23.27%，农村地区为21.03%，总体上城镇地区略高于农村地区。分省份来看，浙江为30.68%，甘肃为12.45%，浙江比甘肃高出18.23个百分点。进一步地，省际不同区域家庭的创业概率也存在明显的差异，浙江城镇地区创业家庭样本为119个，创业概率为27.87%；农村地区创业家庭样本为128个，创业概率为33.86%，浙江农村地区家庭的创业概率高于城镇地区。甘肃城镇地区创业家庭样本为36个，创业概率为15.06%；农村地区创业家庭样本为55个，创业概率为11.18%，甘肃农村地区家庭的创业概率低于城镇地区。

（2）家庭财富水平对中国家庭企业家创业精神均有显著的正向影响，这表明对于城镇和农村家庭而言，其创业行为均受到金融约束的重要影响，不同的是，金融约束对农村家庭创业精神的影响更大，农村家庭面临更大的金融约束。

（3）家庭创业收入存在明显的区域差异，城镇家庭创业收入是农村家庭的2.83倍，从分布情况来看，63.50%的城镇创业家庭创业收入高于

1 万元，而农村地区仅 50.3% 的家庭创业收入高于 1 万元。

（4）金融约束不仅影响中国家庭的企业家创业行为，还会进一步影响企业家的创业收入。财富水平越高的家庭创业收入也越高，家庭人均资产净值每增加 1 万元，家庭的创业收入将相应增加 1209 元，这进一步证实了目前中国的创业家庭普遍面临着金融约束。对于城镇创业家庭人均资产净值每增加 1 万元，家庭的创业收入将相应增加 1080 元；相比之下，农村家庭人均资产净值每增加 1 万元，家庭的创业收入将相应增加 1306 元。这反映出增加农村地区家庭的财富水平能够带来更高的收益，换言之，农村地区创业家庭面临更高的金融约束。当使用家庭创业收入层次作为被解释变量时，回归结果依然支持上述结论。这反映出增加农村地区家庭的财富水平和改进其金融市场进入条件能够带来更高的收益，并能逐步缩小城乡收入差距。

（5）金融资源分配和金融市场进入的限制（金融约束）对城乡收入差距有重要的影响，可通过金融约束对企业家精神的影响探析其中的作用机制。实证检验结果显示，金融发展通过提高家庭创业水平进而影响收入差距，城乡家庭创业水平的差异对城乡收入差距有显著影响，从而验证了“金融发展→企业家创业→收入分配”的微观作用机制。因此，不同地区金融发展水平的差异为导致企业家创业精神受到金融约束不同程度的抑制，在抑制效应较低的区域城乡收入差距较小；反之，在抑制效应较高的区域城乡收入差距较大。

（6）社区金融环境对于农户创业选择影响不显著，社区金融覆盖宽度与农户创业选择显著正相关，那些从农村信用社获得贷款的农户比例越高的社区，农户创业选择水平也越高；但是，社区金融对创业农户的创业绩效影响不明显。因此，未来进一步扩大农村社区金融覆盖宽度有助于提高农村家庭创业水平。

第二节 政策建议

根据上述研究结论，本文提出以下的促进金融改革和缩小城乡差距进而推进中国经济转型的政策建议：

（1）进一步放松金融市场管制，尤其是加大农村金融开放力度。降低资本准入门槛并引导更多民间资本进入金融市场，有助于形成更加激烈、公平的竞争环境，增强金融市场对于农村创业和创新精神的刺激作用。政府控制市场开放带来的风险和保持市场稳定的有效举措是建立存款保险制度，而不是限制准入。

（2）在加快金融深化的同时，要大力强调金融市场的宽化。由于金融机构在评估筛选最有可能成功进行创业和创新活动的企业家方面具有成本和效率优势。因此，为更广泛地刺激创业和创新活动，未来要进一步扩大金融服务的覆盖面和受益面，进一步扩大金融机构的经营自主权，最大限度地发挥金融对潜在企业家的甄别作用，消除依靠关系进行融资活动的行为，为有能力或创业精神的中低收入贫困农户提供融资，从而为其中的一部分人成为企业家创造机会。

（3）开放和搞活农村金融市场，纠正金融市场扭曲带来的农村资金外流，改善农村地区家庭的金融服务。除此之外，还应重视民间金融市场并承认民间金融活动的创造性和合法性。民间金融在一定程度上满足了企业家创办民营中小企业的需要，因此承认民间金融活动的创造性和合法性也许比一味地完善现有的制度更重要。

（4）引导金融机构开展金融产品和服务方式创新，以更好地甄别和支持那些具有“创新精神”、“承担风险能力”、“敏锐的市场洞察力”和具备“在不确定条件下就稀缺资源的配置做出判断性决策的能力”的企业家。例如，国内一些商业银行引进的现金流信贷技术和信用评分技术，降低对抵押品和财富存量的依赖；实施对农村地区具有企业家才能的人（例如一些具备较强经验和能力的返乡农民工）“盯住”政策。

（5）在推进农村金融市场化改革的同时，完善其他要素市场（如土地、劳动力）和农产品价格形成机制的市场化，调整以补贴为主导的发展模式。最终，在完善农村要素市场和农产品市场的基础上，有效运用农村金融市场激发农村地区的企业家精神，在市场化的前提下帮助农村企业家重新组合各种生产要素，从而实现“革命性的变化”，最终促进农村经济的持续增长。

（6）政府的责任在于为不发达地区创造机遇而不是一味地进行管制。政府可以为创造新的就业机会的企业提供低利率启动资金；提供咨询服务，设立项目资金加以鼓励；为企业雇员提供良好的职业教育，用金融支持手段促使高水平有经验的经营人员由城市转移到乡村；通过媒体宣介、金融奖励等手段，为创业开出绿色通道；完善金融基础设施，加快推进信用体系的建设；消除依靠关系进行融资活动的行为：在不断完善金融制度以更好地鼓励企业家精神的过程中，政府所应提供的最好的监管就是强化市场的功能，而不是直接的行政干预。

第三节　未来研究展望

本书将城乡金融发展的差异研究推向微观层面，并证明了金融约束对城乡家庭创业选择带来差异化的影响。值得重点提及的是，第四章中发现财富水平分布于中等偏下的家庭更多地受到创业金融约束的影响。鉴于创业在提高家庭收入和整个社会流动性方面的重要作用，本书研究者担心金融约束会阻碍那些贫穷但有创新精神和企业家才能的人成为企业家，限制其“向上流动”，从而扩大收入差距和降低社会流动性。

因此，未来在获取更大样本数据的基础上，还可进一步研究金融约束如何通过影响企业家精神和家庭投资行为，进而影响社会流动性和社会阶层固化等问题，这将是未来研究的方向。

附　　录

目前，我国已制定诸多促进创业的政策，包括改善创业环境政策、金融支持政策、技术创新政策、税收优惠政策等。这里，我们搜集了财政部、科技部、中国人民银行、中国银行业监督管理委员会等部委发布的支持创业的金融政策。

附录1　中国人民银行关于印发《关于加强和改进对小企业金融服务的指导意见》的通知

【颁布单位】中国人民银行

【颁布日期】1999-11-17

【实施日期】1999-11-17

通知中国人民银行各分行、营业管理部；各国有商业银行，其他商业银行（城市商业银行及城乡信用社由中国人民银行当地分支行转发）：

为切实加强和改善对小企业的金融服务，积极支持小企业健康发展，根据党的十五届四中全会精神，现就进一步做好对小企业的金融服务工作提出如下意见：

一、进一步强化和完善对小企业的金融服务体系。各商业银行要充分认识小企业在国民经济发展中的重要地位和作用，健全和强化小企业信贷部，充实信贷管理队伍，加强对小企业信贷业务的领导；国有商业银行要充分发挥大银行在网点、资金、技术、管理和信息等方面的优势，进一步完善对小企业的金融服务。城市商业银行要按照市场定位要求，切实办成为小企业服务的主体。城市信用社、农村信用社要真正办成农民、个体工商户和小型企业入股，由入股人实行民主管理，主要为股东服务的合作组织，对股东贷款可不实行抵押和担保。

要积极扶持中小金融机构的发展。对经营状况良好的中小金融机构，人民银行将在再贷款、再贴现和发行金融债券等方面予以支持；对目前暂时处于支付困难、但短期内有望扭亏为盈的中小金融机构，人民银行也可以予以一定的再贷款支持。

二、改进小企业信贷工作方法。各金融机构要与小企业建立稳定的联系制度，设置专职信贷员定期深入企业开展调查研究，及时掌握当地小企业生产、销售和资信情况，设置小企业档案和项目储备。依据企业用款总量、进度和发展需求，合理制定和下达资金营运计划，及时足额解决小企业的合理贷款需求。

要逐步探索建立小企业信贷评估、审批和贷款制度，借鉴国外信用评分办法、将小企业资信与小企业经营者个人信用相结合发放贷款。还要积极研究开发适应小企业发展的信贷品种，报人民银行批准后实行。

三、完善信贷管理体制。要根据小企业经营的特点，及时完善授权授信制度，合理确定县级行贷款审批权限，减少贷款审批环节，提高工作效率。对有市场发展前景、信誉良好、有还本付息能力的小企业，要适当扩大授信额度，并可试办非全额担保贷款。对信用等级连续三年在2A级以上的小企业的小额贷款，经严格的审批程序，可适当发放信用贷款。

完善商业银行内部管理办法，健全基层信贷员贷款管理责任制。在强调防范风险、明确责任的同时，建立相应的贷款激励机制，做到责权明确、奖惩分明。对不良贷款的历史成因要客观分析，对新增贷款要实事求是地提出质量要求。

四、积极支持科技型小企业的发展，促进小企业的技术进步。各金融机构要按照国家有关部门发布的产业发展政策，对科技型小企业推广技术成熟、具有良好市场前景的高新技术产品和专利产品的项目，对积极运用高新技术成果进行技术改造的小企业，只要还款有保障，要积极发放贷款支持。各金融机构要改变现行对科技开发贷款、技术改造贷款、流动资金贷款分别评审、发放的方式，在审定贷款项目时，可将上述各类贷款通盘考虑，统筹安排。在认真总结经验的基础上，对运作规范、经营良好的融资租赁或设备租赁公司开展小企业技改设备租赁业务，金融机构可给予必要的信贷支持。适当扩大出口信贷业务范围，对国家鼓励的高新技术产品出口，可以采用卖方信贷，也可在符合贷款条件的前提下办理买方信贷业务。

五、支持再就业安置工作。对有能力吸纳国有企业下岗职工的小型企业和个体经济组织，各金融机构要积极发放小额贷款，小额贷款的评估、审批、担保方式可适当简化、灵活；对下岗职工自办或联合创办的小型经济实体，只要企业属合法经营、有发展前景、自筹资金比例不低于项目投资额的30%，可适当降低贷款担保比例，贷款期限可根据企业的生产周期和还贷能力由银企双方协商议定。

六、支持小企业为大中型企业提供配套服务及参与政府采购合同生产。对为大中型企业生产配件或提供加工、营销等配套服务的小企业，只要有大中型企业的生产订单、合作协议或有效委托合同，大中型企业有担保或还款承诺，金融机构贷款条件可适当放宽，对其合法的商业票据和有效付款凭证，金融机构要积极办理票据承兑和贴现。

配合政府采购制度改革，支持有条件的小企业参与政府采购合同的投标，对中标的小企业，根据中标合同和企业生产进度，金融机构可通过账户托管方式酌情发放信用贷款。

七、支持商业、外贸及新兴领域企业的发展，适当扩大贷款的范围。对以仓储、配送、分销等为主要内容的物流服务型小企业，对为小企业销售和进出口服务的商业、外贸企业，只要有经银行认可的信用证、承兑汇票或以库存货物作抵押的，都可以给予贷款支持。对符合贷款条件，具有还本付息能力的旅游、城镇社区服务及音像、出版、新闻、文化、教育、卫生、体育等新兴产业领域的小企业，各金融机构也要及时发放贷款支持，积极培育新的经济增长点。

八、支持建立小企业社会化中介服务体系。各金融机构要积极配合政府有关部门，探索建立多种形式、多层次的社会化中介服务体系，特别是小企业贷款评估、担保体系；条件成熟的地方，可借鉴国际先进经验，设立小企业辅导中心，为小企业加强信息交流和技术合作提供必要帮助；要配合担保机构合理确定担保基金的担保倍数；对经社会担保机构承诺担保的小企业发放贷款，可适当简化审贷手续，贷款利率不得上浮。

九、密切关注贷款投向，加强贷款管理。各金融机构支持小企业的发展，既要简化手续，提高工作效率，又要切实加强对新增贷款的管理，保证贷款质量；要配合落实贷款责任制，建立有效的贷后跟踪检查制度；要严格执行国家有关部门发布的《淘汰落后生产能力、工艺和产品的目录》和《当前工商领域禁止投资目录》，对于利用淘汰设备、技术落后、质量低劣、污染严重、浪费资源、没有发展前途、国家明令关停的小企业不得发放贷款；对利用改制或优化投资组合之名逃废银行债务或不守信用、长期恶意拖欠银行贷款本息的小企业，可予以同业制裁；要通过加强贷款管理和完善贷款激励机制，把积极增加贷款和有效防范金融风险有机结合起来，充分调动基层金融机构和基层信贷人员的工作积极性，为小企业健康发展创造良好的金融环境。

十、加强对金融机构改进小企业服务的引导和督促。人民银行各分支行要及时调查研究辖区内的小企业发展状况，认真分析小企业的信贷需求状况，按照总行的信贷政策要求，提出辖区内的小企业信贷规划和改善小企业金融服务的目标，对辖区内金融机构改进小企业金融服务的情况进行定期检查，其检查结果要列入对金融机构的考核报告。

要积极引导金融机构与政府有关部门和小企业之间的联系沟通，改善银企关系，加强银企合作。要积极组织金融机构研究金融创新，提出建议报人民银行总行批准后组织实施。

附录2 国务院办公厅转发发展改革委等部门关于加强中小企业信用担保体系建设意见的通知

（国办发〔2006〕90号）

各省、自治区、直辖市人民政府，国务院各部委、各直属机构：

发展改革委、财政部、人民银行、税务总局、银监会《关于加强中小企业信用担保体系建设的意见》已经国务院同意，现转发给你们，请认真贯彻执行。

国务院办公厅

二○○六年十一月二十三日

关于加强中小企业信用担保体系建设的意见

发展改革委 财政部 人民银行 税务总局 银监会

近年来，主要以中小企业为服务对象的中小企业信用担保机构快速发展，担保资金不断增加，业务水平和运行质量稳步提高，服务领域进一步拓展，为解决中小企业融资难和担保难等问题发挥了重要作用。但也要看到，目前中小企业信用担保体系建设还存在许多问题，主要是担保机构总体规模较小、实力较弱、抵御风险能力不强、行业管理不完善等，亟须采取有效措施加以解决。根据《中华人民共和国中小企业促进法》和《国务院关于鼓励支持和引导个体私营等非公有制经济发展的若干意见》（国发〔2005〕3号）的要求，为促进中小企业信用担保机构持续健康发展，现提出如下意见：

一、建立健全担保机构的风险补偿机制

（一）切实落实《中华人民共和国中小企业促进法》有关规定，在国家用于促进中小企业发展的各种专项资金（基金）中，安排部分资金用于支持中小企业信用担保体系建设。各地区也要结合实际，积极筹措资金，加大对中小企业信用担保体系建设的支持力度。

（二）鼓励中小企业信用担保机构出资人增加资本金投入。对于由政府出资设立，经济效益和社会效益显著的担保机构，各地区要视财力逐步建立合理的资本金补充和扩充机制，采取多种形式增强担保机构的资本实力，提高其风险防范能力。

（三）各地区、各部门要积极创造条件，采取多种措施，组织和推进中小企业信用担保体系建设，引导担保机构充分发挥服务职能，根据有关法律法规和政策，积极为有市场、有效益、信用好的中小企业开展担保业务，切实缓解中小企业融资难、担保难等问题。

（四）为提高中小企业信用担保机构抵御风险的能力，各地区可根据实际，逐步建立主要针对从事中小企业贷款担保的担保机构的损失补偿机制。鼓励有条件的地区建立中小企业信用担保基金和区域性再担保机构，以参股、委托运作和提供风险补偿等方式支持担保机构的设立与发展，完善中小企业信用担保体系的增信、风险补偿机制。

二、完善担保机构税收优惠等支持政策

（五）继续执行《国务院办公厅转发国家经贸委关于鼓励和促进中小企业发展若干政策意见的通知》（国办发〔2000〕59 号）中规定的对符合条件的中小企业信用担保机构免征三年营业税的税收优惠政策。同时，进一步研究完善促进担保机构发展的其他税收政策。

（六）开展贷款担保业务的担保机构，按照不超过当年年末责任余额1%的比例以及税后利润的一定比例提取风险准备金。风险准备金累计达到其注册资本金 30%以上的，超出部分可转增资本金。担保机构实际发生的代偿损失，可按照规定在企业所得税税前扣除。

（七）为促进担保机构的可持续发展，对主要从事中小企业贷款担保的担保机构，担保费率实行与其运营风险成本挂钩的办法。基准担保费率可按银行同期贷款利率的 50%执行，具体担保费率可依项目风险程度在基准费率基础上上下浮动 30%～50%，也可经担保机构监管部门同意后由担保双方自主商定。

三、推进担保机构与金融机构的互利合作

（八）按照平等、自愿、公平及等价有偿、诚实信用的原则，鼓励、支持金融机构与担保机构加强互利合作。鼓励金融机构和担保机构根据双方的风险控制能力合理确定担保放大倍数，发挥各自优势，加强沟通协作，防范和化解中小企业信贷融资风险，促进中小企业信贷融资业务健康发展。

（九）金融机构要针对中小企业的特点，创新与担保机构的合作方式，拓展合作领域，积极开展金融产品创新，推出更多适合中小企业多样化融资需求的金融产品和服务项目。政策性银行可依托中小商业银行和担保机构，开展以中小企业为主要服务对象的转贷款、担保贷款业务。

（十）金融机构要在控制风险的前提下，合理下放对小企业贷款的审批权限，简化审贷程序，提高贷款审批效率。对运作规范、信用良好、资本实力和风险控制能力较强的担保机构承保的优质项目，可按人民银行利率管理规定适当下浮贷款利率。

四、切实为担保机构开展业务创造有利条件

（十一）担保机构开展担保业务中涉及工商、房产、土地、车辆、船舶、设备和其他动产、股权、商标专用权、专利权等抵押物登记和出质登记，凡符合要求的，登记部门要按照《中华人民共和国担保法》的规定为其办理相关登记手续。担保机构可以查询、抄录或复印与担保合同和客户有关的登记资料，登记部门要提供便利。

（十二）登记部门要简化程序、提高效率，积极推进抵押物登记、出质登记的标准化和电子化，提高服务水平，降低登记成本。同时，担保机构办理代偿、清偿、过户等手续的费用，要按国家有关规定予以减免。在办理有关登记手续过程中，有关部门不得指定评估机构对抵押物（质物）进行强制性评估，不得干预担保机构正常开展业务。

（十三）各部门和有关方面按照规定可向社会公开的企业信用信息，应向担保机构开放，支持担保机构开展与担保业务有关的信息查询。有条件的地方要建立互联互通机制，实现可公开企业信用信息与担保业务信息的互联互通和资源共享。

五、加强对担保机构的指导和服务

（十四）全国中小企业信用担保体系建设工作由发展改革委牵头，财政部、人民银行、税务总局、银监会参加，各部门要密切配合，加强沟通与协调，及时研究解决工作中的重大问题。地方各级人民政府要加强领导，提高认识，高度重视中小企业信用担保体系建设工作，将其纳入中小企业成长工程，积极采取措施予以推进。

（十五）加强对担保机构经营的指导。各地区要指导和督促担保机构加强内部管理，规范经营行为，完善各种规章制度，努力提高经营水平和防控风险能力。要建立健全担保机构的信用评级制度，督促担保机构到有资质的评级机构进行信用评级，并将信用等级向社会公布。根据实际情况对担保机构实行备案管理，全面掌握担保机构经营状况，及时跟踪指导。

（十六）积极为担保机构做好服务工作。各地区要组织开展面向中小企业信用担保机构的信息咨询、经验交流、业务培训、行业统计、权益保护、行业自律及对外交流等工作，切实推进担保机构自身建设和文化建设，促进担保机构持续健康发展。

附录3　中国银监会关于支持商业银行进一步改进小企业金融服务的通知

（银监发〔2011〕59号）

各银监局，各国有商业银行、股份制商业银行，邮政储蓄银行，各省级农村信用联社：

近年来，为深入贯彻落实党中央、国务院的战略部署，着力解决小企业融资方面的突出问题，监管部门积极引导商业银行开展小企业金融业务，不断优化小企业融资环境，取得了明显成效。为巩固小企业金融工作成果，促进小企业金融业务可持续发展，支持商业银行进一步改进小企业金融服务，现将有关要求通知如下：

一、指导商业银行重点支持符合国家产业和环保政策、有利于扩大就业、有偿还意愿和偿还能力、具有商业可持续性的小企业的融资需求。

二、引导商业银行继续深化六项机制（利率的风险定价机制、独立核算机制、高效的贷款审批机制、激励约束机制、专业化的人员培训机制、违约信息通报机制），按照四单原则（小企业专营机构单列信贷计划、单独配置人力和财务资源、单独客户认定与信贷评审、单独会计核算），进一步加大对小企业业务条线的管理建设及资源配置力度，满足符合条件的小企业的贷款需求，努力实现小企业信贷投放增速不低于全部贷款平均增速。

三、鼓励商业银行先行先试，积极探索，进行小企业贷款模式、产品和服务创新，根据小企业融资需求特点，加强对新型融资模式、服务手段、信贷产品及抵（质）押方式的研发和推广。

四、优先受理和审核小企业金融服务市场准入事项的有关申请，提高行政审批效率。对连续两年实现小企业贷款投放增速不低于全部贷款平均增速且风险管控良好的商业银行，在满足审慎监管要求的条件下，积极支持其增设分支机构。

五、督促商业银行进一步加强小企业专营管理建设。对于设立“在行式”小企业专营机构的，其总行应相应设立单独的管理部门。同时鼓励小企业专营机构延伸服务网点，对于小企业贷款余额占企业贷款余额达到一定比例的商业银行，支持其在机构规划内筹建多家专营机构网点。

六、鼓励商业银行新设或改造部分分支行为专门从事小企业金融服务的专业分支行或特色分支行。

七、对于小企业贷款余额占企业贷款余额达到一定比例的商业银行，在满足审慎监管要求的条件下，优先支持其发行专项用于小企业贷款的金融债，同时严格监控所募集资金的流向。

八、对于风险成本计量到位、资本与拨备充足、小企业金融服务良好的商业银行，经监管部门认定，相关监管指标可做差异化考核，具体包括：

（一）对于运用内部评级法计算资本充足率的商业银行，允许其将单户 500 万元（含）以下的小企业贷款视同零售贷款处理，对于未使用内部评级法计算资本充足率的商业银行，对于单户 500 万元（含）以下的小企业贷款在满足一定标准的前提下，可视为零售贷款，具体的风险权重按照《商业银行资本充足率管理办法》执行。

（二）在计算存贷比时，对于商业银行发行金融债所对应的单户 500 万元（含）以下的小企业贷款，可不纳入存贷比考核范围。

九、根据商业银行小企业贷款的风险、成本和核销等具体情况，对小企业不良贷款比率实行差异化考核，适当提高小企业不良贷款比率容忍度。

十、积极推动多元化小企业融资服务体系建设，拓宽小企业融资渠道。同时协调各地方政府、各部门进一步落实和完善相关财税支持政策，完善社会信用体系，推动商业银行同融资性担保机构、产业基金的科学有序合作，创造良好的社会基础。

本通知所指小企业，暂以《关于印发中小企业标准暂行规定的通知》（国经贸中小企〔2003〕143 号）的小企业定义为准，国家有关部门对小企业划型标准修改后即按新标准执行。

农村合作银行、农村信用社和村镇银行等农村中小金融机构参照本通知执行。

请各银监局将本通知转发至辖内银监分局和有关商业银行，组织做好贯彻实施工作，并及时总结小企业金融服务工作的问题和经验，不断发展完善，将实施过程中的问题和建议及时反馈银监会。

二〇一一年五月二十五日

附录4 中国银监会关于支持商业银行进一步改进小型微型企业金融服务的补充通知

（银监发〔2011〕94号）

各银监局，各国有商业银行、股份制商业银行，邮政储蓄银行，各省级农村信用联社：

为贯彻国务院关于加强小型微型企业金融服务的政策精神，巩固和扩大小企业金融服务工作成果，促进小型微型企业金融业务可持续发展，银监会此前印发了《关于支持商业银行进一步改进小企业金融服务的通知》（银监发〔2011〕59号），现根据新的政策精神，就有关要求补充通知如下：

一、进一步明确改进小型微型企业金融服务的工作目标

（一）商业银行应加大对小型微型企业的贷款投放，努力实现小型微型企业贷款增速不低于全部贷款平均增速，增量高于上年同期水平，并重点加大对单户授信总额500万元（含）以下小型微型企业的信贷支持。

（二）商业银行应继续深化六项机制建设，加强内部管理，形成对小型微型企业金融服务前中后台的横贯型管理和支持机制。

二、关于小型微型企业金融服务机构准入

（一）鼓励和支持商业银行进一步扩大小型微型企业金融服务网点覆盖面，将小企业金融服务专营机构向社区、县域和大的集镇等基层延伸。鼓励和支持商业银行在已开设分支行的地区加快建设小企业金融服务专营机构分中心。

（二）对于小型微型企业授信客户数占该行辖内所有企业授信客户数以及最近六个月月末平均小型微型企业授信余额占该行辖内企业授信余额达到一定比例以上的商业银行，各银监局在综合评估其风险管控水平、IT系统建设水平、管理人才储备和资本充足状况的基础上，可允许其一次同时筹建多家同城支行，但每次批量申请的间隔期限不得少于半年。

前述两项比例标准由各银监局自行确定后报送银监会完善小企业金融服务领导小组办公室备案。原则上授信客户数占比东部沿海省份和计划单

列市不应低于70%，其他省份应不低于60%。

（三）鼓励和支持商业银行积极通过制度、产品和服务创新支持科技型小型微型企业成长，进一步探索建设符合我国国情的科技支行。

三、关于支持商业银行发行专项用于小型微型企业贷款的金融债

（一）申请发行小型微型企业贷款专项金融债的商业银行除应符合《全国银行间债券市场金融债券发行管理办法》等现有各项监管法规外，其小型微型企业贷款增速应不低于全部贷款平均增速，增量应高于上年同期水平。

（二）申请发行小型微型企业贷款专项金融债的商业银行应出具书面承诺，承诺将发行金融债所筹集的资金全部用于发放小型微型企业贷款。

（三）对于商业银行申请发行小型微型企业贷款专项金融债的，银监会结合其小型微型企业业务发展、贷款质量、专营机构建设、产品及服务创新、战略定位等情况作出审批决定。对于属地监管的商业银行，属地银监局应对其上述情况出具书面意见，作为银监会审批的参考材料。

（四）获准发行小型微型企业贷款专项金融债的商业银行，该债项所对应的单户授信总额500万元（含）以下的小型微型企业贷款在计算“小型微型企业调整后存贷比”时，可在分子项中予以扣除，并以书面形式报送监管部门。

（五）各级监管机构应在日常监管中对获准发行小型微型企业贷款专项金融债的商业银行法人进行动态监测和抽样调查，严格监管发债募集资金的流向，确保资金全部用于发放小型微型企业贷款。

四、关于小型微型企业贷款优惠计算风险权重

商业银行在计算资本充足率时，对符合相关条件的小型微型企业贷款，应根据《商业银行资本管理办法》相关规定，在权重法下适用75%的优惠风险权重，在内部评级法下比照零售贷款适用优惠的资本监管要求。

五、关于小型微型企业贷款不良率容忍度的监管标准

（一）各级监管机构应对商业银行小型微型企业贷款不良率执行差异化的考核标准，根据各行实际平均不良率适当放宽对小型微型企业贷款不良率的容忍度。

（二）各级监管机构应结合当前经济金融形势和小型微型企业贷款的风险点，及时做好小型微型企业贷款的风险提示与防范工作。

六、自收到本通知之日起，除银团贷款外，商业银行不得对小型微型企业贷款收取承诺费、资金管理费，严格限制对小型微型企业收取财务顾问费、咨询费等费用。

七、各商业银行应根据《关于印发中小企业划型标准规定的通知》（工信部联企业〔2011〕300 号）规定的企业划型标准，并按照银监会 2012 年非现场监管报表制度要求，及时、准确填报相关数据。

八、本通知所称“小型微型企业贷款”，含商业银行向小企业、微型企业发放的贷款及个人经营性贷款。有关企业划分标准按《关于印发中小企业划型标准规定的通知》（工信部联企业〔2011〕300 号）规定执行。

农村合作银行、农村信用社和村镇银行等农村中小金融机构参照本通知执行。

请各银监局将本通知转发辖内银监分局和有关商业银行，组织做好贯彻实施和信息反馈工作。

2011 年 10 月 24 日

附录5 关于加强中小企业信用担保体系建设工作的意见

各省、自治区、直辖市及计划单列市、新疆生产建设兵团中小企业主管部门：

按照《国务院关于进一步促进中小企业发展的若干意见》（国发〔2009〕36号，以下简称“国发36号文”）关于完善中小企业信用担保体系建设要求，结合《国务院办公厅关于加强中小企业信用担保体系建设意见的通知》（国办发〔2006〕90号，以下简称“国办发90号文”）和银监会等七部门《融资性担保公司管理暂行办法》，为进一步推动中小企业信用担保机构健康发展，切实缓解中小企业融资难，促进中小企业又好又快发展，现就加强中小企业信用担保体系建设工作提出以下意见。

一、高度重视和切实加强中小企业信用担保体系建设

各级中小企业管理部门要深刻领会国发36号文精神，将中小企业信用担保体系建设作为本地区促进中小企业发展工作的一项重要任务，采取切实有效措施，支持和引导中小企业信用担保（再担保）机构为促进中小企业和地方经济发展发挥更大作用。

二、有序推进中小企业信用再担保工作

各级中小企业管理部门要按照国发36号文和国办发90号文要求，采取中央财政、地方财政出资与社会资本联合组建等形式，重点推进省级中小企业信用再担保机构（再担保基金）设立与发展，积极完善多层次担保体系建设。各地可结合自身实际，探索完善再担保机构的基本模式、担保与再担保运作机制以及再担保机构可持续发展的政策。要按照政府出资与民间投资相结合、政策支持与市场化运作相结合、促进发展与防范风险相结合的原则，建立政府出资为主、规模较大、信用度较高、担保能力较强的中小企业信用再担保机构或再担保基金，为各类中小企业信用担保机构提供信用增级、风险分散、能力提升和行业整合等服务。不断完善并创新再担保的理念、产品和管理，提升信息化水平，扩大和提高本地区中小企业担保业务的规模与质量，更好地为中小企业发展服务。

三、充分发挥中小企业信用担保专项资金的导向作用

各地要积极争取在本级财政预算中安排中小企业信用担保体系建设专项资金，以资本金投入、业务补助、保费补贴、风险补偿、创新奖励等多种方式，提升中小企业信用担保（再担保）机构对中小企业的担保能力。要会同财政部门研究制定担保专项资金管理办法，对资金的管理、使用及申报程序、评价与监管等作出明确规定，切实发挥公共财政的扶持与导向功能，支持各类担保机构为中小企业提供更多担保服务。

四、继续落实好中小企业信用担保（再担保）机构税收优惠政策

各级中小企业管理部门要积极与税务部门协调配合，依照《工业和信息化部国家税务总局关于中小企业信用担保机构免征营业税有关问题的通知》（工信部联企业〔2009〕114 号）有关中小企业信用担保机构担保收入免征三年营业税要求，做好担保机构营业税免征的初审、公示、推荐和监管等工作。在给予担保机构营业税减免的同时，要了解担保机构业务运营情况，实现动态监管，及时上报不符合免税条件的担保机构名单，以切实发挥税收政策的导向功能。要及时与财政、税务部门沟通协调，继续落实好中小企业信用担保机构各项准备金提取及代偿损失税前扣除政策。

五、为中小企业信用担保机构开展抵押物登记和出质登记提供优质服务

各级中小企业管理部门要按照国办发 90 号文要求，积极会同地方国土资源、住房城乡建设、金融、工商等部门，为中小企业信用担保机构开展抵押物和出质的登记、确权、转让等提供优质服务。有条件的地方要会同抵质押登记部门出台相关实施细则，为担保机构办理受保企业不动产、动产抵质押登记简化程序，降低费用，提供便利，营造良好的政务环境。

六、促进担保机构与金融机构的平等互利合作

各级中小企业管理部门要积极与人民银行、银监等部门协调配合，引导和促进担保机构与合作银行转变经营理念，创新合作方式，拓展合作领域。要按照市场化原则，依据双方风险防范与控制能力，合理确定担保放大倍数和收费区间，逐步建立合作银行与担保机构双方“风险共担”、“利益共享”、“信息共通”机制，携手防范和化解信贷与担保风险，共同促进合作银行与担保机构的可持续发展。

七、引导中小企业信用担保机构加大产品与服务创新

各级中小企业管理部门要鼓励和支持中小企业信用担保机构根据本地中小企业实际需求，积极开发创新担保产品和服务。除继续开展贷款担保

业务外，还要积极开展履约担保等非融资性担保业务，探索实践中小企业集合债券、中小企业集合信托、中小企业短期融资券和中小企业票据等中小企业新型担保产品和服务。同时，要引导中小企业信用担保机构在明确服务对象、确定担保项目、设置反担保措施等方面降低条件和门槛，简化审批程序，扩大业务范围，努力提高信用担保的能力和规模。要针对中小企业特别是小企业融资特点，在风险可控前提下，逐步实现担保业务的标准化和程序化。

八、加强对中小企业信用担保机构的监督与管理

各级中小企业管理部门要研究制定本地区中小企业信用担保机构发展规划，以明晰市场定位与发展方向，推动建立功能完备、布局合理、运作规范、竞争适度、发展有序的中小企业信用担保体系。要按照七部门《融资性担保公司管理暂行办法》，加大对本地区中小企业信用担保公司的规范与管理力度，特别要配合相关部门，查处假借“担保”之名，实则抽逃资本金或非法经营金融业务等损害担保业声誉的非法行为，整合和净化中小企业担保市场，促进其有序健康发展。

各级中小企业管理部门要按照国发 36 号文和国办发 90 号文的要求，切实承担起推进中小企业信用担保体系建设的职责，按照国办发 90 号文要求，对中小企业信用担保机构实行备案管理，以全面掌握中小企业信用担保机构经营状况，及时跟踪指导，督促辖区内中小企业信用担保机构加强内部管理，提高经营水平和风险防控能力，扩大对中小企业担保业务的覆盖面和服务能力。适时开展信息咨询、经验交流、业务培训、统计监测等，组织开展绩效考评、权益保护、行业自律及对外交流等工作，促进中小企业信用担保机构持续健康发展。

各地要抓紧制定本地区推进和完善中小企业信用担保体系建设的具体措施。对贯彻落实国发 36 号文有关中小企业信用担保体系建设方面的突出问题，要抓紧研究解决并及时上报。

二〇一〇年五月十二日

附录6　财政部　科技部关于印发《科技型中小企业创业投资引导基金管理暂行办法》的通知

（财企〔2007〕128号）

各省、自治区、直辖市、计划单列市财政厅（局）、科技厅（委、局）：

为贯彻《国务院关于实施〈国家中长期科学和技术发展规划纲要（2006～2020）〉若干配套政策的通知》（国发〔2006〕6号），支持科技型中小企业自主创新，我们制定了《科技型中小企业创业投资引导基金管理暂行办法》，现印发给你们，请遵照执行。执行中有何问题，请及时向我们反映。

附件：科技型中小企业创业投资引导基金管理暂行办法

中华人民共和国财政部

中华人民共和国科技部

二〇〇七年七月六日

附件：

科技型中小企业创业投资引导基金管理暂行办法

第一章　总　则

第一条　为贯彻《国务院实施〈国家中长期科学和技术发展规划纲要（2006～2020年）〉若干配套政策》（国发〔2006〕6号），支持科技型中小企业自主创新，根据《国务院办公厅转发科学技术部　财政部关于科技型中小企业技术创新基金的暂行规定的通知》（国办发〔1999〕47号），制定本办法。

第二条　科技型中小企业创业投资引导基金（以下简称引导基金）专项用于引导创业投资机构向初创期科技型中小企业投资。

第三条 引导基金的资金来源为，中央财政科技型中小企业技术创新基金；从所支持的创业投资机构回收的资金和社会捐赠的资金。

第四条 引导基金按照项目选择市场化、资金使用公共化、提供服务专业化的原则运作。

第五条 引导基金的引导方式为阶段参股、跟进投资、风险补助和投资保障。

第六条 财政部、科技部聘请专家组成引导基金评审委员会，对引导基金支持的项目进行评审；委托科技部科技型中小企业技术创新基金管理中心（以下简称创新基金管理中心）负责引导基金的日常管理。

第二章 支持对象

第七条 引导基金的支持对象为：在中华人民共和国境内从事创业投资的创业投资企业、创业投资管理企业、具有投资功能的中小企业服务机构（以下统称创业投资机构），及初创期科技型中小企业。

第八条 本办法所称的创业投资企业，是指具有融资和投资功能，主要从事创业投资活动的公司制企业或有限合伙制企业。申请引导基金支持的创业投资企业应当具备下列条件：

（一）经工商行政管理部门登记；

（二）实收资本（或出资额）在 10000 万元人民币以上，或者出资人首期出资在 3000 万元人民币以上，且承诺在注册后 5 年内总出资额达到 10000 万元人民币以上，所有投资者以货币形式出资；

（三）有明确的投资领域，并对科技型中小企业投资累计 5000 万元以上；

（四）有至少 3 名具备 5 年以上创业投资或相关业务经验的专职高级管理人员；

（五）有至少 3 个对科技型中小企业投资的成功案例，即投资所形成的股权年平均收益率不低于 20%，或股权转让收入高于原始投资 20%以上；

（六）管理和运作规范，具有严格合理的投资决策程序和风险控制机制；

（七）按照国家企业财务、会计制度规定，有健全的内部财务管理制度和会计核算办法；

（八）不投资于流动性证券、期货、房地产业以及国家政策限制类行业。

第九条 本办法所称的创业投资管理企业，是指由职业投资管理人组建的为投资者提供投资管理服务的公司制企业或有限合伙制企业。申请引导基金支持的创业投资管理企业应具备下列条件：

（一）符合本办法第八条第（一）、第（四）、第（五）、第（六）、第（七）项条件；

（二）实收资本（或出资额）在100万元人民币以上；

（三）管理的创业资本在5000万元人民币以上。

第十条 本办法所称的具有投资功能的中小企业服务机构，是指主要从事为初创期科技型中小企业提供创业辅导、技术服务和融资服务，且具有投资能力的科技企业孵化器、创业服务中心等中小企业服务机构。申请引导基金支持的中小企业服务机构需具备以下条件：

（一）符合本办法第八条第（五）、第（六）、第（七）项条件；

（二）具有企业或事业法人资格；

（三）有至少2名具备3年以上创业投资或相关业务经验的专职管理人员；

（四）正在辅导的初创期科技型中小企业不低于50家（以签订《服务协议》为准）；

（五）能够向初创期科技型中小企业提供固定的经营场地；

（六）对初创期科技型中小企业的投资或委托管理的投资累计在500万元人民币以上。

第十一条 本办法所称的初创期科技型中小企业，是指主要从事高新技术产品研究、开发、生产和服务，成立期限在5年以内的非上市公司。享受引导基金支持的初创期科技型中小企业，应当具备下列条件：

（一）具有企业法人资格；

（二）职工人数在300人以下，具有大专以上学历的科技人员占职工总数的比例在30%以上，直接从事研究开发的科技人员占职工总数比例在10%以上；

（三）年销售额在3000万元人民币以下，净资产在2000万元人民币以下，每年用于高新技术研究开发的经费占销售额的5%以上。

第三章　阶段参股

第十二条　阶段参股是指引导基金向创业投资企业进行股权投资，并在约定的期限内退出。主要支持发起设立新的创业投资企业。

第十三条　符合本办法规定条件的创业投资机构作为发起人发起设立新的创业投资企业时，可以申请阶段参股。

第十四条　引导基金的参股比例最高不超过创业投资企业实收资本（或出资额）的25%，且不能成为第一大股东。

第十五条　引导基金投资形成的股权，其他股东或投资者可以随时购买。自引导基金投入后3年内购买的，转让价格为引导基金原始投资额；超过3年的，转让价格为引导基金原始投资额与按照转让时中国人民银行公布的1年期贷款基准利率计算的收益之和。

第十六条　申请引导基金参股的创业投资企业应当在《投资人协议》和《企业章程》中明确下列事项：

（一）在有受让方的情况下，引导基金可以随时退出；

（二）引导基金参股期限一般不超过5年；

（三）在引导基金参股期内，对初创期科技型中小企业的投资总额不低于引导基金出资额的2倍；

（四）引导基金不参与日常经营和管理，但对初创期科技型中小企业的投资情况拥有监督权。创新基金管理中心可以组织社会中介机构对创业投资企业进行年度专项审计。创业投资机构未按《投资人协议》和《企业章程》约定向初创期科技型中小企业投资的，引导基金有权退出；

（五）参股创业投资企业发生清算时，按照法律程序清偿债权人的债权后，剩余财产首先清偿引导基金。

第四章　跟进投资

第十七条　跟进投资是指对创业投资机构选定投资的初创期科技型中小企业，引导基金与创业投资机构共同投资。

第十八条　创业投资机构在选定投资项目后或实际完成投资1年内，可以申请跟进投资。

第十九条　引导基金按创业投资机构实际投资额50%以下的比例跟进投资，每个项目不超过300万元人民币。

第二十条 引导基金跟进投资形成的股权委托共同投资的创业投资机构管理。

创新基金管理中心应当与共同投资的创业投资机构签订《股权托管协议》，明确双方的权利、责任、义务、股权退出的条件或时间等。

第二十一条 引导基金按照投资收益的50%向共同投资的创业投资机构支付管理费和效益奖励，剩余的投资收益由引导基金收回。

第二十二条 引导基金投资形成的股权一般在5年内退出。股权退出由共同投资的创业投资机构负责实施。

第二十三条 共同投资的创业投资机构不得先于引导基金退出其在被投资企业的股权。

第五章 风险补助

第二十四条 风险补助是指引导基金对已投资于初创期科技型中小企业的创业投资机构予以一定的补助。

第二十五条 创业投资机构在完成投资后，可以申请风险补助。

第二十六条 引导基金按照最高不超过创业投资机构实际投资额的5%给予风险补助，补助金额最高不超过500万元人民币。

第二十七条 风险补助资金用于弥补创业投资损失。

第六章 投资保障

第二十八条 投资保障是指创业投资机构将正在进行高新技术研发、有投资潜力的初创期科技型中小企业确定为“辅导企业”后，引导基金对“辅导企业”给予资助。

投资保障分两个阶段进行。在创业投资机构与“辅导企业”签订《投资意向书》后，引导基金对“辅导企业”给予投资前资助；在创业投资机构完成投资后，引导基金对“辅导企业”给予投资后资助。

第二十九条 创业投资机构可以与“辅导企业”共同提出投资前资助申请。

第三十条 申请投资前资助的，创业投资机构应当与“辅导企业”签订《投资意向书》，并出具《辅导承诺书》，明确以下事项：

（一）获得引导基金资助后，由创业投资机构向“辅导企业”提供无偿创业辅导的主要内容。辅导期一般为1年，最长不超过2年；

（二）辅导期内“辅导企业”应达到的符合创业投资机构投资的条件；

（三）创业投资机构与“辅导企业”双方违约责任的追究。

第三十一条 符合本办法第三十条规定的，引导基金可以给予“辅导企业”投资前资助，资助金额最高不超过100万元人民币。资助资金主要用于补助“辅导企业”高新技术研发的费用支出。

第三十二条 经过创业辅导，创业投资机构实施投资后，创业投资机构与“辅导企业”可以共同申请投资后资助。引导基金可以根据情况，给予“辅导企业”最高不超过200万元人民币的投资后资助。资助资金主要用于补助“辅导企业”高新技术产品产业化的费用支出。

第三十三条 对辅导期结束未实施投资的，创业投资机构和“辅导企业”应分别提交专项报告，说明原因。对不属于不可抗力而未按《投资意向书》和《辅导承诺书》履约的，由创新基金管理中心依法收回投资前资助资金，并在有关媒体上公布违约的创业投资机构和“辅导企业”名单。

第七章 管理与监督

第三十四条 财政部、科技部履行下列职责：

（一）制订引导基金项目评审规程；

（二）聘请有关专家组成引导基金评审委员会；

（三）根据引导基金评审委员会评审结果，审定所要支持的项目；

（四）指导、监督创新基金管理中心对引导基金的日常管理工作；

（五）委托第三方机构，对引导基金的运作情况进行评估，对获得引导基金支持的创业投资机构的经营业绩进行评价。

第三十五条 引导基金评审委员会履行下列职责：

依据评审标准和评审规程公开、公平、公正地对引导基金项目进行评审。

第三十六条 创新基金管理中心履行下列职责：

（一）对申请引导基金的项目进行受理和初审，向引导基金评审委员会提出初审意见；

（二）受财政部、科技部委托，作为引导基金出资人代表，管理引导基金投资形成的股权，负责实施引导基金投资形成的股权退出工作；

（三）监督检查引导基金所支持项目的实施情况，定期向财政部、科技部报告监督检查情况，并对监督检查结果提出处理建议。

第三十七条 经引导基金评审委员会评审的支持项目，在有关媒体上公示，公示期为2周。对公示中发现问题的项目，引导基金不予支持。

第八章 附 则

第三十八条 引导基金项目管理办法由科技部会同财政部另行制定。

第三十九条 本办法由财政部会同科技部负责解释。

参考文献

奥尔森：《集体行动的逻辑》（中译本），陈郁等译，上海三联书店、上海人民出版社 1995 年版。

蔡昉、王美艳：《人口与劳动绿皮书》，社会科学文献出版社 2008 年版。

蔡昉、杨涛：《城乡收入差距的政治经济学》，《中国社会科学》2000 年第 4 期。

蔡继明：《中国城乡比较生产力与相对收入差别》，《经济研究》1998 年第 1 期。

曹飞燕、张宝山：《社区金融未来潜力未可估》，《当代金融家》2012 年第 11 期。

程恩江、刘西川：《小额信贷缓解农户正规信贷配给了吗？来自三个非政府小额信贷项目区的经验证据》，《金融研究》2010 年第 12 期。

程郁、罗丹：《信贷约束下农户的创业选择——基于中国农户调查的实证分析》，《中国农村经济》2009 年第 11 期。

董晓林：《我国农村经济发展中的金融支持研究》，南京农业大学博士学位论文，2005 年。

高波：《文化、文化资本与企业家精神的区域差异》，《南京大学学报》2007 年第 5 期。

高建：《中国的创业活动更趋活跃——来自 2006 年全球创业观察（GEM）中国报告的分析》，《 中国科技投资》2007 年第 9 期。

郭剑雄：《人力资本、生育率与城乡收入差距的收敛》，《中国社会科学》2005 年第 3 期。

韩玲慧：《金融发展理论的发展脉络》，《经济学动态》2003 年第 2 期。

何广文：《中国农村金融转型与金融机构多元化》，《中国农村观察》2004 年第 2 期。

洪正：《新型农村金融机构改革可行吗?》，《经济研究》2011 年第 2 期。

江春、周宁东：《中国农村金融改革和发展的理论反思与实证检验——基于企业家精神的视角》，《财贸经济》2012 年第 1 期。

江春：《金融改革和金融发展：理论与实践的回顾及反思》，人民出版社 2012 年版。

林毅夫、蔡昉、李周：《中国的奇迹：发展战略与经济改革》，上海人民出版社 1999 年版。

雷蒙德·W. 戈德史密斯：《金融结构与金融发展》，周塑等译，三联出版社 1990 年版。

李培林、陆学艺、陈金光：《社会蓝皮书》，社会科学文献出版社 2009 年版。

李实、魏众、丁赛：《中国居民财产分布不均等及其原因的经验分析》，《经济研究》2005 年第 6 期。

刘刚：《我国农村金融制度变迁的特征及改革取向》，《现代管理科学》2006 年第 3 期。

马光荣、杨恩艳：《社会网络、非正规金融与创业》，《经济研究》2011 年第 3 期。

乔海曙、陈力：《金融发展与城乡收入差距“倒 U 型”关系再检验——基于中国县域截面数据的实证分析》，《中国农村经济》2009 年第 7 期。

温涛、冉光和、熊德平：《中国金融发展与农民收入增长》，《经济研究》2005 年第 9 期。

阮建青、张晓波、卫龙宝：《资本壁垒与产业集群——基于浙江濮院羊毛衫产业的案例研究》，《经济学（季刊）》2008 年第 7 期。

肖华芳、包晓岚：《农民创业的信贷约束——基于湖北省 930 家农村微小企业的实证研究》，《农业技术经济》2011 年第 2 期。

徐忠、程恩江：《利率政策，农村金融机构行为与农村信贷短缺》，《金融研究》2004 年第 12 期。

肖：《经济发展中的金融深化》，王巍等译，中国社会科学出版社 1989 年版。

杨少芬、梁雪芳、王勉：《我国农村信用社实行社区金融模式改造研究》，《金融研究》2006 年第 7 期。

姚耀军：《金融发展与城乡收入差距的经验分析》，《财经研究》2005 年第 2 期。

雅荣、本杰明、皮普雷克：《农村金融问题、设计和最佳做法》，世界银行研究报告，1997 年。

约瑟夫·熊彼特：《经济发展理论——对于利润、资本、信贷、利息和经济周期的考察》，何畏等译，商务印书馆 1990 年版。

张立军、湛泳：《金融发展影响城乡收入差距的三大效应及检验》，《上海财经大学学报》2006 年第 8 卷第 5 期。

张元红：《当代农村金融发展的理论和实践》，江西人民出版社 2002 年版。

章奇、何帆、刘明兴：《金融自由化、政策一致性和金融脆弱性：理论框架与经验证据》，《世界经济》2003 年第 12 期。

章元：《论团体贷款对信贷市场低效率的可能改进》，《经济研究》2005 年第 1 期。

赵冬青、李子奈、刘玲玲：《印度微型金融对我国农村金融发展的启示》，《金融理论与实践》2008 年第 6 期。

周业安：《金融市场的制度与结构》，中国人民大学出版社 2003 年版。

朱农：《论教育对中国农村家庭生产活动和收入的作用》，《中国人口科学》2003 年第 2 期。

Acemoglu, Daron, Simon Johnson, and James A. Robinson, Reversal of Fortune: Geography and Institutions in the Making of the Modern World Income Distribution, No. w8460, *National Bureau of Economic Research*, 2001.

Acs Z., Armington C., "Employment Growth and Entrepreneurial Activity in Cities", *Regional Studies*, Vol. 38, No. 8, 2004, pp. 911-927.

Acs, Zoltan J. and Catherine Armington, "The Impact of Geographic Differences in Human Capital on Service Firm Formation Rates", *Journal of Urban Economics*, 56. 2 (2004), pp. 244-278.

Acs, Zoltan J. and Catherine Armington, "Endogenous Growth and Entrepreneurial Activity in Cities". *Center for Economic Studies*, Bureau of the Census, 2003.

Aghion, Philippe, and Patrick Bolton, "A Theory of Trickle-Down Growth and Development", *The Review of Economic Studies*, 1997, pp. 151-172.

Aghion, Philippe, Thibault Fally, and Stefano Scarpetta, "Credit Constraints as a Barrier to the Entry and Post-Entry Growth of Firms", *Economic Policy*, 22. 52 (2007), pp. 731-779.

Ahlin, Christian, and Neville Jiang, "Can Micro-Credit Bring Development?", *Journal of Development Economics*, 2008, pp. 1-21.

Ahlin, Christian, and Jiaren Pang, "Are Financial Development and Corruption Control Substitutes in Promoting Growth?", *Journal of Development Economics*, 86. 2 (2008), pp. 414-433.

Aidis, Ruta, Saul Estrin, and Tomasz Mickiewicz, "Entrepreneurship in Emerging Markets: Which Institutions Matter, Centre for Economic and Social Change in Europe", *Economics Working Paper*, No. 81, 2007.

Alesina, Alberto, Filipe R. Campante, and Guido Tabellini, "Why is Fiscall Policy Often Procyclical?", *Journal of the European Economic Association*, 6. 5 (2008), pp. 1006-1036.

Alfaro, Laura, et al., "FDI and Economic Growth: The Role of Local Financial Markets", *Journal of International Economics*, Vol. 64, No. 1, 2004, pp. 89-112.

Allen, Franklin and Anthony M. Santomero, "The Theory of Financial Intermediation", *Journal of Banking & Finance*, 21. 11 (1997), pp. 1461-1485.

Allen, Franklin, and Douglas Gale, *Financial Innovation and Risk Sharing*. MIT press, 1994.

Ang, James B., "Research, Technological Change and Financial Liberalization in South Korea", *Journal of Macroeconomics*, 32. 1 (2010), pp. 457-468.

Antunes, António, Tiago Cavalcanti, and Anne Villamil, "The Effect of Financial Repression and Enforcement on Entrepreneurship and Economic Development", *Journal of Monetary Economics*, 55. 2 (2008), pp. 278-297.

Ardagna, Silvia, and Annamaria Lusardi, "Explaining International Differences in Entrepreneurship: The Role of Individual Characteristics and Regulatory Constraints", NBER Working Paper No. w14012, 2008.

Atje, Raymond, and Boyan Jovanovic, "Stock Markets and Development", *European Economic Review*, 37. 2-3 (1993), pp. 632-640.

Audretsch, David B. , "New-Firm Survival and the Technological Regime", *The Review of Economics and Statistics*, 1991, pp. 441-450.

Audretsch, David B. , and A. Roy Thurik, "What's New about the New Economy? Sources of Growth in the Managed and Entrepreneurial Economies", *Industrial and Corporate Change*, Vol. 10, No. 1, 2001, pp. 267-315.

Audretsch, David, and Max Keilbach, "Entrepreneurship Capital and Economic Performance", *Regional Studies*, 38. 8 (2004), pp. 949-959.

Bacchetta, Philippe, "Capital Controls and the Political Discount: The Spanish Experience in the Late 1980s", *Open Economies Review*, 7. 4 (1996), pp. 349-369.

Bacchetta, Philippe, and Ramon Caminal, "Do Capital Market Imperfections Exacerbate Output Fluctuations?", *European Economic Review*, 44. 3 (2000), pp. 449-468.

Baldwin, John R. , and Paul K. Gorecki, "Firm Entry and Exit in the Canadian Manufacturing Sector, 1970-1982", *Canadian Journal of Economics*, 1991, pp. 300-323.

Banerjee, Abhijit V. and Andrew F. Newman, "Occupational Choice and the Process of Development", *Journal of Political Economy*, 1993, pp. 274-298.

Baumol, William J. , "Entrepreneurship: Productive, Unproductive, and Destructive", *Journal of Political Economy*, 1990, pp. 893-921.

Beck, Thorsten, and Ross Levine, "Legal Institutions and Financial Development", *Handbook of New Institutional Economics* (2005), pp. 251-278.

Beck, Thorsten, Asli Demirgüç-Kunt, and Maria Soledad Martinez Peria, "Reaching Out: Access to and Use of Banking Services Across Countries", *Journal of Financial Economics*, 2007, pp. 234-266.

Beck, Thorsten, Asli Demirgüç-Kunt, and Ross Levine, "A New Database on the Structure and Development of the Financial Sector", *The World Bank Economic Review*, 14. 3 (2000), pp. 597-605.

Beck, Thorsten, Asli Demirgüç-Kunt, and Ross Levine, "Law, Endowments, and Finance", *Journal of Financial Economics*, 70. 2 (2003), pp. 137-181.

Beck, Thorsten, Asli Demirgüç-Kunt, and Ross Levine, "Legal Theories of

Financial Development", *Oxford Review of Economic Policy*, 17. 4 (2001), pp. 483-501.

Beck, Thorsten, Asli Demirgüç-Kunt, and Vojislav Maksimovic, "Bank Competition and Access to Finance: International Evidence", *Journal of Money, Credit, and Banking*, Vol. 36, No. 3, 2004, pp. 627-648.

Beck, Thorsten, A. S. L. I. Demirgüç-Kunt, and Vojislav Maksimovic, "Financial and Legal Constraints to Growth: Does Firm Size Matter?", *The Journal of Finance*, 60. 1 (2005), pp. 137-177.

Beck, Thorsten, et al., "Finance, Firm Size, and Growth", *Journal of Money, Credit and Banking*, Vol. 40, No. 7, 2008, pp. 1379-1405.

Beck, Thorsten, Mattias Lundberg, and Giovanni Majnoni, "Financial Intermediary Development and Growth Volatility: Do Intermediaries Dampen or Magnify Shocks?", *Journal of International Money and Finance*, 25. 7 (2006), pp. 1146-1167.

Beck, Thorsten, Ross Levine, and Alexey Levkov, *Big Bad Banks*? The Impact of US Branch Deregulation on Income Distribution, No. w13299, *National Bureau of Economic Research*, 2007.

Bencivenga, Valerie R., and Bruce D. Smith, "Financial Intermediation and Endogenous Growth", *The Review of Economic Studies*, 58. 2 (1991), pp. 195-209.

Benston, George J., and Clifford W. Smith, "Studies in the Economics of Bank Regulation", *The Journal of Finance*, 31. 2 (1976), pp. 215-255.

Berger, Allen N., and Gregory F. Udell, "Small Business Credit Availability and Relationship Lending: The Importance of Bank Organisational Structure", *The Economic Journal*, Vol. 112, No. 477, 2002, pp. 32-53.

Besley, Timothy, and Stephen Coate, "Group Lending, Repayment Incentives and Social Collateral", *Journal of Development Economics*, 46. 1 (1995), pp. 1-18.

Beugelsdijk, Sjoerd, and Niels Noorderhaven, "Entrepreneurial Attitude and Economic Growth: A Cross-Section of 54 Regions", *The Annals of Regional Science*, Vol. 38, No. 2, 2004, pp. 199-218.

Bianchi, Francesco, "Rare Events, Financial Crises, and the Cross-Section of

Asset Returns", *Economics Research Initiatives at Duke (ERID) Working Paper*, 41 (2010).

Bianchi, Javier, "Over Borrowing and Systemic Externalities in the Business Cycle", *Federal Reserve Bank of Atlanta Working Paper Series*, 2009.

Bianchi, Javier, "Credit Externalities: Macroeconomic Effects and Policy Implications", *American Economic Review*, Vol. 100, No. 2, 2010, pp. 398–402.

Bjørnskov, Christian, and Nicolai J. Foss, "Economic Freedom and Entrepreneurial Activity: Some Cross–Country Evidence", *Public Choice*, 134. 3 (2008), pp. 307–328.

Black, Sandra E. and Philip E. Strahan, "Entrepreneurship and Bank Credit Availability", *The Journal of Finance*, 57. 6 (2002), pp. 2807–2833.

Blackburn, Keith, and Gonzalo F. Forgues–Puccio, "Financial Liberalization, Bureaucratic Corruption and Economic Development", *Journal of International Money and Finance*, 29. 7 (2010), pp. 1321–1339.

Blackburn, K. and V. Hung, "A Theory of Financial Intermediation and Growth", *Economica*, 65 (1998), pp. 107–124.

Blanchard, Olivier, and Philippe Aghion, "On Insider Privatization", *European Economic Review*, Vol. 40, No. 3, 1996, pp. 759–766.

Blanchflower, David G., and Andrew J. Oswald, "Well–Being over Time in Britain and the USA", *Journal of Public Economics*, Vol. 88, No. 7, 2004, pp. 1359–1386.

Blanchflower, David, Jumana Saleheen and Chris Shadforth, "The Impact of the Recent Migration from Eastern Europe on the UK Economy", 2007.

Blanchflower, D. G., Oswald, A. J., "What Makes an Entrepreneur?", *Journal of Labor Economics*, 16 (1), 1998, pp. 26–60.

Boháĉek, Radim, "Financial Intermediation with Credit Constrained Agents", *Journal of Macroeconomics*, 2007, pp. 741–759.

Boháĉek, Radim, "Financial Constraints and Entrepreneurial Investment", *Journal of Monetary Economics*, 53. 8 (2006), pp. 2195–2212.

Boot, Arnoud W. A., and Anjan V. Thakor, "Financial System Architecture", *Review of Financial Studies*, 10. 3 (1997), pp. 693–733.

Bordo, Michael D. , and Peter L. Rousseau, "Legal-Political Factors and the Historical Evolution of the Finance-Growth Link", *European Review of Economic History*, 10. 3 (2006), pp. 421-444.

Bourdieu, P. , "The Forms of Social Capital", in Richardson, JG(ed). Handbook of Theory and Research for the Sociology of Education. New York: Greenwood", 1985.

Bourguignon, François, Carolina Diaz-Bonilla, and Hans Lofgren, "Aid, Service Delivery, and the Millennium Development Goals in an Economy-Wide Framework", *World Bank Policy Research Working Paper Series*, 2008.

Boyd, John H. , and Edward C. Prescott, "Financial Intermediary-Coalitions", *Journal of Economic Theory*, 38. 2 (1986), pp. 211-232.

Boyd, John, and Bruce Smith, "The Coevolution of the Real and Financial Sectors in the Growth Process", *The World Bank Economic Review*, 10. 2 (1996), pp. 371-396.

Brealy R. , Leland H. , and D. Pyle, "Information Asymmetries, Financial Structure and Firm Intermediation", *Journal of Finance*, 50 (1977), pp. 301-318.

Brockman, Paul, and Dennis Y. Chung, "Investor Protection and Firm Liquidity", *The Journal of Finance*, 58. 2 (2003), pp. 921-938.

Buera F. J. , "A Dynamic Model of Entrepreneurship with Borrowing Constraints: Theory and Evidence", *Annals of Finance*, 5 (3), 2009, pp. 443-464.

Buera F. J. , "A Dynamic Model of Entrepreneurship with Borrowing Constraints: Theory and Evidence", *Annals of Finance*, 5, 2009, pp. 443-464.

Buera, Francisco J. , Alexander Monge-Naranjo, and Giorgio E. Primiceri, "Learning the Wealth of Nations", *Econometrica*, 79. 1 (2011), pp. 1-45.

Buera, Francisco J. , Joseph Kaboski, and Yongseok Shin, Finance and Development: A Tale of Two Sectors, No. w14914, *National Bureau of Economic Research*, 2009.

Burgess, R. and Pande, R. , "Do Rural Banks Matter? Evidence from the Indian Social Banking Experiment", LSE STICERD Research Paper No.

DEDPS40, 2003.

Burt, Ronald S., "The Social Structure of Competition", In Nohria N., and Eccles R., (eds.), Networks and Organizations: Structure, Form and Action, Harvard Business School Press, Boston, MA, 1992.

Calderón, César, Alberto Chong, and Arturo Galindo, *Structure and Development of Financial Institutions and Links with Trust: Cross – Country Evidence*, Vol. 4251. Inter–American Development Bank, 2001.

Campos, Nauro F., and Fabrizio Coricelli, "*Financial Liberalization and Democracy: The Role of Reform Reversals*", IZA Discussion Papers 4338, 2009.

Capitalism, *Socialism and Democracy*, New York: Harper, 1975, pp. 82–85.

Caprio, Gerard, Luc Laeven, and Ross Levine, "Governance and Bank Valuation", *Journal of Financial Intermediation*, 16.4 (2007), pp. 584–617.

Cerutti, Eugenio, Giovanni Dell' Ariccia, and Maria Soledad Martinez Peria, "How Banks Go Abroad: Branches or Subsidiaries?", *Journal of Banking & Finance*, Vol. 31, No. 6, 2007, pp. 1669–1692.

Chan, Louis Kuo Chi, "Uncertainty and the Neutrality of Government Financing Policy", *Journal of Monetary Economics*, 11.3 (1983), pp. 351–372.

Chant, John, "The New Theory of Financial Intermediation", Current Issues in *Financial and Monetary Economics.* Basingstoke, Hampshire, Macmillan, 2001, pp. 42–65.

Christen, Robert Peck, "Commercialization and Mission Drift", *CGAP Occasional Paper*, 5 (2001).

Claessens, Stijn, and Enrico Perotti, "Finance and Inequality: Channels and Evidence", *Journal of Comparative Economics*, Vol. 35, No. 4, 2007, pp. 748–773.

Coleman, James S., Foundations of Social Capital, Cambridge: Belknap, 1990.

Conning, Jonathan, "Outreach, Sustainability and Leverage in Monitored and Peer–Monitored Lending", *Journal of Development Economics*, 60.1 (1999), pp. 51–77.

Cooley, Thomas F. and Bruce D. Smith, "Financial Markets, Specialization, and Learning by Doing", *Research in Economics – Ricerche Economiche*, Vol. 52, No. 4, 1998, pp. 333–361.

Cressy, Robert, "Are Business Startups Debt-Rationed?", *The Economic Journal*, 1996, pp. 1253–1270.

Cull, Robert, Asli Demirgüç - Kunt, and Jonathan Morduch, " Microfinance Meets the Market", *Contemporary Studies in Economic and Financial Analysis*, 2010, pp. 1–30.

Cull, Robert, Asli Demirgüç-Kunt, and Jonathan Morduch, "Microfinance Meets the Market", *World Bank Policy Research Working Paper Series*, 2008.

Davis, Michael H., and Dana Neacsu, "Legitimacy, Globally: The Incoherence of Free Trade Practice, Global Economics and Their Governing Principles of Political Economy", *UMKC Law Review*, 69 (2000), p. 733.

De Gregorio, Jose and Se-Jik Kim, "Credit Markets with Differences in Abilities: Education, Distribution, and Growth", *International Economic Review*, No. 41, No. 3, 2000, pp. 579–607.

De Gregorio, José, "Borrowing Constraints, Human Capital Accumulation, and Growth", *Journal of Monetary Economics*, Vol. 37, No. 1, 1996, pp. 49–71.

Dehejia, Rajeev H., and Roberta Gatti, "Child Labor: The Role of Financial Development and Income Variability Across Countries", *Economic Development and Cultural Change*, Vol. 53, No. 4, 2005, pp. 913–932.

Demirgüç-Kunt, Asli, and Enrica Detragiache, "Monitoring Banking Sector Fragility: A Multivariate Logit Approach with an Application to the 1996 ~ 1997 Banking Crises", *World Bank Policy Research Working Paper*, 1999, p. 2085.

Demirgüç-Kunt, Asli, and Ross Levine, "Finance, Financial Sector Policies, and Long-run Growth", *World Bank Policy Research Working Paper Series*, 2008.

Demirgüç - Kunt, Asli, Thorsten Beck, and Patrick Honohan, *Finance for All?: Policies and Pitfalls in Expanding Access*, World Bank Publications, 2008.

Denizer, Cevdet, Raj Desai, and Nikolay Gueorguiev, "The Political Economy of Financial Repression in Transition Economies", *World Bank Policy Research Working Paper*, 1998, p. 2030.

Detragiache, Enrica, Thierry Tressel, and Poonam Gupta, "Foreign Banks in

Poor Countries: Theory and Evidence", *The Journal of Finance*, 63.5 (2008), pp. 2123–2160.

Diagne, Aliou, "Design and Sustainability Issues of Rural Credit and Savings Programs: Findings From Malawi", *Policy Brief*, No. 12, 2000.

Diamond, Douglas W., and Philip H. Dybvig, "Bank Runs, Deposit Insurance, and Liquidity", *The Journal of Political Economy*, 1983, pp. 401–419.

Diamond, Douglas W., "Financial Intermediation and Delegated Monitoring", *The Review of Economic Studies*, 51.3 (1984), pp. 393–414.

Dinmore, G., and B. Bianchi, "Tensions Rise over Italy's Gipsy Migrants", *Financial Times*, 27 (2009).

Djankov S., Yingyi Qian, Roland G. and Zhuravskaya E., "Who are China's Entrepreneurs?", *The American Economic Review*, 96 (2), 2006, pp. 348–352.

Djankov, Simeon, et al., "Who are Russia's Entrepreneurs?", *Journal of the European Economic Association*, Vol. 3, No. 2, 2005, pp. 587–597.

Dollar, D. and A. Kraay, *Growth Is Good for the Poor.* Washington, DC: World Bank Development Research Group, 2000.

Drucker, Peter F., "The Discipline of Innovation", *Harvard Business Review*, 1985.

Drucker, Peter, "Entrepreneurship and Innovation: Practice and Principles", *Harper Business*, New York, 1985.

Dutz, Mark A., Janusz A. Ordover, and Robert D. Willig, "Entrepreneurship, Access Policy and Economic Development: Lessons from Industrial Organization", *European Economic Review*, 44.4 (2000), pp. 739–747.

Engerman, Stanley, and Kenneth Sokoloff, "Factor Endowments, Institutions and Differential Growth Rates among New World Economies", *How Latin America Fell Behind*, 1997.

Evans, David S., "Tests of Alternative Theories of Firm Growth", *The Journal of Political Economy*, Vol. 95, No. 4, 1987, pp. 657–674.

Evans, David S. and Linda S. Leighton, "Some Empirical Aspects of Entrepreneurship", *The American Economic Review*, 79.3 (1989), pp. 519–535.

Evans, David S., and Boyan Jovanovic, "An Estimated Model of Entrepreneurial Choice under Liquidity Constraints", *The Journal of Political Economy*, 1989, pp. 808–827.

Evans, David S., and Linda S. Leighton, "Some Empirical Aspects of Entrepreneurship", *The American Economic Review*, Vol. 79, No. 3, 1989, pp. 519–535.

Fama, Eugene F., "Banking in the Theory of Finance", *Journal of Monetary Economics*, Vol. 6, No. 1, 1980, pp. 39–57.

Fazzari, Steven, R. Glenn Hubbard, and Bruce C. Petersen, "Financing Constraints and Corporate Investment", NBER Working Paper, No. 2387, 1988.

Fields, G., "Distribution and Development: A New Look at the Developing World", NY: Russell Sage Foundation, and Cambridge, MA: MIT Press, 2001.

Flannery, Mark J., and Christopher M. James, "Market Evidence on the Effective Maturity of Bank Assets and Liabilities", *Journal of Money, Credit and Banking*, 1984, pp. 435–445.

Fohlin, Caroline, "Economic, Political, and Legal Factors in Financial System Development: International Patterns in Historical Perspective", *John Hopkins University–Department of Economics*, Social Science Working Paper No. 1089, 2000.

Foltz, Jeremy D., "Credit Market Access and Profitability in Tunisian Agriculture", *Agricultural Economics*, Vol. 30, No. 3, 2004, pp. 229–240.

Francis, R. I. C. C., "Back–Calculation of Fish Length: A Critical Review", *Journal of Fish Biology*, 36. 6 (2006), pp. 883–902.

Fukuyama, Francis, "Social Capital and the Global Economy", *Foreign Affairs*, 74 (1995), p. 89.

Galbis, Vicente, "Financial Intermediation and Economic Growth in Less–Developed Countries: A Theoretical Approach", *The Journal of Development Studies*, 13. 2 (1977), pp. 58–72.

Galor, Oded, and Joseph Zeira, "Income Distribution and Macroeconomics", *The Review of Economic Studies*, 1993, pp. 35–52.

Galor, Oded, and Omer Moav., "From Physical to Human Capital Accumulation: Inequality and the Process of Development", *The Review of Economic Studies*, Vol. 71, No. 4, 2004, pp. 1001–1026.

Galí, Jordi and Fabrizio Zilibotti, "DP1052 Endogenous Growth and Poverty Traps in a Cournotian Model", Annals of Economics and Statistics, (37/38), 1995, pp. 197–213.

Garretsen, Harry, Robert Lensink, and Elmer Sterken, "Growth, Financial Development, Societal Norms and Legal Institutions", *Journal of International Financial Markets, Institutions and Money*, 14.2 (2004), pp. 165–183.

Gennotte, Gerard, and David Pyle, "Capital Controls and Bank Risk", *Journal of Banking & Finance*, 15.4 (1991), pp. 805–824.

Gentry W. M. and Hubbard R. G., "The Effects of Progressive Income Taxation on Job Turnover", *Journal of Public Economics*, 88 (11), 2004, pp. 2301–2322.

Georgiou, Miltiades, "Government Debt Impacts on Interest Rates as Well as Entrepreneurship: A Panel Data Analysis for Western Europe, Japan and the United States (1990–2006)", NBER Working Paper, 2009.

Ghatak, Maitreesh, and Neville Nien-Huei Jiang, "A Simple Model of Inequality, Occupational Choice, and Development", *Journal of Development Economics*, 2002, pp. 205–226.

Giavazzi, Francesco, and Guido Tabellini, "Economic and Political Liberalizations", *Journal of Monetary Economics*, 52.7 (2005), pp. 1297–1330.

Gibrat R., "Les inégalités économiques", Recueil Sirey, 1931.

Girma, Sourafel, and Anja Shortland, "The Political Economy of Financial Development", *Oxford Economic Papers*, 60.4 (2008), pp. 567–596.

Glaeser E., "Entrepreneurship and the City", Harvard Institute of Economic Research Working Paper, No. 2140, 2007.

Glaeser, Edward, Simon Johnson, and Andrei Shleifer, "Coase versus the Coasians", *The Quarterly Journal of Economics*, 116.3 (2001), pp. 853–899.

Glaser, James M., "The Preference Puzzle: Educational Differences in Racial-Political Attitudes", *Political Behavior*, 23.4 (2001), pp. 313–334.

Glewwe, Paul, and Hanan G. Jacoby, "Economic Growth and the Demand for Education: Is There a Wealth Effect?", *Journal of Development Econom-*

ics, Vol. 74, No. 1, 2004, pp. 33–51.

Greenwood and Jovanovic, "Financial Development and Economic Development", *Economic Development and Cultural Change*, 1990 (15), pp. 257–268.

Greenwood, Jeremy, and Bruce D. Smith, "Financial Markets in Development, and the Development of Financial Markets", *Journal of Economic Dynamics and Control*, 21. 1 (1997), pp. 145–181.

Greenwood, J., and B. Jovanovic, "Financial Development, Growth, and the Distribution of Income", *Journal of Political Economy*, 98 (1990), pp. 1076–1107.

Greif, Avner, "Contracting, Enforcement and Efficiency: Economics Beyond the Law", in Proceedings of the World Bank Annual Conference on Development Economics, 1997.

Grosfeld, Irena, "Financial Systems in Transition: The Role of Banks in Corporate Governance", Experiences with Financial Liberalization, Boston, Dordrecht, London, Kluwer Academic Publishers, 1997.

Guiso, Luigi, Paola Sapienza, and Luigi Zingales, *Civic Capital as the Missing Link*, No. w15845, National Bureau of Economic Research, 2010.

Guiso, Luigi, Paola Sapienza, and Luigi Zingales, "Does Local Financial Development Matter?", *The Quarterly Journal of Economics*, 119. 3 (2004), pp. 929–969.

Guiso, Luigi, Paola Sapienza, and Luigi Zingales, "People's Opium? The Economic Effect of Religion", *Journal of Monetary Economics*, Vol. 50, No. 1, 2002, pp. 225–282.

Guiso, Luigi, Paola Sapienza, and Luigi Zingales, "Trusting the Stock Market", *The Journal of Finance*, 63. 6 (2008), pp. 2557–2600.

Gurley, John G., and Edward S. Shaw, "Money in a Theory of Finance", Washington, DC: Brookings Institution, 1960.

Haber, Stephen, Armando Razo and Noel Maurer, *The Politics of Property Rights: Political Instability, Credible Commitments, and Economic Growth in Mexico*, 1876–1929, Cambridge University Press, 2003.

Haber R., Stephen, North Douglass C., Weingast Barry R., *Political Institutions and Financial Development*, Stanford University Press, 2008.

Hall Bronwyn H., "Investment and Research and Development at the Firm Level: Does the Source of Financing Matter?", NBER Working paper No. 4096, 1992.

Hannig, Alfred, and Stefan Jansen, "Financial Inclusion and Financial Stability: Current Policy Issues", ADBI Working Paper No. 259, 2010.

Hasan, Iftekhar, Paul Wachtel, and Mingming Zhou, "Institutional Development, Financial Deepening and Economic Growth: Evidence from China", *Journal of Banking & Finance*, 33. 1 (2009), pp. 157–170.

Herger, Nils, Roland Hodler, and Michael Lobsiger, "What Determines Financial Development? Culture, Institutions or Trade", *Review of World Economics*, 144. 3 (2008), pp. 558–587.

Holtz-Eakin, Douglas, and Amy Ellen Schwartz, "Infrastructure in a Structural Model of Economic Growth", *Regional Science and Urban Economics*, Vol. 25, No. 2, 1995, pp. 131–151.

Holtz-Eakin, Douglas, and Timothy M. Smeeding, "Income, Wealth, and Intergenerational Economic Relations of the Aged", *Demography of Aging* (1994), pp. 102–145.

Holtz-Eakin, Douglas, David Joulfaian, and Harvey S. Rosen, "Entrepreneurial Decisions and Liquidity Constraints", *National Bureau of Economic Research*, No. w4526, 1994.

Honohan, Patrick, *Financial Sector Policy and the Poor: Selected Findings and Issues*, World Bank Publications, 2004.

Huang, Yongfu, "Will Political Liberalization Bring about Financial Development?", 2006.

Huang Yasheng, *Capitalism with Chinese Characteristics: Entrepreneurship and the State.* Published by Cambridge University Press, 2008.

Hurst, Erik, and Annamaria Lusardi, "Liquidity Constraints, Household Wealth, and Entrepreneurship", *Journal of Political Economy*, 112. 2 (2004), pp. 319–347.

Hvide, Hans, and Jarle Moen, "Liquidity Constraints and Entrepreneurial Performance", CEPR Discussion Paper No. DP6495, 2007.

Ilyina, Anna, and Roberto M. Samaniego, *Technology and Finance*, No. 2008–

2182, International Monetary Fund, 2008.

Jacoby, Hanan G., and Emmanuel Skoufias, "Risk, Financial Markets, and Human Capital in a Developing Country", *The Review of Economic Studies*, Vol. 64, No. 3, 1997, pp. 311–335.

Jacoby, Jacob, George J. Szybillo, and Carol Kohn Berning, "Time and Consumer Behavior: An Interdisciplinary Overview", *Journal of Consumer Research*, 1976, pp. 320–339.

Jensen, Michael C., and Kevin James Murphy, *A New Survey of Executive Compensation*. University of Rochester, Managerial Economics Research Center, 1990.

Jermann, Urban, and Vincenzo Quadrini, *Macroeconomic Effects of Financial Shocks*, National Bureau of Economic Research, No. w15338, 2009.

Johansson, Edvard, "Employer of Last Resort?", Nordic Labour Market Research on Register Data, 2000.

Johnson, Simon, John McMillan, and Christopher Woodruff, *Property Rights and Finance*, No. w8852, National Bureau of Economic Research, 2002.

J. H. Boyd and E. C. Prescott, "Financial Intermediary–Coalitions", *Journal of Economics Theory*, 38 (1986), pp. 211–232.

Karaivanov, Alexander, "Financial Constraints and Occupational Choice in Thai Villages", *Journal of Development Economics*, Vol. 97, No. 2, 2012, pp. 201–220.

Karlan, Dean S., "Microfinance Impact Assessments: The Perils of Using New Members as a Control Group", *Journal of Microfinance/ESR Review*, 3. 2 (2001), pp. 75–85.

Keefer, Philip, "Insurgency and Credible Commitment in Autocracies and Democracies", *The World Bank Economic Review*, 22. 1 (2008), pp. 33–61.

Kendall, Jake, Nataliya Mylenko, and Alejandro Ponce, "Measuring Financial Access around the World", *World Bank Policy Research Working Paper Series*, 2010.

Kerr, William, and Ramana Nanda, *Banking Deregulations, Financing Constraints, and Firm Entry Size*, National Bureau of Economic Research, 2009.

King R. G. , Levine R. , "Finance, Entrepreneurship and Growth", *Journal of Monetary Economics*, 1993 - Elsevier, Volume 32, Issue 3, December 1993, Pages 513-542.

King, Robert G. , and Ross Levine, "Finance and Growth: Schumpeter Might Be Right", *The Quarterly Journal of Economics*, Vol. 108, No. 3, 1993, pp. 717-737.

King, Robert G. , and Ross Levine, "Finance, Entrepreneurship and Growth", *Journal of Monetary Economics*, Vol. 32, No. 3, 1993, pp. 513-542.

Kirzner, Israel M. , "Entrepreneurship and Competition", Chicago: University of Chicago, 1973.

Kirzner, Israel M. , "Creativity and/or Alertness: A Reconsideration of the Schumpeterian Entrepreneur", *The Review of Austrian Economics*, 1999, pp. 5-17.

Klappera, L. , Laevena, L. and Rajan, R. , "Entry Regulation as a Barrier to Entrepreneurship", *Journal of Financial Economics*, 82 (3), 2006, pp. 591-629.

Klein, Michael W. , and Giovanni P. Olivei, "Capital Account Liberalization, Financial Depth, and Economic Growth", *Journal of International Money and Finance*, Vol. 27, No. 6, 2008, pp. 861-875.

Knack, Stepen and Philip Keefer, "Does Social Capital have an Economic Pay-off: A Cross-Country Investigation", *The Quarterly Journal of Economics*, Vol. 112, No. 4, 1996, pp. 1251-1288.

Knight, Frank H. , "Risk, *Uncertainty and Profit*", New York: Hart, Schaffner and Marx, 1921.

Kochar, Anjini, "An Empirical Investigation of Rationing Constraints in Rural Credit Markets in India", *Journal of Development Economics*, Vol. 53, No. 2, 1997, pp. 339-371.

Krebs, Tom, "Growth and Welfare Effects of Business Cycles in Economies with Idiosyncratic Human Capital Risk", *Review of Economic Dynamics*, Vol. 6, No. 4, 2003, pp. 846-868.

Krizner, I. , *Competition and Entrepreneurship*, Chicago: The University of Chicago Press, 1973.

Kuznets, Simon, "Economic Growth and Income Inequality", *The American Economic Review*, Vol. 45, No. 1, 1955, pp. 1-28.

La Porta, López-de-Silanes, Shleifer A. and Vishny R. W., "Legal Determinants of External Finance", *Journal of Finance*, 52 (1997), pp. 1131-1150.

Laeven, Luc, and Giovanni Majnoni, "Loan Loss Provisioning and Economic Slowdowns: Too Much, Too Late?", *Journal of Financial Intermediation*, 12.2 (2003), pp. 178-197.

Lensink, Robert, and Thi Thu Tra Pham, "The Impact of Microcredit on Self-Employment Profits in Vietnam", *Economics of Transition*, 20.1, 2012, pp. 73-111.

Levine, David, "Punctuated Equilibrium: The Modernization of the Proletarian Family in the Age of Ascendant Capitalism", *International Labor and Working-Class History*, 39 (1991), pp. 3-20.

Lin, Nan, Karen S. Cook, and Ronald S. Burt, *Social Capital: Theory and Research*, Aldine de Gruyter, 2001.

Lynin, S., Economic Development: Theory and Practice for a Divided World, Pearson Education, Inc. 2003.

López-de-Silanes, Florencio, et al., "Law and Finance", *Journal of Political Economy*, 106 (1998), pp. 1113-1155.

Magri, Silvia, "The Financing of Small Innovative Firms: The Italian Case", *Economics of Innovation and New Technology*, 2009, pp. 181-204.

Maksimovic, Vojislav, Asli Demirgüç-Kunt, and Meghana Ayyagari, "How Important are Financing Constraints? The Role of Finance in the Business Environment", *World Bank Economic Review*, 22 (3), 2008, 483-516.

Maksimovic, Vojislav, Meghana Ayyagari, and Asli Demirgüç-Kunt, "How Well Do Institutional Theories Explain Firms Perceptions of Property Rights?", World Bank Policy Research Working Paper No. 3709, 2005.

Matin, Imran, David Hulme and Colin Kirkpatrick, "Financial Services for the Poor and Poorest: Deepening Understanding to Improve Provision", IDPM of University of Mauchester Working Paper No. 9, 1999.

Matsuyama, Kiminori, "Endogenous Inequality", *The Review of Economic Studies*, 2000, pp. 743-759.

Maurer, Noel, and Stephen Haber, "Related Lending and Economic Performance: Evidence from Mexico", *Journal of Economic History*, Vol. 67, No. 3, 2007, p. 551.

Mayer, Colin, "The Assessment: Money and Banking: Theory and Evidence", *Oxford Review of Economic Policy*, 10. 4 (1994), pp. 1-13.

McKinnon, Ronald, *Money and Capital in Economic Development*, Washington DC: Brookings institution, 1973.

Meyer, Bruce D., "Why are There so Few Black Entrepreneurs?", *National Bureau of Economic Research*, No. w3537, 1990.

Meyer, L., Donald J., F. Stuart Wells, and John L. Glascock, "Inferring Risk Preferences from a Two-Asset Market", *Applied Economics*, 23. 1 (1991), pp. 65-71.

Meyer, L., "The Present and Future Roles of Banks in Small Business Finance", *Journal of Banking & Finance*, 22 (6), 1998, 1109-1116.

Mishkin, Frederic S., *The Economics of Money, Banking, and Financial Markets*, Pearson Education, 2007.

Monacelli, Tommaso, Vincenzo Quadrini, and Antonella Trigari, "Financial Shocks and Unemployment", Igier Reasearch Project Working Paper, 2010.

Morck, Randall, Bernard Yeung, and Wayne Yu, "The Information Content of Stock Markets: Why Do Emerging Markets Have Synchronous Stock Price Movements?", *Journal of Financial Economics*, 58. 1 (2000), pp. 215-260.

Murayyv, A. Oleksandr, T. and Dorotheafer, "Enterpreneurs' Gender and Financial Constraints: Evidence from International Data", *Journal of Comparatice Economics*, Vol. 37, No. 2, 2009, 270-286.

Nanda R., "Financing Constraints and Selection into Entrepreneurship", MIT Sloan School of Management, Working Paper, 2006.

Nykvist, Jenny, "Entrepreneurship and Liquidity Constraints: Evidence from Sweden", *The Scandinavian Journal of Economics*, 110. 1 (2008), pp. 23-43.

Pagano, Marco, and Paolo Volpin, "The Political Economy of Finance", *Oxford Review of Economic Policy*, 17. 4 (2001), pp. 502-519.

Park, A. and Shen Minggao, "Refinancing and Decentralization: Evidence from China", *Journal of Economic Behavior & Organization*, 66 (3), 2008, pp. 703–730.

Paulson, Anna L., and Robert Townsend, "Entrepreneurship and Financial Constraints in Thailand", *Journal of Corporate Finance*, Vol. 10, No. 2, 2004, pp. 229–262.

Paxton, Pamela, "Social Capital and Democracy: An Interdependent Relationship", *American Sociological Review*, 2002, pp. 254–277.

Perotti, Enrico, and Paolo Volpin, "Lobbying on Entry", CEPR Discussion Paper No. 4519, 2004.

Petersen, Mitchell A. and Raghuram G. Rajan, *The Effect of Credit Market Competition on Lending Relationships*, National Bureau of Economic Research, 1994.

Porter, Michael, *The Competitive Advantage of Nation*, London: Macmillan, 1990.

Putnam, Robert D., Robert Leonardi, and Raffaella Y. Nanetti, *Tradizione Civica nelle Regioni Italiane*, A. Mondadori, 1993.

Qian, Jun, and Philip E. Strahan, "How Laws and Institutions Shape Financial Contracts: The Case of Bank Loans", *The Journal of Finance*, 62. 6 (2007), pp. 2803–2834.

Quadrini, Vincenzo, "Entrepreneurship in Macroeconomics", *Annals of Finance*, Vol. 5, No. 3, 2009, pp. 295–311.

Rahman, Atiur, "Financial Inclusion as Tool for Combating Poverty: Joesph Mubiru Memorial Lecture", *Bangladesh Bank Quarterly*, 2009.

Rajan and Zingales, "The Great Reversals: The Politics of Financial Development in the 20th Century", *Journal of Financial Economics*, 2003.

Rajan, Raghuram G., and Luigi Zingales, "Financial Systems, Industrial Structure, and Growth", *Oxford Review of Economic Policy*, 17. 4 (2001): pp. 467–482.

Rajan, Raghuram G., and Luigi Zingales, "Power in a Theory of the Firm", *The Quarterly Journal of Economics*, 113. 2 (1998), pp. 387–432.

Rajan, Raghuram G., and Luigi Zingales, "The Great Reversals: The Politics of Financial Development in the Twentieth Century", *Journal of Financial*

Economics, 69. 1 (2003), pp. 5–50.

Reynolds, Paul D., William D. Bygrave, and Erkko Autio, *GEM* 2003 *Global Report*, Kansas, MO: Kauffman Foundation, 2003.

Robbins, Stephen P., Mary Coulter, and Robin Stuart–Kotze, Management. 5 · Ed., Englewood Cliffs, NJ (1996).

Rodrik, Dani, and Romain Wacziarg, "Do Democratic Transitions Produce Bad Economic Outcomes?", *The American Economic Review*, 95. 2 (2005), pp. 50–55.

Roe, Mark, and Jordan Siegel, "Political Instability's Impact on Financial Development", *Harvard Law and Economics Discussion Paper*, 2008, p. 570.

Roodman, David, and Jonathan Morduch, "The Impact of Microcredit on the Poor in Bangladesh: Revisiting the Evidence", *Center for Global Development Working Paper*, 2009, p. 174.

Saint–Paul, Gilles, "Technological Choice, Financial Markets and Economic Development", *European Economic Review*, Vol. 36, No. 4, 1992, pp. 763–781.

Santomero, Anthony M., and Jeffrey J. Trester, "Financial Innovation and Bank Risk Taking", *Journal of Economic Behavior & Organization*, 35. 1 (1998), pp. 25–37.

Sapienza, Paola, Anna Toldra, and Luigi Zingales, *Understanding Trust*, No. w13387, National Bureau of Economic Research, 2007.

Schreft, Stacey L., and Bruce D. Smith, "The Effects of Open Market Operations in a Model of Intermediation and Growth", *The Review of Economic Studies*, 65. 3 (1998), pp. 519–550.

Schultz, Theodore William, *The Long View in Economic Policy: The Case of Agriculture and Food*, International Center for Economic Growth, 1987.

Schultz, Theodore W., "Investment in Entrepreneurial Ability", *The Scandinavian Journal of Economics*, 1980, pp. 437–448.

Schumpeter, Joseph A., "The Theory of Economic Development", Berlin: Duncker und Humblot, 1912.

Schumpeter, Joseph A., "Capitalism, Socialism and Democracy", Allen and Unwin London, 1942.

Schumpeter, Joseph, "Theorie der Wirtschaftlichen Entwicklung (transl. 1934, The Theory of Economic Development: An Inquiry into Profits, Capital, Credit, Interest and the Business Cycle. Cambridge, Mass. Harvard University Press)", 1911.

Shane, Scott, and Sankaran Venkataraman, "The Promise of Entrepreneurship as a Field of Research", *Academy of Management Review*, 2000, pp. 217–226.

Sharma, Pramodita, et al., "The Practice–Driven Evolution of Family Business Education", *Journal of Business Research*, 60. 10 (2007), pp. 1012–1021.

Sharma, Siddharth, "Financial Development and Innovation in Small Firms", *World Bank Policy Research Working Paper Series*, Vol (2007).

Shaw, Edward S., *Financial Deepening in Economic Development*, New York: Oxford University Press, 1973.

Shi, Xinzheng, Empirical Research on Urban–Rural Income Differentials: The Case of China, Unpublished Manuscript of CCER, 2002.

Siegle, Joseph T., Michael M. Weinstein, and Morton H. Halperin, "Why Democracies Excel", *Foreign Affairs*, 2004, pp. 57–71.

Siegle, Joseph, "Developing Democracy Democratizers' Surprisingly Bright Development Record", *Harvard International Review*, 26 (2004), pp. 20–25.

Stein, Jeremy C., "Takeover Threats and Managerial Myopia", *The Journal of Political Economy*, 1988, pp. 61–80.

Strahan, Philip, "Borrower Risk and the Price and Nonprice Terms of Bank Loans", *FRB of New York Staff Report*, 1999.

Thornton, Russell G., "Future Economic Damages", *Proceedings* (Baylor University, Medical Center), 2009.

Townsend, Robert M., and Kenichi Ueda, "Financial Deepening, Inequality, and Growth: A Model–Based Quantitative Evaluation", *International Monetary Fund*, Vol. 3, 2003.

Varian, Hal R., "Monitoring Agents with Other Agents", *Journal of Institutional and Theoretical Economics (JITE) /Zeitschrift für die Gesamte Staatswissenschaft*, 1990, pp. 153–174.

Verdier, Daniel, "Financial Capital Mobility and the Origins of Stock Markets", International Organization, 55, 1999, pp. 327–356.

Verdier, Geneviève, Erasmus Kersting, and Era Dabla-Norris, "Firm Productivity, Innovation and Financial Development", IMF Working Papers, 2010, pp. 1-35.

Verrecchia, Robert E., "Information Acquisition in a Noisy Rational Expectations Economy", *Econometrica: Journal of the Econometric Society*, 1982, pp. 1415-1430.

Von Mises, Ludwig, *Profit and Loss*, Consumers-Producers Economic Service, 1951.

Von Pischke, J. D., "Innovation in Finance and Movement to Client-Centered Credit", *Journal of International Development*, Vol. 14, No. 3, 2002, pp. 369-380.

Wang Shing-Yi, "Credit Constraints, Job Mobility and Entrepreneurship: Evidence from a Property Reform in China", *Review of Economics and Statistics*, Vol. 94, No. 2, 2012, pp. 523-551.

Weber, Steven, "The Political Economy of Open Source Software", 2000.

Wenner, J., H. Graffner, and G. Lindell, "A Financial Analysis of Laparoscopic and Open Cholecystectomy", *Surgical Endoscopy*, 1995, pp. 702-705.

West, J. S., B. D. L. et al., "Epidemiology and Management of Leptosphaeria Maculans (Phoma Stem Canker) on Oilseed Rape in Australia, Canada and Europe", *Plant Pathology*, 50. 1 (2001), pp. 10-27.

White, Lawrence H., "CV. Starr Center for Applied Economics", 1982. Matsuyama, Kiminori, "Endogenous Inequality", *The Review of Economic Studies*, Vol. 67, No. 4, 2000, pp. 743-759.

Williamson, Oliver, et al., "Political Institutions and Financial Development", *Political Institutions and Financial Development*, (2008), pp. 1-9.

Wolters Jr, Richard Arthur, et al., "System for Managing Multiple Projects of Similar Type Using Dynamically Updated Global Database", U. S. Patent, No. 5, 826, 252. 20, Oct. 1998.

Wurgler, Jeffrey, "Financial Markets and the Allocation of Capital", *Journal of Financial Economics*, 58. 1 (2000), pp. 187-214.

Yaron, Jacob, "Successful Rural Finance Institutions", World Bank-Discussion Papers, 1992.

Zak, Paul J. , and Stephen Knack, "Trust and Growth", *The Economic Journal*, 111. 470 (2001), pp. 295-321.

Zeller, Manfred, and Richard L. Meyer, *The Triangle of Microfinance: Financial Sustainability, Outreach, and Impact*, Johns Hopkins University Press, 2002.

Zhao Yaohui, et al. , "China Health and Retirement Longitudinal Study-Plot Users' Guide", China Center for Economic Research, Peking University, 2009.

Zhuang, Juzhong, et al. , "Financial Sector Development, Economic Growth, and Poverty Reduction: A Literature Review", *Asian Development Bank Economics Working Paper Series*, 2009.

索　引

K

L

M

N

P

Q

S

T

W

X

Y

Z

后　记

离开武汉大学之前，在和合作导师江春教授的最后一次散步时，我向他提议并表态：希望在未来的2~3年内继续与他合作，将博士后期间业已展开而又未能完成的研究工作进一步完善，最终合作出版一本学术专著。江老师非常爽快地答应并表示将一如既往地支持我的研究工作。怀着这样的使命，2012年6月我从武汉大学博士后流动站顺利答辩出站，回到阔别两年的母校任教。申请将博士后研究报告加入《中国社会科学博士后文库》几乎是我回母校工作之后做的第一件事！

2013年3月，当收到入选通知时，我的内心非常喜悦，因为一方面这是为过去两年博士后研究工作画上句号，另一方面也算是兑现出站时对江老师的承诺。喜悦之余，对江老师的感恩之情也油然而生。从江老师身上，我不仅体会到了知识和学问的真谛，还领悟到了许多为人处世的道理，这必将使我终身受益！同时，不得不提的是，本书在理论和文献部分的诸多工作也源自于江老师和我们师门的共同努力。多年来，江老师一直组织师弟师妹们搜集并解读国外有关金融发展及相关问题的前沿理论文献，并要求他们每周周末进行一次解读及研讨活动，虽然我参与这样的研讨会次数并不多，但还是从中得到很多启发并触发很多灵感，同时也为本书第二、三章的写作提供了丰富的资料，因此要感谢诸多同门包括许立成、滕芸、刘春华、吴磊等在文献整理方面的工作，我的研究是建立在他们多年辛苦积累的基础上，谢谢他们也谨希望今后师门同学能持续推进该领域的研究，形成江老师师门的一个特色研究领域。最后，略显遗憾的是，虽然本书的研究建立在江老师的大量文献评述工作的基础上，但是和江老师共同署名的愿望未能达成，只能期待下一次的合作，再次向江老师表示感激和歉意！

在武汉大学工作期间，我非常荣幸能得到很多领导和老师的指导、关心和帮助！感谢应用经济学博士后流动站简新华教授以及经管学院叶永刚教授、黄宪教授、潘敏教授、胡志强教授、张东祥教授、罗琦副教授、马理副教授、白晓燕副教授和金融系其他老师的谆谆教诲，他们的鼓励和指点让我受益颇丰。经济发展研究中心的郭熙保教授和马颖教授对研究工作给予资助，叶初升教授的精彩评论对本书的完善至关重要。武汉大学博后办蒋瑛老师、经管学院罗睿老师和曾京哲老师的帮助使得我很快适应武汉大学的工作和生活。感谢北京大学中国健康与养老追踪调查（CHARLS）项目组的数据支持！感谢所有曾给予我关心、帮助和支持的单位和个人！还要向南京农业大学金融学院张兵教授、刘营军教授、陈东平教授、王怀明教授、刘荣茂教授、董晓林教授、林乐芬教授、周月书副教授、王翌秋副教授、黄惠春副教授、杨军副教授和金融学院其他老师表示感谢，加入这个融洽的大家庭之后向你们学到很多治学处事之道。最后，还要感谢家人对我工作的理解和支持，妻子陈畅默默承担了很多！

金融发展和企业家精神是一个非常前沿且有意义的研究议题，深入这一领域之后可以发现当今中国许多重大的现实问题均与此息息相关。但是，受到研究能力和客观条件的限制，本书对该议题的研究还有待进一步深入和完善，未来本人将持续关注该领域！

落笔时，珞珈樱花正盛，令人心驰神往！

不日后，岱山细雨纷纷，忽觉草木春深！

张龙耀

2013 年 3 月 27 日凌晨于紫金南苑